LANDSCAPE DESIGN BOOKS

進士五十八と22人のランドスケープアーキテクト

進士五十八／著

Dr. SHINJI talk about
22 landscape architects

プロローグ──著者からのメッセージ [Prologue—Message from author]

進士五十八 [Isoya SHINJI Dr.]

グラフィック、ファッションのみならずヴィジュアルとして目に映るデザイン世界では、どうしても色、形、大きさにフォーカスがしぼられ、それを支える場所や土地、その空間がおかれる自然風土との関係で捉えることを忘れてしまう。

しかし、間違いなく土地の自然・風土への基礎知識や理解なしでの造園・ランドスケープ デザインはあり得ない。当然のこと、地域性がちがう他所の物真似をするような景観デザインは考えられない。本書が、建築や土木系建設デザイナーはもとより、施主となる方々にも訴えたいのはこの点である。

もうひとつ、本書で訴えたいのは、すべてのデザインは人間に拠り人物次第だということである。「模倣と創造」ということばがあるが、すくなくとも上辺だけの模倣から造園・ランドスケープの真実性を感じることはできない。自然と人間の本質を理解して造景するのが造園家・ランドスケープアーキテクツの専門性というものだからである。それを造景、もしくは修景した人物の思想と技術に迫ることでしかその造園・ランドスケープの凄さは理解できない。

ところで、造園かランドスケープか！。相変わらず今でも斯界では、言葉づかいの議論がある。

それぞれの職域と仕事のちがいにこだわって、かくあるべし、との思いが強いからだろう。

しかし私などは簡単なことだと思う。「造園」も「ランドスケープ」も大きくは同義だと考えるし、それぞれの言葉のもつ音感・語感とイメージのちがいが、活動の広がりを感じさせてくれ、その多様性も大事なポイントだと思っている。

造園、或いはランドスケープというものの対象も方法も、広範かつ多様だから、それぞれ言葉のもつニュアンスのちがいは多様性や多面性をアピールできかえって良いと考えればよいのである。

ASLA、アメリカ造園家協会（American Society of Landscape Architects）は、1989年ナショナルトラスト（National Trust for Historic Preservation in the United States.）と共同で編集したコンサイスブック『ランドスケープ──デザイナーズ アンド プレイス』（LANDSCAPE, Designers and Places.,1989）を出している。近現代のランドスケープ（造園）の広範な領域と、それを支えたランドスケープ・アーキテクト（造園家）の主要人物のすべてを概観できる好著である。そこにはT. ジェファーソン、H.W.S. クリーブランド、A.J. ドゥニング、そしてニューヨーク、セントラルパークの設計者コンビであるC. ボーとF.L. オルムステッドはじめ21名に及ぶランドスケープ・アーキテクト（造園家）の人物、活動、作品、計画、業績が、実に要領よく整理されている。

本書があげているPLACESの21分類は、アメリカにおけるランドスケープ領域の捉え方をよく示している。日本の事情とのちがいも多少わかるし、ランドスケープ・アーキテクツの活動の広がりを説明しているので列記しておこう。

庭園・田園邸宅・住宅地開発・キャンパス・都市公園・ウォーターフロント・町並広場・墓園・研究施設・ニュータウン・都市計画・レクリエーションエリア（テーマパーク）・歴史的景観・景観計画・パークウェイ・州立公園・自然再生・国有林（森林公園）・国立公園。

アメリカにおける広範なランドスケープが、どのようにして計画されデザインされ、またマネージメントされてきたかがよくわかる。

彼ら自身の、そして彼らの時代のアメリカという国の、自然と人間の、また都市とデザインに対する思想（考え方）や方法（計画、設計、造園修景、造形など）の変容と多様性をも容易に理解できる本である。

かつて日本造園学会の『ランドスケープ研究』の編集委員長であった私が、雑誌の連載企画として「日本のランドスケープ・アーキテクト」シリーズを提案したのも、この度の本書の刊行にこめたねらいと思いも、前出ASLA日本版への発展

形をイメージしたものであった。

　日本には、否、日本の方がはるかに永い歴史と豊かな造園創作がみとめられ、蓄積され保存もされてきたし、その延長上に現代日本もある。

　いや、それは日米比較の域を超えている。正確には、人類の歴史とともにGardening（作庭、造庭）は始まり、Landscape Gardening（風景式造園）を経て、Landscape Architecture（ランドスケープ　アーキテクチュア・近代造園）へとすすんできたというべきである。ランドスケープの諸活動は古今東西で広く展開し、その中でより美しくより豊かなランドスケープ空間を創造。造園作品は他の芸術とちがい、その国その地方独自の自然の大地、気候、植物を前提としているが故に、また庭園などの造営には直接には財政と技術が、また間接に政治、経済、文化、社会、思想が深く関係してデザインやスタイルが完成していくが故に、イタリア式（ルネサンス）、フランス式（絶対王政）、イギリス式（自然風景主義）などと国名（時代性）を冠した「ガーデンスタイル」（庭園様式）が誕生し、世界の文化史に多彩な造園世界を刻んできた。

　ここで興味深いのは2点。第1は自然風土に依拠する造園活動であるので、自然風土の共通性を象徴するフランス式という国名や京の庭・江戸の庭といった地方名が冠されるものの、その国、その地方では、いつまでも当該庭園様式が生きているわけではないということ。たとえばフランス式は、あくまでブルボン王朝ルイ14世の頃の"絶対王政"時代のガーデンスタイルであったわけで、現代フランスでも活用されているわけではない。一方、その時代のヨーロッパ、いや世界の絶対王政を目指す国々はフランスでないのにフランス整形式を採用してもいる。この場合のガーデンスタイルは、自然風土の産物というより政治の産物であったということである。

　第2は、日本庭園の特徴である。現在、世界中に1000ヵ所ちかいJAPANESE GARDENが開園され、世界中の市民に親しまれている。そして、その庭園群は、日本のある時代様式に固定しているわけではない。築山林泉、池泉回遊式、枯山水、露地式など日本庭園史を通じて育まれた多様な造園・造景が、適宜アレンジされながら活用されているのである。

　諸外国と日本はちがう。それはすなわち日本庭園の特徴で、古代から現代まで一貫して日本式庭園といえる様式が生き続けている点である。

　私の研究では、囲繞(いにょう)・縮景(しゅくけい)・借景(しゃくけい)・樹藝(じゅげい)・然び(さ)（Agingの美）といった日本庭園構成の共通原理を共有しつつ、立地や敷地など個々の条件、施主や時代の要請など社会的条件、求められる庭園の機能・規模など技術的条件に応じ、日本の造園家たちは適切な意匠・形式を工夫し、それぞれの時代にふさわしい日本庭園を創造し続けてきたといえる。

　前出の〈絶対王政：フランス整形式〉といった極端な政治性の表出というよりは、アニミズムといわれるような日本人の〈自然観、風景観、世界観〉や〈仏教的自然共生思想〉など、日本人固有の〈庭園観のDNA〉が日本社会には安定的に持続されてきたであろうこと、そして日本の造園家たちの構想力・技術力・芸術力の総合的才能と人間力の結果であっただろうと考えたい。

　歴史的記録に残る日本初の作庭家は、AC.612年、渡来人の路子工(みちのこのたくみ)であるが、その後も奈良時代貴族の橘諸兄(たちばなのもろえ)、大伴旅人(おおとものたびと)、平安時代貴族の藤原頼通(ふじわらのよりみち)、橘俊綱(たちばなのとしつな)、又同時代の絵師巨勢金岡(こせのかなおか)、弘高、百済川成(くだらのかわなり)の活躍がみられる。平安末から鎌倉時代には、作庭に秀でた石立僧と呼ばれる僧侶集団が活躍。その頂点には教養豊かな禅僧、夢窓疎石がいた。と同時にそれ以後の時代、自然の機微を熟知すると同時に、作庭によってのみ立身が許される身分であったが故に美しく深い造園の具現化に努めた山水河原者(せんずいかわらもの)という技能者集団の存在にも大きな意味がある。室町時代以後は禅と結合した武野紹鴎(たけのじょうおう)、千利休(せんのりきゅう)ら茶道家らによる露地庭が創

作され、古田織部、小堀遠州ら一流の芸術家であり造園家が輩出する。17世紀江戸時代にはいると、全国各地に広大な大名庭園が造成され、数世紀にわたり維持されることとなる。藩主はじめ武士ら、相当数の作庭指導者、そしてその現場をこなす膨大な庭師、植木屋などの職人集団がおおぜい活躍する時代になる。明治時代以後も、施主山縣有朋の構想の田園自然主義を造園化した植治・七代目小川治兵衛が一世を風靡し、その甥岩城亘太郎が東京で外国人好みの日本庭園美を作風として確立する。一方では雑木の庭の飯田十基、小形研三らが創始、深谷光軌、中瀬操、また京都の小島佐一、川崎幸次郎。日本の古庭園実測調査を踏まえた芸大出身の異才、重森三玲、その弟子小宮山博康などの作品が目に浮ぶ。加えて、中島健、井上卓之、荒木芳邦など学校出の作庭家が続く。

大正時代からの日本では、昔からの職人系作庭家の他に、近代造園といわれる公園、都市計画、国立公園、自然保護計画などにも取り組む、いわゆる学校出の造園家も登場し、公共造園が造園界のメインターゲットとなる。また大規模建築の外部環境整備の要請も昂まる。こうして、「造園」のみならず「ランドスケープ」という言葉が普及してゆく。

日本の造園・ランドスケープ界の実際は、根強い人気を誇る伝統技能派、アメリカなど留学組が中心のアーバンデザイン派、エコロジーを強く意識した自然環境派、さらには造形思想・芸術的表現を目指すアート派。又、一方で行政的要請に応える政策系行政プランナー、公共造園系ランドスケープ デザイナーなど、組織事務所、アトリエを問わず多様なランドスケープ事務所が活躍。実に多彩な職能集団へと成長している。

明治神宮内外苑造営というナショナル・プロジェクトを契機に日本の「近代造園学」は発祥する。その後、1923年の関東大震災からの帝都復興をめざして誕生したのが東京高等造園学校（1924年、現東京農大造園科学科）で日本初の造園技術者養成教育機関が誕生、同時期に学術団体、日本造園学会（1925年）も結成される。その頃から龍居庭園研究所、上原造園研究所を嚆矢とする近代的な造園事務所が徐々に数をふやし、戦後アジア初のIFLA((International Federation of Landscape Architects、世界造園家連盟) 東京大会（1964年）のために日本造園設計事務所連合（1964年）が結成された。その発展形が日本ランドスケープ・コンサルタンツ協会（1999年）。さらには2013年ランドスケープユニオン（JLAU）結成へ、日本のランドスケープ・アーキテクツ機関は着実に進化を続けている。

日本造園学会としては、「造園学は、科学（学術）であり、技術であり、芸術である。」と定義し、これに対応して『ランドスケープ研究・研究発表論文集』、『ランドスケープ研究・技術報告集』、『造園作品選集』を発行してきている。

私自身のランドスケープ領域の体系的整理法では、その根底にあるべき学の基調（比重）を次のように規定してきた。

(進士五十八, 2016)

	自然のステージ	ランドスケープの領域	基調となる科学	比重
Ⅰ	大自然 (ex. 野生の緑)	ランドスケープ環境 (ex. 自然環境)	自然科学 (環境科学)	学術
Ⅱ	中自然 (ex. 家畜の緑)	ランドスケープ空間 (ex. 公園緑地空間)	社会科学 (行動科学)	技術
Ⅲ	小自然 (ex. ペットの緑)	ランドスケープ作品 (ex. 庭園作品)	人文科学 (思想・哲学)	芸術

とはいえ、以上Ⅰ・Ⅱ・Ⅲのすべてをトータルに踏まえてこそ、より本質的な、よりほんもののランドスケープ・造園が実践され達成されるので、Ⅰ・Ⅱ・Ⅲを截然と分けて、私の専門は○○ですというようでは一人前の造園家・ランドスケープ アーキテクトとはいえない、と私は考えている。

もちろんⅠ・Ⅱ・Ⅲのいずれかに、より深い見識を有し、より技量を熟達させているかであるのは当然であり、それによって環境調査マン、公園などランドスケープ・プランナー、ランドスケープ・デザイナー、作庭家、作家などと呼ばれる専

門家が社会で多彩に活躍することになる。

ともあれ、私が〈人と作品〉とか〈人とランドスケープ・ワークス〉と称して、対象としてのプランやデザインだけを論議しないのは、Ⅰ・Ⅱ・Ⅲを総合化するのは、すぐれて人間そのものであり、そして自然と人間の共生思想など関係性で捉えられなければならないと考えるからである。

ほんものの「造園・ランドスケープ」を学ぶ本道は、そのことをする人間自身の思想やすごさ、その作品や空間を創る人間自身（人物）を追究し、その人物に学ぶことである。

私はずっと、そう考えて雑誌の連載を続けてきた。最初の連載を引受けた契機は、こうであった。

実に感動的な風景世界を創りあげる立派な造園家がいる。にもかかわらず、そのオフィスは建築家にくらべて遥かに質素である。何とかその才能と努力にふさわしい社会的評価を享受できるようにしたい。私はその一念で、当時日本を代表する造園家の「人と作品」を評論することにした。意外に寡黙な方がおられたりして言葉を引き出すのが難しかったり、作品の評価に迷ったりもした。結果的に、作家の作品を借りながら、私なりの造園論や作家論、作品論を展開することになったようにも思う。しかし、お会いした造園家のほとんどの方が、ご自分の "原風景" の影響を語り、"自然観・風景観" を吐露された。いかなる造園・環境デザインであろうと、人々に感動を与えるのは、直接的にはその立地であったり構成や設計であったり材料や技術であったりするが、ほんとうは "ひとりの造園家という人間"、まさに "人と作品" だということを心底納得する得難い経験となったのである。

こうして前述の連載『JAPAN LANDSCAPE』No.3（1986）〜25（1993）の「人と作品」そして「ランドスケープ・ワークス」ははじまった。小形研三、伊藤邦衛、中島健、荒木芳邦、池原謙一郎、鈴木昌道、石井幹子、井上卓之、関根伸夫、上野泰、山本紀久、近藤典生、小林治人、涌井雅之、樋渡達也、高野文彰の16氏を取り上げたが、これをまとめて単行本化したのが、拙著『ランドスケープを創る人たち』（(株)マルモプランニング編集／(株)プロセスアーキテクチュア刊、1994）であった。

そして本書となる。あれから二昔を越え、やっと日本も「美し国」を目指し秀れた造園家を教育し輩出している。また、ランドスケープの社会的認知もなされつつある。そこで今度は、そんなに気負うこともなく、現代の造園家・ランドスケープ・アーキテクツの仕事ぶりをじっくり拝見させてもらおう。各人の原風景はもとより、お一人お一人の来し方、生き方、創り方を造園・ランドスケープ界の後続の皆さんたちにお伝えするインタープリターに徹することにしよう。そう考えて、2度目の連載（2007年6月スタート）をマルモ出版の『LANDSCAPE DESIGN』のNo.55（2007年）〜No.76（2011年）に、「日本のランドスケープ・アーキテクト――○○○○○の仕事」シリーズとしてかいてきた。

これに粟野隆君が執筆してくれた私の仕事を加えて、合計23名の造園活動・ランドスケープワークスを1冊の本として上梓したのが本書である。雑誌編集部の意向を含めた登場人物はさらに多種多彩で、「造園家」が似合う方、「ランドスケープ・アーキテクト」が似合う方、むしろ学者、芸術家、企業家、文化人などと呼ぶ方が似合う方もご登場願った。

しかし私にとっては、所期の目的を達成することは勿論のこと、より美しく、より地域らしい豊かな風景世界―ランドスケープ　シーンを現出させようとされてきた方々は、すべてがランドスケープ・アーキテクトである。

本書が、「美し国づくり」をめざすあらゆる専門家、市民NPOの皆さんの参考になればうれしい。さらに又これからランドスケープを学ぼうとする学生諸君にお読みいただければなおうれしい。

2016年　進士五十八

目次【Contents】

プロローグ【Prologue】 ──────────────── 002

井上剛宏 [Takahiro Inoue] ──────────────────────────── 008
現代日本を代表する作庭家であり造園家

佐々木葉二 [Yoji Sasaki] ──────────────────────────── 014
日本におけるミニマリズムランドスケープの先駆者

田瀬理夫 [Michio Tase] ──────────────────────────── 020
本物のランドスケープとふるさと風景を再生する物語

鄭雄男 [Woong-Nam CHUNG] ──────────────────────────── 026
ユーザーの五感を十分満足させ、心から愉しませる水と風のランドスケープアーキテクト

大橋鎬志 [Koshi Ohashi] ──────────────────────────── 032
トータリティとバランスある造園家

宮城俊作 [Shunsaku Miyagi] ──────────────────────────── 038
「ランドスケープ」にコラボレイティブ・デザインの可能性を追求するデザイナープロフェッサー

戸田芳樹 [Yoshiki Toda] ──────────────────────────── 044
建築、土木、彫刻を有機的に統合して大きなランドスケープを表現する造園家

髙﨑康隆 [Yasutaka Takasaki] ──────────────────────────── 050
シット・アビリティと癒しのスペースを創る

上山良子 [Ryoko Ueyama] ──────────────────────────── 056
ハルプリンに学んだランドスケープの本質を深め、日本的アーバンデザインを模索、世界への発信を果たす

中村良夫 [Yoshio Nakamura] ──────────────────────────── 062
景観工学のパイオニアにして、風景学の大成者

榊原八朗 [Hachiro Sakakibara] ──────────────────────────── 068
「デザインの源泉は自然にあり」をモットーに、自然美を理論的に技術化した人物

斉藤浩二 [Koji Saito] ──────────────────────────── 074
北の国の御抱えランドスケープ・アーキテクト

※本書は『ランドスケープデザイン』No.55〜76, 92に進士五十八先生が連載していた「日本のランドスケープ・アーキテクト」を再編集したものです。掲載は連載順になっております。

北川フラム [Fram Kitagawa] ──── 080
現代を救うソーシャル・プランナーであり、真のランドスケープ・アーキテクト

福川成一 [Seiichi Fukukawa] ──── 086
「人を喜ばせたい、人の遊び心を満たしたい」をモットーに生きるユニークなランドスケープ・アーキテクト

白砂伸夫 [Nobuo Shirasuna] ──── 092
相対立する多様な物事がアートに融合した環境世界の実現を目指す

中瀬 勲 [Isao Nakase] ──── 098
緑の環境と美しい景観をマネジメントするリーダー

有賀一郎 [Ichiro Ariga] ──── 104
大規模組織事務所にありながら全人的にランドスケープ思想を全うした男

森 稔 [Minoru Mori] ──── 110
フィロソファーにして、都市未来のトータルプランナー

佐野藤右衛門 [Toemon Sano] ──── 116
桜守3代、植藤5代、佐野藤右衛門16代不世出の植木屋庭師職人の物語

小出兼久 [Kanehisa Koide] ──── 122
リッド、ゼリスケープ。常盤座の地球ウォッチャー

伊藤 滋 [Shigeru Ito] ──── 128
自らの見識と人間的魅力によるコーディネート力で、日本の美しい都市と風景を実現した人物

石川幹子 [Mikiko Ishikawa] ──── 134
歴史、市民、そして大地に学ぶ「生命を支えるランドスケープ」をすすめる

進士五十八 [Isoya Shinji] ──── 140
自然共生社会をめざしてトータル・ランドスケープ計画学の研究者

ランドスケープアーキテクトからのメッセージ ──── 153
[Message from Landscape Architects]

Contact List ──── 167

奥付 [colophon] ──── 168

表紙 北川フラム氏の写真（右端上から3番目） Photo：Junya Ikeda

井上剛宏 [Takahiro Inoue]

写真＝井上剛宏（(株)植芳造園社長）

伝統の形ではなく、自然から形を導びく。
京都太秦で200年を歩む植芳20代目、
受け継いだのは形ではなく、ものづくりの精神。
モダン・ナチュラルの「景」をつくる、
現代日本を代表する作庭家であり造園家である。

私の長い大学教師生活が発見したひとつが「家業力」ということである。

農家、商家、職人といったその家固有の生業を「家業」という。分化分業化がすすみ、会社組織が確立すると、家族のみんなが協力して生産もし生活もする家業の形は消えてサラリーマン化する。子育てにおいても学校教育に比重が移り、家庭教育は軽くなる。

家業では、子どものしつけや家業への姿勢、ひとの生き方までを含めた家のスタイル"家風"が代々伝えられる。造園業の場合も、植物への愛情や庭石の取扱い、さらには仕事への取り組み姿勢や接客、コミュニケーションの仕方、幅広い教養など、日常生活の中であらゆることが親子代々ごく自然に培われていったのだ。

いかにして立派な造園家は育つか？　その方法は幾つもある。ただ高等教育が一般化した現代社会では、科学的合理主義ばかりが強調されて「知」に偏重している。そこで家業が培ってきた「感性」と「人間性」の総合力を、今こそ再発見し、再評価すべきだと私は強く考える。

本文は、処女作において「京都の庭は要らないよ」と言われた「家業・植芳400年の井上剛宏」がいかにして「ほんものの庭」が創れるのか葛藤を続けた物語である。

本連載、トップバッターには筆者進士の親友井上剛宏（いのうえ たかひろ 1946～）氏に登場願った。

大学1年生以来の永いつきあいだし、奥さんの幸子さんも同級生、ご子息2人も私の教え子だから、…氏と呼ぶのは嘘っぽい。だから本文では、彼と呼ばせてもらう。

いま、教育再生の論議が喧しい。しかし、地球温暖化問題に危機感あふれる報道、前の見えない現実社会のなか、何とか意義ある人生を拓こうとしている有意の若者も少なくない。そういう彼らに多少でも役立つのは先に人生を歩んだ人間の軌跡を知っておくことかもしれない。誰と出会い、何を学び、何を考えたか。そんなあたりまえのことが、後輩には安心の道標ともなろう。

彼が歩んだこれまでの人生はきっと若い造園家の参考になるだろう。

井上剛宏 いのうえたかひろ

1946年京都市生まれ。1969年東京農業大学農学部造園学科卒業。植芳造園入社。現在株式会社植芳造園代表取締役（創業文政三年）。(社)日本造園学会評議員。東京農業大学客員教授。受賞／2002年度国土交通大臣賞。2004年度黄綬褒章など。近年の代表作品／2001年衆議院議長公邸庭園工事。2005年京都迎賓館庭園工事。

たくさん作品を見ている私には確信がある。井上剛宏氏は現代造園界でほんものの作品が創れる最高実力者の一人だということである。

彼は京都太秦で200年の歴史を歩む老舗「植芳」の20代目としてこの世に生を受ける。太秦や嵯峨野の野山が毎日の遊び場であった。植木畑、原っぱ、空き地から田畑、里山、嵐山の川原へと、そこでの草花や木の実、石や水との戯れ、これらすべての体験が彼の原風景である。本人の自覚はともあれ、こうした原風景と原体験が彼の作品のイメージの根底にあることはまちがいない。

家業の長男のつらさは、職業選択ができないこと。彼は東京農業大学農学部造園学科に進学するが、学生運動が盛んな当時でもあり、京都に帰り、老舗の造園会社を継ぎ伝統技の世界で作庭活動に従事するには、十分に青年らしい苦悩を重ねたことは明らかだ。

彼の父、義三氏は太秦東映の幹部をつとめたこともあり、バランスと視野の広さと人徳において一流で、京都のみならず日本の造園建設業界の指導的立場にあって、多忙を極めていた。そんなこともあって彼は大学卒業後直ちに家業を継ぎ、現場のすべてを仕切るようになる。

仕事をやりながら考える。人と同じことをやっていてはいつまで経っても一人前に認めてはもらえない。井上はどこか違う世界を持っている、とアピールするには、人と違うことをやるしかない。ただ、石を据え樹木を植えるのが造園、そこで人との違いが出せるのか、自問自答を繰り返す。築山を盛るのに、逆側を低くしたらどうなる、流れは曲線が普通なら直線に落とすとどうなるか。彼の場合、社内にベテランの職人を抱える強味もあったろうが、チャレンジし続けた。彼の場合、この世界ではめずらしく、特定の師について修業するということはなかった。

しかし、彼の向上心が無数の師を持ったともいえる。大学同窓の先輩、きれいさびの造園家井上卓之氏、重森三玲の片腕で作庭家小宮山博康氏、雑木の庭関西の創始者カキノキ扱いの上手庭匠小島佐一氏などを、再三訪れる。「雨休みの日とか、夜とか。庭づくりの基本、考え方、表現の仕方などのお話を伺うことができた。それぞれに美しい庭と独自の世界、作風があって、全体の構成、石組みの手法、植栽の技などを学ばせていただいた」。

大学を出ただけの若者が特定の師もなく、一方で職人にバカにされないように、他方で人に負けない個性輝く作品をつくりたい。そんなことを思うとき、前出の巨匠の一言々々は身にしみて彼の血肉となっていったことだろう。学生時代からの思索の姿勢が基礎にあったからだろうが、身近に師無きが故の渇きが、却って大先輩から得るものを大きくもし、確かにもし、自分スタイルの吸収を可能にしたのだろう。

彼の造園人生は、10年単位で成長を続けてきた。20代では、彼らの結婚にあたっての仲人、山崎真一朗氏の邸園、彼風の雑木の庭でジャーナルにデビュー。30代で、熊本玉名の「蓮華院誕生寺」12haの大庭園工事に8年をかける。40代では、平安建都1200年記念事業・全国都市緑化フェアきょうとのメイン会場、「梅小路公園朱雀の庭」の設計施工で「造園大賞」と「日本造園学会賞作品部門」を受賞。NHKテレビでの「平成の名園づくり」（1時間放送）で放映され、全国的に評判になる。50

ピロティ形式の建築と一体化した自然の雑木林をイメージした山崎邸庭園

20代で庭園デザインの革新にチャレンジ——
雑木の庭・「山崎邸庭園」（1971年）

代に入ると造園業界のリーダーとして、また技術向上普及のために社会貢献を果し、50代後半には、京都御所の一角「京都迎賓館の日本庭園」で京都造園界の総力を挙げて現代日本庭園の粋を完成させる。60代になると全国各地に彼の作品を求めることが一段と増え、2人の息子を指導しながら作風に新味を付け加えてゆく。その代表作は「伏見稲荷大社御鎮座1300年記念社務所庭園」であろう。京都はじめ全国造園界のための諸活動、特に造園技術の向上普及への努力に対し2004年、氏は黄綬褒章を受章する。また京都伝統産業青年会の会長など幅広い人的交流、海外における博覧会などへの日本庭園の出展や姉妹都市記念事業での作庭などでは、大いに国際貢献も果している。

彼らの結婚式の仲人、山崎真一朗氏が最初のチャンスをくれた。吉田山を背景にした傾斜地形の敷地、自然環境との一体化がポイント。山崎氏は「おにいちゃん、あなたの思うとおり好きな庭をつくりなさい。ただ、京都の庭はいらないよ」と、生粋の京都人の彼には難しい課題であった。いや、逆に自分ならではの作品を、と思い続けていた彼には絶好のチャンスであったろう。ピロティ建築の2階が玄関、応接、居間、と続く間取りで、その眺めは優しい雑木で樹海を表現、そしてベランダへ。俯瞰する景色は直線の流れで構成した。自然風を意識して、石から草花にいたるまで、その材料のほとんどを京都近郊の貴船から自然の山に入り山取りした。仲間たちからは「あれは庭ではない。山に行けばいくらでもある景色だ」と揶揄された。ところが当時、造園ジャーナルでは雑木の庭がブームになりつつあり、出版社の誠文堂新光社は『雑木と雑木の庭』（1975年）を刊行。飯田十基、中瀬操、小形研三、蛭田貫二、深谷光軌、井上卓之、荒木芳邦、小島佐一ら錚々たる作家の中に、たった一人の若手として山崎邸庭園が取り上げられたことになる。

「鹿ヶ谷山荘」（1987年）

自然の山あいの道

「津田邸」（1987年）

小さな石を活用してでも迫力ある滝はつくれる。左上下／滝口の石組み。右上／流れの石組み。右下／完成

蓮華院奥之院。造成地にも本格的自然風景を創出することができる

30代に8年の歳月をかけて自然を再生し、
大規模庭園を作庭した──
「玉名の蓮華院誕生寺（奥の院）」(1978年)

　法然上人の師、皇円大菩薩の誕生寺として名高い古刹蓮華院。その檀家でもある山崎氏の紹介で、一躍12haもの大面積にチャレンジすることになる。山崎邸の彼の仕事が認められたからだ。場所は熊本県立の自然公園、ここではその開発許可に関する役所との折衝に始まり、お寺との調整、宗教行事やイベントのサポート、そして京都の技術ブランドを前面に出しての8年にわたる長い工事が続いた。

　五重の御堂、鐘楼、中門など、地元の建設会社が既に着工したアンバランスを、如何に修景し、自然の回復を図るか、工夫のしどころであった。こうして写真のように、造園技術が美しい境内と園地を育てていった。全国区の玉名温泉もあるこの地方で、大勢の参拝客と観光客を集める地域の顔となっている。

時間が風景をつくる。上左／造園工事着工6ヶ月後の現場の様子。上右／蓮華院誕生寺奥之院全景。下／雪化粧した大池の様子

京都造園界の若きリーダー(40代)が出会った
平安建都1200年記念事業——
「梅小路公園朱雀の庭」(1993年)

　植治の平安神宮の造園は建都1100年記念であった。その次の100年、京都市は国鉄用地を買収し、「都市緑化フェアきょうと」を開催することとした。その会場となる梅小路公園の中に、現代京都を代表する本格的な日本庭園をつくることになる。彼はその計画設計施工の総責任者として、材料探しに日本中を歩き、京都造園界の仲間たちをまとめていく。彼は何よりもそのグランドデザインの重要性を意識し、構想から完成形にいたる全プロセスの一貫性をまっとうしようとした。まさに一木一草、石組から植栽、そして水と花のある景観まで、しかも平安時代の庭園細部・野筋の再現、また新規の水鏡へと、微に入り細に入り、優雅さと癒しの大きな風景まで、すべてを彼のイメージで統一しようと斗い続けた。多数の利用者を前提とした公園でありながら、繊細優雅な京の庭園文化を実現しなければならない。緑化フェア会場としては、京阪奈の「学研記念公園の庭園計画」にも深く関わり、また全体として京都をアピールするための多面的活動も忘れていない。京都人・井上剛宏の大立ち回りの見せ場でもあったようだ。美事、その活動ぶりは評価され、日本造園学会賞の受賞となる。しかしそれ以上に大きかったのは、造園作家としての井上剛宏に自信と他からの高い評価につながったことである。

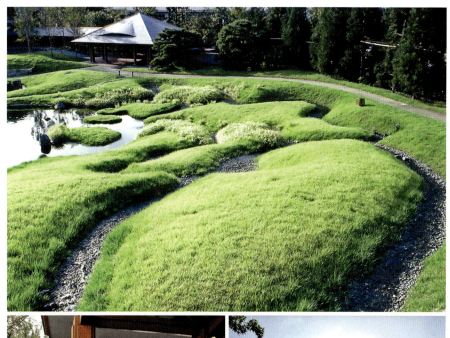

平安時代の優雅さを創出。上／野筋の優しい庭。左下／建築と庭との一体化をはかる。右下／水鏡

左／井上流の雪景色
右／一枚岩で表現した現代の滝

50代までの人的ネットワークと
技術研究の総合力で造景された──
「京都迎賓館の日本庭園」（2005年）

　日本のもてなし方で外国公賓を接遇する初めての施設である「京都迎賓館」は、近代和風を基調として設計された。当然のこと、「庭屋一如」（中村昌生）の空間づくりとなる。まん中に日本庭園をつくってその周囲に建物が配置された。16代佐野藤右衛門棟梁と井上副棟梁は縁戚でもあり本当の親子以上の息のあった関係で、その造園は、2人のリードと植藤造園、植芳造園、花豊造園、小林造園、西武造園の5社の総合力で進められた。

　「庭というのは俄かですよ。自然の素材を使っていますからね。庭づくりは俄かの連続です。例えば石1つ木1本でも単にそこに置けばいいのではない。生き物たちの世界です。あるが如く、そこに生きている姿がなければいけません」。

　彼の庭園観は、生き物本位の自然観に裏打ちされている。生き物素材を活用する作庭は、材料の特徴、表現したい景、組合せの妙、そのことを一瞬々々の工事現場でまさにその景観全体が生きているようにつくっていく。それには材料一つひとつに十分な愛情がなければできないし、その場所に醸し出そうとする風景像を明快に持っていなければならない。彼の景観と空間が曖昧でないのは、ましてや古典的な約束事をただ再現しているといったつまらなさがないのは、「こういう風景をつくりたい」という彼独自の世界を持っているからである。

　京都は、庭石にしても庭木にしても逸品ばかりの土地柄である。それが京の名園を輩出した大きな理由であると私は思っている。迎賓館では、敷地の地中深くから掘り出された河原石を主賓室の軒内に霰こぼしに仕上げている。造園の地産地消そのものである。

　彼は言う。「石組の構成や定石というものはあってよいが、自分はそれよりももっと大きな地形全体を考える。この傾斜で石が埋もれているならこんな風に倒れるはずだし、こんな風にからんでいるはずだ。築山全体の地形の必然性が一

山道

雌滝

井上剛宏氏の業績

〈作品〉
1971年　山崎邸　庭園工事（京都）
1978年　蓮華院誕生寺奥之院　庭園工事（熊本）
1985年　丸岡邸　庭園工事（京都）
1987年　津田邸　庭園工事（京都）
　年　鹿ケ谷山荘　庭園工事（京都）
1992年　蘭東閣美術館　造園工事（広島）
1993年　梅小路公園「朱雀の庭」庭園工事（京都）
2000年　国際園芸博・造園博「ジャパンフローラ」
　年　京都市出展庭園（兵庫）
2001年　京都アクアリーナ　植栽工事（京都）
　年　衆議院議長公邸　日本庭園工事（東京）
2002年　京都グループホーム　庭園工事（京都）
2004年　戸嶋邸　屋上庭園工事（京都）
2005年　兵庫県友好記念庭園　建設工事（中国海南省）
2005年　京都迎賓館　庭園工事（京都）
　　　　　　　　　　　　　　　　　　　他多数

〈受賞〉
1995年度　東京農業大学　造園大賞
1996年度　日本造園学会　学会賞
1997年度　都市景観賞　京都市長賞
2002年度　国土交通大臣賞
2004年度　黄綬褒章
　　　　　　　　　　　　　　　　　　　他多数

〈役職〉
（一社）日本造園組合連合会　副理事長
（公社）日本造園学会　評議員
京都府造園協同組合　顧問
東京農業大学　客員教授
京都府立林業大学校　特別教授

〈著作〉
「梅小路公園 1200年の挑戦」「鹿ケ谷山荘」（『「緑の文化」その伝統と創生』プロセスアーキテクチュア発行、1995年）
「京都迎賓館 日本庭園について」（『造園修景』日本造園修景協会発行、2005年）
『井上剛宏作庭集・景をつくる』（鹿島出版会発行、2014年）
　　　　　　　　　　　　　　　　　　　他多数

個々の石の向きや組み方を決めるはずだ」。

また彼は言う。「雑木林の風景をつくる。本物の雑木林では、ここにコナラ、隣にクヌギ、ここにヤマボウシ、隣にモミジ、ここはケヤキ、などということはありえない。だから、その場の景観にふさわしい樹木をどの樹種か1種類選んで、これを7割以上植栽してベースをつくる。残りの3割で施主の好みの実や色をつける。それからよく木には裏表があると言う。しかし、自分は幹の線が一番大事だと思う。地形の向きや日の当たり方で枝が伸びていく。その幹の線や枝の伸び方がいかにも自然に見えることが一番だ」。

彼は言う。「滝を落とすとき、誰もが石組ばかりに目が行く。しかし水の動き、水の表情をいかに演出するか、これが一番大切だ。滝石組は、バックの大きな地形のまとまりの一部として自然らしく組まれていればそれでいい。小さな石しかない時でも上手に石を組合せ、最後の水の落とし方を工夫すれば成功する」。

さらに彼は言う。「自分は大堰川のようなさわやかな流れの中で水遊びをしながら育ったせいか、溜り水の人工的な池はどうしても好きになれない。流れをつくるとき、上流は険しい山石で、下流はやさしい川石で、いかにもその場所の風情が感じられるように工夫している」。

石にも木にも水にも、そして庭そのものにも、彼が生まれ育った京都の自然環境が、そして1300年に向う京都の歴史と文化が先どりされている。

ただ、決して京都の伝統を形式として、形として踏襲するようなことはしない。むしろこれを否定する。ほんとうの風景、自然な風景、自分の風景を、最良のかたちで表現しようかと幾つになっても相変らず、研鑽の日々である。

佐々木葉二 [Yoji Sasaki]

写真=佐々木葉二(sa)、細川和昭(ho)、杉野圭(su)、瀧浦秀雄(ta)、奥村浩司(ok)、吉田誠(yo)、他

光と影と静けさの美学を追い
もの言わぬ風景に
生命と言葉を与える
日本における
ミニマリズムランドスケープの先駆者

六本木ヒルズなど日本を代表する超高層ビル、あるいは大都市都心のアーバン・ランドスケープ・デザインの多くが佐々木葉二の仕事である。氏のランドスケープデザイナーとしての評価は、欧米や中国、東南アジアでも高い。公刊されている作品集には、氏の考え方と表現手法が明確に語られている。

最初の作品集は中国建築工業出版社刊で、清華大学の章俊華監修の『日本景観設計師―佐々木葉二』（2002年）。その序で章教授は、佐々木葉二的設計世界は「環境と対話」にあるとし次の4つを挙げる。①充分地方特色、②利用空間的創造、③人与自然共生、④城在花園中、すなわち地方色を踏まえ、利用目的と空間機能を美しく創造し、人と自然の共生によって都市を理想郷として甦らせる、というもの。もう1冊の作品集はマルモ出版刊『LANDSCAPEDESIGN―佐々木葉二作品集』（2004年）で、日本で出版後に中国の大連理工大学から翻訳が出版されている。

本書の巻頭は、氏のハーバード大学時代の恩師であるピーター・ウォーカーが、世界のランドスケープ界での佐々木葉二の位置と、氏の作品の価値について的確に論評している。本書の章立ては、佐々木葉二のランドスケープ精神そのものだ。①うつろう―気配のデザイン、②かかわる―行為のデザイン、③にぎわう―出来事のデザイン、④おもう―時間のデザイン、⑤くらす―共有のデザイン、と語っている。氏は本書でデザインのプロとしての完全性とランドスケープの社会性への視座を大和言葉と多義的な漢字でみごとに体系化している。

芸術家のDNA

佐々木葉二、1947年生まれ。現代日本を代表する感性豊かなランドスケープ・アーキテクトである。ピーター・ウォーカーも言うように芸術家である。景観と空間を、人と自然の美しい関係を描いて生きた風景に仕立て、それをやさしくぬくもりあふれる言葉で語る「空間の詩人」である。

父、節雄。母、恵美子。兄、幹郎。そこには芸術家のDNAが流れている。父、佐々木節雄氏は、東京美術学校卒業以来、国画会で活躍する画家であると同時に、高校、大学で美術教師をつとめる熱心な教育者であった。大阪の高津高校では「名画の中に自ら入り込んだセルフポートレート作品」で知られる森村泰昌や『テロリストのパラソル』で直木賞をとった作家藤原伊織らたくさんのアーティストを輩出。「絵は大学で学ぶものではない。専門家意識ができてしまうと絵をレイバー（賃金労働）の対象と見てしまう。売り絵画家になるな、真の芸術家になれ！」が節雄先生の教育方針であり、2人の息子もその成果であった。

葉二少年は、大阪南郊の藤井寺の広いアトリエで父の大きな抽象画を眺めながら育つ。父に連れられ海や山へのスケッチ旅行もたびたびであった。兄、幹郎氏は中原中也の研究でサントリー学芸賞、読売文学賞など受賞して大活躍の現代詩人である。であるが、兄弟そろって芸術家であり教育者でもある点、まったく父の芸術のDNAというほかない。知は学べても、感性は天性のもの。しかし、天性の感性が花ひらくには、学ぶべきテーマを模索する青春と14年に及ぶ建設エンジニアとしての下積み時代が必要であった。

ランドスケープとの出会い

美に敏感な人間は、醜に耐えがたい不満を感じる。アンバランスな高度経済成長、ベトナム戦争の泥沼化など醜の政治に敏感に反応するのは健全な青年の証。そうした時代状況下で葉二少年は悩む。芸術を生かせる技術分野はないのか？　と。こうして1967年神戸大学農学部生産工学科へ進む。トラクターの設計をして緑の大陸を再生したい、とロマンを求めて。ただ実際の大学は、夢を叶える思想も技術習得中心で何の魅力も与えてくれなかった。佐々木氏いわく「大学生時代は、死と常に対面し、自分の内面と実在のありかを求めて必死に煩悶し格闘していた」。社会を、政治を、人間を考え、悩み、悲しみ、激し、怒り、見つめる時間を持ったかどうかは、社会に貢献できる職能と職業人の基本要件ということだろう。

神戸大学4年生の春、特別集中講義「造園概論」の久保貞教授の授業に出席。葉二青年が探し求めていた「社会に貢献できる職業―芸術と技術融合の世界」が、ここにあった。久保教授は大阪府立大学で緑地計画工学研究室を主宰し、当時ではめずらしいG.エクボ、J.O.サイモンズらのランドスケープを本格的に日本へ紹介していた。生産工学科、いわゆる農業土木系技術のみの学習に幻滅を感じていた佐々木青年が、都市化時代の自然と人間の融合を目指すという高い思想性と、創造的で造形性豊かなアメリカン・ランドスケープの魅力に目を開く感動の一瞬が目に浮かぶ。志さえもっていれば、必

佐々木葉二 ささきようじ

ランドスケープアーキテクト。1947年奈良県生まれ。神戸大学卒業。大阪府立大学大学院修士課程（緑地計画工学）修了。建設会社を経て、1987年〜89年カリフォルニア大学（バークレー）大学院および、ハーバード大学デザイン学部大学院・客員研究員をつとめ、現在、京都造形芸術大学教授。鳳コンサルタント環境デザイン研究所とともに設計活動。

中学2年生のときの鉛筆スケッチ。小豆島の漁村風景を杏（あんず）の木の下から見て描く (sa)

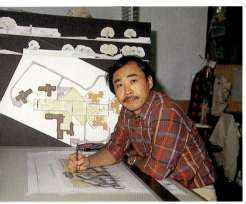  

左／カリフォルニア大学バークレーの客員研究員室にて。中／1989年当時のピーター・ウォーカー・マーサ・シュワルツ事務所内部。右／ハーバード大学におけるスタジオ・プレゼンテーション学生への講評会風景（3点ともsa）

ず自らの魂をゆりうごかす出会いがやってくるということだ。

もちろんそのためには、高い志との出会いをキャッチする感度が不可欠である。氏の場合、育った家庭、学生運動にもまれつつ「生きること」を考える自分、そのことを充たしてくれない大学への幻滅、そういう状況下での「久保教授の造園学、アメリカン・ランドスケープの世界」との出会い、それを自らの天職と直感する感度のよさがみごとに重なりあい、運命を決めたのだろう。

ミニマリズム ランドスケープの誕生

造園学に目覚め、府立大の修士課程に進んだ氏は、久保研究室で『Luis Barragan, Modern Garden and Landscape Architecture』を見つけ、ルイス・バラガンのベベデロ・プラザに出会う。「白く直立する一枚の壁に映えるユーカリの樹影。鏡のように静謐な水面に映る壁の色。そこで徹底して形態を寡黙にすることによって、たち現れたり消えたりする"スペース"が実現されていた」。

一枚の写真にこれだけのことを感じる感性は、やはり佐々木葉二のものである。抽象画家の父節雄氏の感じ方を受け継いでいたのかもしれないし、後に出合うピーター・ウォーカーのミニマリズム的ランドスケープ・アートへの共鳴も根は同じかもしれない。

世界の抽象絵画100年の潮流は1960年代アメリカで、フォンタナ、ジャッド、ステラなどの「ミニマリズム」を誕生させる。感情を激しく画面にぶつける表現主義に抗して、一切の感情表現を排除することを目的にした。できるかぎりシンプルに表現して、最大の効果をあげようというのが「ミニマル・アート」である。

自然と人間の共生を意識したピーター・ウォーカーが、ミニマリズムに沿ったランドスケープ活動をリードするのは当然のことであった。ピーターが『佐々木葉二作品集』で書いているように、佐々木氏もその系譜に連なっている。

「1995年から佐々木は、さらに優雅で厳格、簡素でミニマムな一連のデザイン活動をはじめている。最もシンプルな幾何学形態を用い、生命ある素材自体の豊かさやそれらが映し出す光と影に着目し、デザインとしての可能性を広げたのである。太陽の光と四季折々の変化が織りなす現象が、控えめなグラフィック幾何学との絶妙な組み合わせによって生み出されている」。この評言は、「ミニマリズム」のランドスケープ・デザイナーの本家ピーター・ウォーカーが、佐々木葉二作品の「ミニマル・アート」としての完成度の高さを絶賛しているということだ。

佐々木氏は大阪府立大学卒業後、建設会社の土木技術部、地域計画部で14年働き、1987年会社の留学制度によりやっと憧れのアメリカへ留学。カリフォルニア大学バークレー校環境計画学部、次いで翌年ピーターのハーバード大学デザイン学部に客員研究員として移る。その後帰国、1989年11月から鳳コンサルタント環境デザイン研究所の名で独立、独自のランドスケープ・デザインをつくりつづけることになる。

アメリカ滞在中、アメリカン ランドスケープの思想と技術を学び、たくさんのランドスケープ・アーキテクトとのネットワーキングを深めたことが、氏の作品活動にとって大きなエネルギーとなったことは間違いない。

しかし、府大でバラガンの写真に感応して「自分は将来こんな空間をつくりたい！ こんなランドスケープ・デザイナーになりたい！」と決意したとき、すでにピーターに負けない造園家佐々木葉二は誕生していたのだと思う。

佐々木作品は多様多彩、多面多作、受賞最多

東京の「六本木ヒルズ」、大阪の「ガーデンシティタワーズ」、広島の「基町クレド」や「猿猴川アートプロムナード」、「さいたま新都心けやきひろば」等、日本の現代都市の顔ともいうべきアーバン・ランドスケープはみんな佐々木葉二色に彩られている。いわば、日本人の誰もが

白雨館 左／坪庭の樹木と玉砂利。白壁に光と影がゆらぐ（su）
右／雨上がりの朝。トップライトの露が陽光を受け、白雨が降っているかのように光と影が壁にそそぐ（sa）

NTT武蔵野研究開発センタ本館
研究開発施設の中に研究者やビジターの心にやすらぎと斬新な発想をあたえる"精神の庭"を目指したこの施設のコンセプトは「端正な日本のモダニズム」。市松模様の水面は、日本の原風景をイメージさせ、佐々木氏の日本精神が表れている。
（上下とも ho）

知っている都心のランドスケープは、佐々木化し、その模倣とみられる空間さえ出現しつつある。

建築物によってつくられた高層化、巨大化、人工化する現代都市空間をいかに"身体化"できるか、"自然化"できるか——いまそれができるのは佐々木葉二しかいない。私には、コマーシャリズムの要請から賑わいの演出を果たすべく、線と面が饒舌かつ前面に出すぎではと思っているものの、そうした空間を旧来の日本の伝統手法をもって修めるのは到底無理だからである。もっとも佐々木スタイルを通覧して驚くのは、それぞれの地域性、場所性、材能性、演出すべき課題やテーマに応じて、多様多彩な空間創出法を駆使しているということである。

「基町クレド」では、多彩なデザインボキャブラリーを駆使し、囲繞と眺望、内外景観との連携、対比、立体的変化を構成し、水、石、木、鉄といった材料を多用し、多様なテクスチュアの味わいを提供、賑わいと楽しさを演出する。

同じ賑わい空間だが、「六本木ヒルズ」では文化都心、垂直庭園都市を標榜するだけあって、複雑な建築、広場と香り高く繊細ないろいろなタイプの緑と庭園的仕掛けがモザイクされ、人工巨大空間をヒューマンスケールに引き戻す役割を果たしている。

基町、六本木と大きくちがうのは、埼玉県「さいたま新都心けやきひろば」である。ここでは、空間も設備も樹木も、色彩もすべてを抑制して、ピーター・葉二のミニマリズム アーティストの世界を表現している。

6メートルグリッドに配された端正な樹姿のケヤキ220本の木洩れ日が「人々を自然の気配と光の"リフレクション（反映）"で包み込む」。何故かスピリチュアルなものを感じさせる「空の森」である。氏はここで「自然の形態的模倣ではなく、自然と人間との間の干渉現象を視覚化する。それによって、自然を記号的認識から身体的体験として捉えようと試みた」という。ケヤキの葉影や木洩れ日からは、樹木とか緑と

いった抽象概念ではなく、まさに"生命"や"自然"を肌と心に感じさせてくれる。それを氏は、「ランドスケープ・アーキテクトの使命は、物言わぬ風景に三次元の言葉を与え、語り出させることである」と書いたのだろう。

ところで、私は、氏のなかに"日本的なるもの"、"内面的なるもの"を発見して、佐々木ランドスケープの広がりと奥行きを知った。プライベートな用途とスケールであったこともあろうが、「NTT武蔵野研究開発センタ本館」、「衆議院議長公邸」、そして自邸「白雨館」は、どれにも佐々木葉二の日本精神、人間精神が表れているように思う。

氏は何冊もの著作物をものにしているが、訳書を2冊紹介しておきたい。M. フランシス、R.T. ヘスター Jr. 共編、佐々木葉二、吉田鐵也共訳『庭の意味論』（鹿島出版会、1996年）と、P. ウォーカー、M. サイモ共著、佐々木葉二、宮城俊作共訳『見えない庭─アメリカン・ランドスケープのモダニズムを求めて』（鹿島出版会、1997年）である。共に形や風景の根源にある意味を見つめようというものであり、そこには日米の造園空間が俎上にあがっている。

佐々木氏の作品が現代日本の都心地区で歓迎されている理由は、アメリカン・ランドスケープスタイルの現代性が第一義的にあげられるかもしれない。しかし、それだけなら飽きられてしまう。それがそうならないのは、形を模倣するのではなく、ランドスケープの意味を問い、むしろ形を消そうと努め、インビジブル・ランドスケープを解こうとする佐々木氏の思索の深さ、詩心と究極の美への飽くなき追求があるからである。上記2冊の翻訳作業はそのほんの一例にすぎない。氏の言葉のすべてがその証左であろう。

「NTT武蔵野研究開発センタ本館」は、水と緑の市松模様に日本の原風景、水田をイメージさせ、保存されたサクラの古木に時間の継承を感じさせる。また、「衆議院議長公邸」では、白砂青松を連想させる白砂敷の洲浜、美しい汀線、寝殿造の系譜にある石の透廊がつかわれる。自邸「白雨館」は詩人の兄、幹郎氏の命名。雨上がりの朝、トップライトの露が陽光を受け、白雨が降るが如く光が壁にそそぐ。白い箱のような極めてシンプルな住宅に、紅葉と竹、そして光と影と静寂、そして"白磁"のぬくもりだけをデザインしている。氏は、空間だけではない、こころの詩人でもある。

ともあれ、佐々木作品のビジュアルからインビジブルまでの多様多彩、そして多面多作に驚く。しかも多作にもかかわらずヒットが多い。学会賞、国際コンペ最優秀賞など表彰は30を超える。普通、ここまで優等生だと面白くないが、氏の社会性には拍手をおくりたいし、人間性には手を握りたくなる。

ヒューマニスト佐々木葉二の社会性

空間の詩人、佐々木葉二の芸術性を述べてきた。詩人とか芸術家は寡黙で人間嫌い、そして社会性の欠如というイメージがある。詩人の幹郎氏もそうだが、佐々木兄弟は情熱的で社会性も抜群だ。一体どうしたことだろう、是非、父君にもお会いしたいものだ。

言葉の端々に、氏はヒューマニストだなあと感じた。たとえば、「新・都ホテル」での結婚式のランドスケープ空間の計画で、「鐘が鳴ると、三方の建物からみんなが顔を出すんですよ。みんなに拍手されると、幸せな気分になるでしょ」。また、「六本木ヒルズ」のランドスケープで、「こういうことを丁寧にすることで、ここを身体感覚の庭にかえられると思うんです。超高層ビルが、いくらハードでもね」。

氏は1999年以来、京都造形芸術大学芸術学部環境デザイン学科の教授として後進の育成にあたってもいるのだが、学生諸君に自作を語り

さいたま新都心 けやきひろば
地上約7m、面積約1haの人工地盤上に220本のケヤキを6m×6mのグリッド状に植栽。ケヤキの葉影や紅葉により季節のうつろいを感じさせる。
（上右／sa、下左／ok、下右／ho）

HAT神戸 灘の浜・脇の浜
阪神淡路大震災からの復興を目指し、神戸中心市街地の約120haの埋立地に建設された集合住宅のランドスケープ。植栽とベンチからつくられるコモンスペースにより人と人とのコミュニケーションが生まれる。
（右下／sa、他3点／ho）

ながら「つい感動して涙がでるときとか、胸がつまってしばらく声がだせないときがあるんですよ」。「ランドスケープ教育は、感動ですよ。教える側の自分が感動しないで、学生に感動を伝えることはできないでしょう」。

すべて、そのとおりである。佐々木葉二氏は、心から人間を愛し、社会を愛し、自然を愛し、人間と自然の交歓による感動をこそ生みだしたいと願っている。

インタビューの間、幾度となくでた言葉。それは、「形をつくっているけれど、どうやって形を消すか。どうやって形をのりこえていけるか。形のない自然を、どのように表現するか」。氏は、ランドスケープの力が造形の力にあるのではなく、水や緑など自然の力によるものであり、もっと本源的には人間力にあるんだよ、と言いたかったのではなかったか。

そして最後につけ加えたいのは、ヒューマニスト佐々木葉二の「人間愛・社会愛」。ランドスケープの社会性への視座についてである。

1995年、阪神淡路大地震が起こった。神戸に縁のある氏は直ちに震災の調査と復興ボランティアに参加する。そこで氏は、被災者にとって遠くの大規模緑地よりも自宅近くの小公園が頼りになっていることに気づいた。「日常、人とのコミュニケーションが成立する社会的空間（生活領域）を単位とした計画の重要性」を確信した。こうして氏の新しいソーシャル・プランニング論が導かれる。

プロジェクトは、「HAT神戸」、120ヘクタールの埋立地での復興住宅ランドスケープである。安全、安心で、高齢者にやさしく、住民同士の交流、植物の栽培や手入れに参加しながら緑と仲間の両方とコミュニケーションするランドスケープ空間のデザインを実現した。氏の言葉には、弱者への愛情が滲む。

学生運動世代に共通するものかもしれないが、若い時代、状況に真正面から取り組む生き方をした人間は、自らの機能が人々の幸福のためにあることを当たり前だと考えるのである。

佐々木作品のなかには、たくさんのマンションランドスケープもある。そこで氏は、東京練馬の「ルネ・アクアパークス」のように地元の公園と合併させてしまうという大胆なアイデアで住民生活を考えたり、大阪淀川の「パークスクエア北大阪」、東京世田谷の「グランウェリス瀬田」など、子どもや母親たち一人ひとりの居住者の視線、動線、ライフスタイルへの深い思いやりを思いめぐらしている。私はこうして、大状況から小状況まですべてにわたって佐々木葉二のソーシャル・ランドスケープ・アーキテクトスピリッツを知った。若い読者には、デザインばかりか、人々の幸福と社会の安定への造園家の役割を、氏に学んで欲しいものである。

大学の授業で学生に講義を行う佐々木氏（中央）

代表作と5つのキーワード

「うつろう」気配のデザイン

さいたま新都心 けやきひろば　(yo)

衆議院議員議長公邸 庭園　(ho)

「かかわる」行為のデザイン

HAT神戸 灘の浜・脇の浜　(ho)

猿猴川アートプロムナード　(ho)

「にぎわう」出来事のデザイン

六本木ヒルズ　(ta)

基町クレド ふれあい広場　(ho)

「おもう」時間のデザイン

ガーデンシティタワーズ　(ho)

書斎館　(ho)

「くらす」共有のデザイン

ルネ・アクアパークス

白雨館　(su)

佐々木葉二氏の業績

【受賞】
- 1994年　ひろしま街づくりデザイン大賞
  商環境デザイン賞・グッドデザイン賞
  さいたまひろば(仮称)企画提案競技・最優秀賞(共同)
- 1996年　(社)日本造園学会・学会賞(設計作品部門)
- 1997年　都市景観大賞
- 1998年　ひろしま街づくりデザイン賞
  都市景観大賞
- 1999年　都市緑化大賞
- 2000年　第7回空間デザイン・コンペティション金賞
  グッドデザイン賞(建築環境デザイン部門)
- 2001年　第12回大阪施設緑化建築賞(みどりの景観賞)
  インターイントラ・スペースデザイン・セレクション
  最優秀賞(共同)
- 2002年　第8回ひろしま街づくりデザイン賞
  大阪ベイエリア「まちづくりプラン」最優秀賞(共同)
  環境大臣賞(壁面・特殊緑化大賞)
  新潟駅舎・駅前広場計画提案競技最優秀賞(共同)
- 2003年　中国住宅環境大賞(中国・武漢秀澤園集合住宅)
  米国「コーナー・ストーン国際展示場」に「瞑想の庭」が買い上げられ、世界の作家20人と共に建設の上、永久展示となる。

他多数

【教育歴】
- 1987年9月～88年3月　カリフォルニア大学環境計画学部大学院スタジオ指導及び特別講義
- 1988年11月　ハーバード大学、マサチューセッツ大学大学院・特別講義
- 1990年～92年　京都大学・大阪大学・日本大学特別講義
- 1994年4月～2005年　神戸大学工学部非常勤講師
- 1996年4月～99年3月　京都造形芸術大学非常勤講師
- 1997年～2005年　広島工業大学、京都精華大学、近畿大学文芸学部他で非常勤講師
- 1999年4月～現在　京都造形芸術大学芸術学部・環境デザイン学科教授

【役職】
- 1995年　(社)日本造園学会阪神大震災調査特別委員会幹事
- 1996年　(社)日本造園学会震災関連研究特別委員会委員
- 1997年～2006年　日本ランドスケープフォーラム運営委員
- 1997年6月～　(社)日本造園学会・評議員
- 2002年～　九州大学新キャンパス・マスターアーキテクト委員会委員

他多数

主要著作

『庭の意味論』
(共訳、鹿島出版会)

庭とはいったい何か。信仰、力、秩序、文化的表現、個人的表現、癒しの6つの論点に分け、多様な専門領域から庭の意味を考察。

『見えない庭
―アメリカン・ランドスケープのモダニズムを求めて』
(共訳、鹿島出版会)

アートへの志向と、マニュアル化・均一化したデザインの道。2つの選択肢に揺れ動いてきた、アメリカのランドスケープ・アーキテクチュアの歴史を描く。

『ベーシック・スタディ
―ランドスケープ・デザイン』
(共著、昭和堂)

ランドスケープデザインを学ぶ若者を対象に、デザイン創作プロセスと基礎理論を総合的にわかりやすく解説した入門書。

『LANDSCAPE DESIGN
―佐々木葉二作品集』
(マルモ出版)

さいたま新都心けやき広場や六本木ヒルズなど、佐々木氏の代表作品が、5つのキーワードをもとに解説された日本で初めての作品集。

田瀬理夫 [Michio Tase]

写真=プランタゴ、マルモ出版*

開かれた風景へ
ひとと生き物のいる風景へ
花鳥風月が感じられる風景へ
生業と結びついた元気な風景へ
トータルな環境に修復し、
本物のランドスケープと
ふるさと風景を再生する物語

環境の世紀、その土地、その地域の真のランドスケープを修復、再生することに、清々しく、ゆったりと、そして着々と、具体的に取り組んでいる造園家がいる。

彼のつくる風景には、媚びへつらい、小賢しさがまったくない。自然、生き物、大地への素直な感性と愛情が、下地になっている。まさに、ナチュラル。また一方、技術家にありがちな縄張り意識や独自の造形へのこだわりがない。あるのは、その土地のポテンシャルを生かした「気持ちいい場所」「らしさの感じる風景」「なるほどと思えるトータルな感覚と評価」への希求である。

眼前に広がる環境を意味ある風景に修復・再生すること。無機的で醜い都市を四季と花鳥風月を感じる風景に再生すること。荒れ果てて、疲れ果てた農村に、人と自然と生業の有機的な関係を回復し、元気なふるさとを再生すること。

ランドスケープ・アーキテクトの使命と役割は、美しい風景の創出と自然のシステムの保全回復を一致させた「トータル・ランドスケープの実現」にある。

このランドスケープの王道を、力まず坦々と歩みつづける造園家、その名は「ワークショップ・プランタゴ」主宰、田瀬理夫という。

オープンランドが原風景

田瀬理夫は造園家であるが、氏の仕事はいかにも造園という感じがしない。囲まれていない。山へ、空へ、都市へ、まちへ、自然へ、ひとへ、広がっていく。自然、ナチュラル。そういう風景づくりの名手である。

なぜ、こんなにナチュラルな風景がつくれるのだろう。その謎は、氏の原風景と、事務所にプランタゴ（野の草、オオバコの意）と命名した氏の仕事への行動理念を聞くとよくわかる。

田瀬理夫、1949年、昭和24年の東京生まれ。8、9歳ころまでは市ヶ谷、その後大学を卒業するまで練馬で育つ。いまでは高層ビルが建ち並ぶ市ヶ谷も、敗戦直後から高度経済成長期までの間は、意外にも自然が回復していた。市ヶ谷濠の水は底まで見えるほどに澄み藻もたくさん生え、大きな魚が泳いでいた。濠の土手の草々の勢いは、背後の台地斜面地に連なり、ところどころには原っぱもあって子どもの天国であった。理夫少年も濠でカエルを餌にライギョやソウギョ獲りに夢中になり、当時はGHQ駐屯地であった市ヶ谷の士官学校跡の土手をのぼり鉄縄網から米軍のヘリコプターを覗いたりして、その向こうに思いを馳せた。

次に練馬区、石神井公園三宝寺池が理夫の遊び場になる。満々たる湧水、ボート池の広がり、葦が生え、そこには草の護岸。水も草も木も鳥や蝶もみんな友だちであった。

市ヶ谷も三宝寺池も、それから進んだ都立大泉高校も、みんなオープンな自然風景であった。東京生まれの田瀬理夫だが、幸福にも氏の原風景は、敷地が柵で囲まれた公園や広場ではなかった。オープンランドの広がりのなかにあった。

プランタゴ・おおばこの種を播く

田瀬理夫氏の事務所の名称は、PLAMTAGO Inc. City planners, Architects, Engineers, Landscape architects, Workshop という。

PLAMTAGOとは、オオバコのこと。固い土でも踏まれても育つ雑草である。氏が子ども時代に馴れ親しんだ二次自然の象徴ともいえる。

理夫少年が通っていた頃の大泉高校には塀垣のような囲いはなかった。立派に育ったサクラが点綴し広々とした、まさに武蔵野の豊かさを図にしたような校庭であった。そのことが理夫の誇りであった。それが卒業して数年、囲いがつくられ、校庭は固くかためられてしまい、草地の風景は奪われてしまった。田瀬青年は千葉大学園芸学部造園学科に進学、卒業後造園業界のリーディングカンパニー、株式会社富士植木に入社していた。青年は行動した。オオバコの種子をとって、野球のスパイクで耕した校庭に播く。それも丸く美しく地模様ができるように。三ヶ年もつづけた。

青年は、あのサクラの株につつまれた広々と豊かに広がった緑濃き母校のやさしい風景が、人工に蹂躙されることが我慢できなかったのである。

田瀬理夫にとって、おおばこ・プランタゴは、氏の原風景そのものであり、自然への思いそのものであるにちがいない。

最高のメンバーがコラボ、ワークショップに拘る

田瀬理夫は独立するに際し、庭園とか、公園とかキッチリ枠にはまる仕事を超えたことにチャレンジしたいと考えた。何だかわからないものにしたいと思った。いかにも囲まれた敷地を処理する造園の仕事だけをかかえ込むイメージのネーミングもやめたい。作業する組織、いろいろなプロが集まって作業する場所をイメージして「ワークショップ」という言い方がいい。そう考えて1977年独立時には「ワークショップ・プランタゴ」、1990年株式会社にするときには少し長いが自らの気持ちを込めたネーミング（前出）にした。

田瀬理夫は、囲いのなかに閉じこもりたくない。外とつながりたい。外とつなぎたい。自然とも都市とも、社会ともつなげたい。プロジェクトにふさわしい都市計画家、建築家、さまざまな分野のエンジニア、造園家が協働し、総合的な環境デザインの視点に立って最適解を求めるワークショップにしたい。そう思っているのだ。

そうすれば、雑草の種は風にのり、思わぬところに芽を出し、やがて風景を変えることもあろう。土地の様相は自然の営みと人間の働きかけによって、ここに人々の喜び、驚き、あこがれ、悲

田瀬理夫 たせみちお

造園家。1949年東京都生まれ。73年千葉大学園芸学部造園学科（都市計画・造園史専攻）卒業。73～77年（株）富士植木勤務。77年ワークショップ・プランタゴを開設。78～86年SUM建築研究所の一連の集合住宅プロジェクトに参加。90年～（株）プランタゴ代表。2009年～農業生産法人（株）ノース代表を兼務。

上／本館2Fより。テラスやレストランから眺めた時、海への連続性を持たせることを意識した（2005年、写真＝福岡将之）

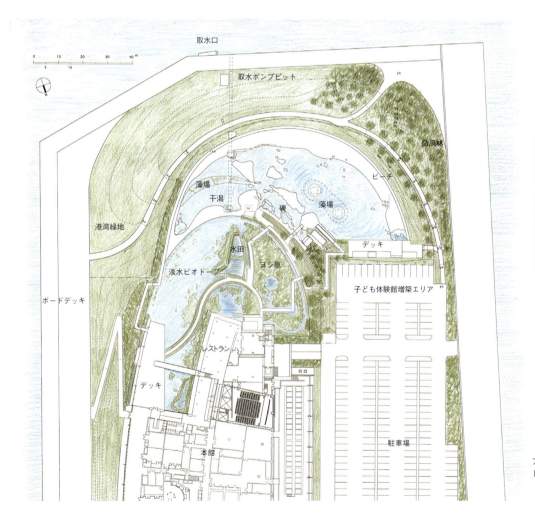

アクアマリンふくしま

2000年福島県いわき市小名浜港の1・2号埠頭開発計画の中核施設として建設された、水族館施設を中心とした海洋文化施設。「海を通して『人と地球の未来』を考える」を基本理念に、訪れる人が豊かな自然環境を体感しながら地球上の生態系全体への意識を高めることができる施設。自然植生と景観の再現技術の開発が地域の環境修復技術につながることを目指している。

アクアマリンふくしま平面図。計画が進行し、干潟が広がりを見せる。

地球のたまご（2004 年静岡県浜松市）
「空気集熱式パッシブソーラーシステム」をはじめとした環境共生技術の普及につとめる OM ソーラー協会・OM 計画株式会社の本部と研修施設を兼ねた施設で、研究・開発の拠点であり、また情報発信基地。「地球のたまご」という名前は、社員の発意により、この場からさまざまな環境共生技術が生まれ育っていくように、との願いを込めて名付けられた。
湖畔の 1 万坪の用地を活かし、建築は「住まい」のスケールで、OM ソーラーをはじめパッシブ要素技術もさまざまなものが実施された。ランドスケープは「浜名湖の水源、流域の再生」を目指している。

左／バブル期に埋立てられた養鰻場跡を修復し、水源地化する造成。右／敷地内の全雨水を集水貯留する池（2 点とも*）

しみ、怖れを織り込むことにもなるだろう。こうして新しい風景の芽がまた新しい風景を育てていく。種子の伝播、新しい事業の芽が次々出て育っていけば、きっと社会もよくなるだろう。そう思っているのである。

エコロジーと自然再生への潮流

プランタゴの田瀬といえば、生き物、エコロジー、自然風景の再生のプロというイメージが最も強い。

いまでは、自然再生はめずらしくないが、造園界では比較的早い、いわばパイオニアに属するといってよい。

田瀬氏が大学を出たのは 1973 年、昭和 48 年。（株）富士植木に就職し、小形研三、斉藤一雄、村木和雄ら大先輩に造園の工事と技術のあり方を教わる。そこでは京成上野駅改良にともなう上野公園の大工事の現場責任者として、いまも役立っている貴重な経験をした。しかし、これからは独立して自分らしい生きがいを見つけたい。そう思ったとき自分はもう、いわゆる公園緑地のパターン化した造園は卒業しようと思った。

折しもその頃から日本は、公害国会、環境庁の設置（1971 年）などで、エコロジーの視点がアピールされはじめる。全国土が開発ブームに洗われ、全国自然保護連合編『自然破壊黒書―自然は泣いている』（高陽書院、1972）や佐藤昌著『自然保護と緑地保全』（都市計画研究所、1972）が、また田瀬氏が教わるところの多かった本と述懐する、斉藤一雄編著『緑化土木―環境系の形成技術として』（森北出版、1979）など「生物的自然とエコロジーの思想」がわずかだが出はじめた。また、東京大井の埋立地の卸売市場計画が変更され「東京湾野鳥公園」となった。そのための、10 年近い市民運動をまとめた芥川賞作家加藤幸子著『わが町東京―野鳥の公園奮闘記』（三省堂、1986）が話題になった。また、横浜市の金沢八景に人工海浜が再生され、杉山恵一・進士五十八共編著『自然環境復元の技術』（朝倉書店、1992）へと、造園界も少しずつ自然の保全と回復へ関心を高めるようになる。

こうして、新世紀に入ると本格的に自然再生が活発化する。国もようやく「自然再生推進法」（2002 年）を制定、全国各地に NPO 法人なども参加した自然再生協議会ができはじめつつある。

自然再生から自然風景の再生へ「アクアマリンふくしま」

田瀬氏の仕事のなかで自然再生に本格的に取り組んでいるのは、1995 年以来今日まで継続している「アクアマリンふくしま（2000）」「同、干潟（2005）」「同、磯（2006）」「同、ビーチ（2007）」である。

この仕事では、建築家淺石優をはじめ、発注側である福島県「アクアマリンふくしま」の飼育展示課安田純、現地材料供給業者アゼターフの仲田茂司ら多数の関係者のコラボレーションが図られている。またこの仕事は水族館施設という閉鎖系の環境デザインではあるものの、氏のエコロジー哲学が基調となっている。まさにワークショップ・プランタゴ田瀬の面目躍如たるプロジェクトとなっている。

水生生物の研究展示というこれまでの水族館を超えた「環境体感空間」であり「地球上の生態系全体への意識を高めるための環境教育施設」である。テーマは、生態系の変わり目―エコトーンの面白さと重要性で、それを「潮目の海」「陸上の潮目」と呼ぶ。「潮目の海」は南の海、黒潮と、北の海、親潮の潮目。南の海のランドスケープは東南アジア原産の植物、たとえばマングローブと淡水湿地性植物で再現される。

「陸上の潮目」は、福島の川と沿岸がテーマで、福島県の生態的位置に注目している。南からの常緑広葉樹林帯と、北からの落葉広葉樹林帯の境界、つまり潮目が福島県だというのだ。南からはスダジイ、北からはイヌブナ、モミ、コナラなどの植生が「…らしさ」をつくる。

そのために田瀬氏は、実施設計冒頭で「…らしさ風景」ウォッチング ツアーを実行している。夏井川渓谷から勿来海岸まで、幹が折れていたり、倒木、変形木にいたるまで、「らしさ」の材料の現地収集もしたりした。また数度にわたって施設関係者、建築家、擬岩ワーカー、造園施工者など関係者全員でロケハンを繰り返した。そのおかげで、「…らしさ」のあるランドスケープデザインは大成功であった。

田瀬理夫が尊敬し憧れるランドスケープ スピリッツはロバート・ザイオン（R.Zion）のものだ。

すなわち「ランドスケープの設計を難なく手っ取り早く行う方法はない。正確な知識と技術を併せ持つ場合のみ、その人独自のアプローチでより良いデザインに導くことができる」。そしてもうひとつ「もし現場に行けなかったり、周囲を広い範囲で歩いてみることができなかったり、自分をその環境においてみることができなかったら、価値あるプランを出すことはできない」。以上のほかザイオンの言葉はすべて、田瀬氏の信条となっている。

頭にはザイオンの思想が、身体では市ヶ谷濠や三宝寺池での自然あそびの楽しさを思いうかべながら氏は仕事をする。こうして生態系の再生という理系の技術は、氏の場合いつの間にか、ほのぼのとした又懐かしさを感じさせる「自然風景の再生、創出」へと昇華している。

もちろんその下地には、地形、土壌、動植物、

昆虫、農業から地元の文化地理にいたる田園系エコシステムへの深い知識と理解、その技術的展開力があることを銘記しなければならない。

緑の文化風景で都市再生
「アクロス福岡」

田瀬氏の仕事には、たくさんの賞が与えられている。「アクロス福岡」はその代表で The 2000 Business Week / Architectural Record Award などを共同受賞。これも建築家淺石氏らとのコラボ作品であるが、写真を見ればおそらく誰もが知っている、特に近年盛んになっている人工地盤上の緑化、屋上緑化の代表作といえる。この最も知名度の高いステップガーデンは、いまでは立派に生長して大都市福岡の都心に聳える「花鳥風月の山」となっている。

都市のヒートアイランド現象、脱温暖化社会への潮流の中で屋上緑化が叫ばれている。景観的には屋根があるべき部位に緑（生物的自然）をのせているのだから、本来違和感がある。先に建物を設計しておいて、後で緑をのせるのでは駄目で、当初から建築と緑の一体的デザインがなされるべきである。また屋上を緑に化す一文字通り「薄層緑化」で多肉植物をのせるだけという例もよくあるが、これも駄目。ほんとうは「緑化」ではなく「自然再生」でなければならないし、願わくばそれによって都市に季節感をとり戻し、地域の活力やアイデンティティを高めるものであってほしい。人工巨大ビルが林立する大都市は、機能的ではあるがアメニティに欠ける。グローバル経済のなかでガラスとアルミニウムの現代建築が建ち並ぶ都心では、その地域の歴史や自然風土などどこか遠くの出来事になってしまう。しかし、国際化が進んでいるからこそ世界中のビジネスマンは、この場所に日本、ここに福岡を、感じたくてやってくるのである。

「アクロス福岡」は、以上の問への正答、まさに模範解答になっている。田瀬氏は語る。「その建物を国際会館と呼んでいました。だから日本的なものがいいだろう。季節ごとに劇的に変化する植栽にしたい。日本文化と色、花鳥風月と四季の変化をこのステップガーデンでやりましょうと提案しました。花鳥風月を実現するには"修学院離宮上の御茶屋の大刈込み"を具体的にイメージにして、"混植の連続"を考えました」。

「アクロス福岡」のコンセプトは、"花鳥風月と日本の四季"で明快だ。1階から13階までの建物のすべてを、本格的な四季の森に造成するのは容易でない。だから建物の寿命60年の目標に対して森づくりにおいても、これをクリアすべく、風や雨への備え、50cmの土層に育つ植物の生長管理など一つひとつの課題に真摯に取り組んできた。植栽や風洞実験も繰り返された。完工後も、氏は継続的に緑の生長と維持管理を専門的にフォローしている。まさに「アクロス福岡の森番」だ。針葉、常緑、落葉の構成樹種は32種15の混植タイプでスタートしたアクロスだが、氏は条件を整えれば200〜300種の多様な森はつくれるという。いまアクロスでは、早春に芽を出し、夏の深緑、ハゼやカエデの秋の紅葉、落葉と紫味を帯びた冬の森。そこにメジロ、ヒヨドリ、ウグイス、ムクドリ、シジュウカラ、ツグミ、カラスなど野鳥が集ってくる。

自然再生、そして日本の緑文化—四季感あふれる花鳥風月の文化的景観がアクロスの丘に創出され、いまや福岡の都市再生のシンボルに成長している。田瀬氏は、屋上緑化、都市緑化のための技術を超え「都市文化としての緑の風景づくり」を実現したのである。

上から／春の山。竣工直後（'95年、*）／夏の薩（'98年）／秋の林（'96年）／冬の森（'99年、写真＝吉谷 靖）

アクロス福岡
1995年福岡県福岡市天神に旧県庁舎跡地利用としての事業コンペによって完成した官民の複合施設。
南側の天神中央公園と北側の街路空間を連続的に一体化したオープンスペースをつくるために建物の約4割を地下空間とし、地上部分の1階から約60mの高さにある屋上までを緑豊かな空中庭園とすることが意図され、その建築的な解として階段状のステップガーデンと13層吹抜けのアトリウムという二つのコンセプトに基づいてランドスケープは行われている。建物を山に見立て、「花鳥風月の山」をテーマに、「春の山、夏の薩、秋の林、冬の森」のイメージを具体化する手法として4割を落葉樹で構成する点描画風混植寄植で建物南面表層を覆っている。

竣工から12年経った現在のアクロス福岡。青々と茂った植物が建物を覆い尽くすように成長している

上／緩斜面の山林を林間放牧地化する。
（馬が繁茂するササを食べ、林床を管理してくれる）
下／ササで藪化していたかつての採草地もまたたくまに馬が元に戻してくれる。

配置図

QUEEN'S MEADOW COUNTRY HOUSE　遠野の馬付住宅（馬100頭）プロジェクト

新タイプの馬生産、有機農業、馬との生活を中軸とした「住宅・観光」事業を通して、環境再生や住み主の経済を支えるしくみを構築するというプロジェクトである。馬付住宅はその基礎単位となる現代版の曲り家であり、18世紀以来の新形式の民家による地域の再生計画である。

岩手県遠野地方はかつて日本一の馬産地で人と馬がひとつ屋根の下に住み、曲り家、屋敷まわり、田や畑、山林、草刈り場、放牧地、駒形神社と馬溜まり、といった人と馬との関わりが連続的に営まれていた。1955年の馬農家2000戸、馬4000頭が、1975年までに60戸、75頭に激減した。高度成長で、馬で出していた薪や炭は石炭、石油に、田しごとはトラクターに、馬の堆肥は化学肥料へとかわり、馬は日常生活から消え、数百年培ってきた馬と人が関わる環境形成システムは20年でなくなってしまった。30年ほど前の空中写真と「現地」で、かつての馬農家の土地利用とそのインフラを克明にトレースすると、馬とともにいることで将来の可能性が浮かび上がってきた。

一時捨てられただけの土地には、水が流れ馬道が通っている。草木は伸び、山は荒れたが人が馬とともに戻って来ればよいのである。2000年にパイロットハウス（現本館）が開かれ、馬付住宅が試動して7年がたつ。小さな馬場のオオヤマザクラの苗木は、花がつくほどになった。

山間の景色のよいところに馬付住宅を建てれば、大いなる天然の緑囲のメドウが復活する。事業にふさわしい種の馬を導入し、育て、乗る。放牧で林間植生を管理し、馬の堆肥で農薬と化学肥料づけの水田と畑を有機化し、堆肥の熱エネルギーも利用して散居する。散居をちりばめてクラスターを形成し、馬の道に沿ってクラスターを2つ、3つと増やしてゆく。そんな住宅のひとつが2006年暮に竣工し、2008年の稼働に向けて実証実験が行われている。

左から／本館（手前）と馬付住宅（奥）。沢水の一次貯留池越しに見る馬付住宅全景。伝統的馬文化の例祭にハフリンガーと参詣（安産祈願）。QMCHの冬景色、冬の林間放牧

新しい農的発想で地域再生
「遠野QMCH馬付住宅プロジェクト」

夢が大きくふくらむプロジェクトである。そして現代日本でもっと力が入れられてよい課題である。「クィーンズ メドウ カントリーハウス QMCHの馬付住宅（馬100頭）プロジェクト」。その目標を田瀬氏は、「現代版曲り家―馬付住宅を核とした地域再生プロジェクトで、新しい農的発想にもとづいた"住宅・生産・観光"事業の展開により、遠野文化の復興、環境再生、地域経済の新しい基盤の構築を目指す」と書いている。

岩手県遠野は、かつて人よりも馬の数が多かった。かつては適切な管理で山林が保全され、水源も守られた。緩斜面の山林は草地に変えられ林間放牧地の風景が誕生した。夏季はここで何百頭もの馬が放牧された。冬は馬付住宅・曲り家で飼われ、馬糞は堆肥になって、おいしい米や野菜を育ててきたのである。

このプロジェクトは、こうした馬の放牧を主体とした農業生態系の再生を目指す。しかし、その現代的アイデアとして、新たな馬付住宅における田舎ぐらしの実現、遠野物語のこの地でホースライディングを楽しめるグリーンツーリズムの推進、その結果としての有機農業の復興を、上手にシステム化することで「地域再生」を図ろうという。かつては農家で完結していたものを、都市部で生活を余儀なくされている人々、あるいは自己実現を求めるために滞在型で農村観光をしたい中高年者の導入連携によって、またその特色をかつての馬文化にフォーカスをしぼって構想するという考えで、すでに主唱者株式会社アネックス（代表 今井隆氏）の実験民家（馬房付住宅）のランニングははじまっている。チロル産 ハフリンガー種という放牧にも乗馬にも適した牝馬も3頭導入、すでに繁殖中である。

草地生態系や水源水系の保全、野生から家畜にいたる動物たちとの共生から、遠野物語の馬文化そのもの、駒形神社例祭への参加や参道並木の植栽、鳥居の建立など歴史、民俗、文化との共生までを含めたトータルな環境風景の再生を目指す。一方で、馬の繁殖育成から、馬付住宅の供給、グリーンツーリズムまで、地域経済の再生までも目指す。日本の国土と民俗文化の保存再生は、元来、国や自治体の責務でもあるが、これを民間レベルで実現しようというのである。これこそ、日本の中山間地農村をリードする優れた社会貢献モデルだといえる。

田瀬氏はこのプロジェクトで、空中写真から新旧情報を引き出し、全体的土地利用計画を的確に描き、馬道などサーキュレーション、施設配置やデザイン、水系統から浄化システム、そして経営法までを提案している。ランドスケープ・アーキテクチュアの提唱者フレデリック・ロウ・オルムステッド（F.L.Olmsted）は「ランドスケープ・アーキテクト」の資格は次の二つ。「サイエンティフィック・ファーマー」（Scientific Farmer）と「ソーシャル・プランナー」（Social Planner）の二つでその両方が必要だといっている。前者は自然、後者は人間と社会を熟知し理解し、ビジョンを描けるということである。その点田瀬理夫氏は、その両面を見事に備えた、いやその両方を十分に発揮している人物にちがいないと思う。

田瀬理夫氏の業績

〈受賞歴〉

1995年	日本造園学会賞―「らんの里堂ヶ島」の設計
2000年	THE 2000 Business Week/Architectural Record Award ―「アクロス福岡」
2001年	グッドデザイン賞（共同）―「札幌メディアパーク・スピカ」
2002年	日経BP技術賞（共同）―「アクロス福岡の緑化技術」 エコビルド大賞（共同）―「アクロス福岡」 「屋上・壁面・特殊緑化技術コンクール」大賞（共同）―「アクロス福岡のステップガーデン」 環境情報科学センター賞（共同）―「都市のエコロジー復活を目指す環境建築」 グッドデザイン賞（共同）―「記憶を継承する住まい」
2003年	建築設備デザイン賞（共同）、AACA賞 優秀賞（共同）―「アクロス福岡」
2005年	エコビルド賞（共同）、SB05 サスティナブル建築賞（審査員特別賞）（共同）―「地球のたまご」
2007年	グッドデザイン賞 QMCH

〈主な作品〉

1978年	国営沖縄海洋博記念公園 郷土村「おもろさうし園」計画
1979年	藤が丘タウンハウス／国営沖縄海洋博記念公園熱帯ドリームセンター
1983年	平塚ガーデンホームズ
1986年	百合ヶ丘ビレッジ
1992年	らんの里堂ヶ島
1994年	コートハウス国立／板橋区立熱帯環境植物館
1995年	アクロス福岡
1998年	ビオスの丘／立教大学武蔵野新座キャンパス
2000年	アクアマリンふくしま／札幌メディアパーク スピカ／QUEEN'S MEADOW COUNTRY HOUSE 1
2001年	相模女子大学マーガレットホール／「記憶を継承する住まい」.PAM
2002年	秩父市歴史文化伝承館
2003年	大井川睦園ケアハウス／5×緑 EXHIBITION
2004年	OMソーラー協会「地球のたまご」計画／アクアマリンふくしま「キッズビオトープ」
2005年	アクアマリンふくしま「干潟」／SHENZHEN CITY CENTRAL PLAZA and SOUTHERN AXIS PROJECT（中国深圳市）
2006年	アクアマリンふくしま「磯」／QUEEN'S MEADOW COUNTRY HOUSE 2（馬付住宅）
2007年	アクアマリンふくしま「ビーチ」／NISSAN 先端技術開発センター 他多数

日産先進技術開発センター

神奈川県厚木市の郊外、森の里の青山学院大学跡地に建設された日産自動車の技術開発センター。緑が研究開発する人達のcreativityを刺激するようにワークプレイス内に3層に渡って連続する光庭や、敷地外部の雑木林を借景する屋上庭園が設けられている。
敷地外周は30,000㎡に及ぶ既存建物のコンクリート解体ガラを土塁や雨水浸透層として敷地内リユースしている。植栽は厚木市の在来植生で構成し、周辺環境との連続性の修復を目指している。（日本設計との協働）

左上／既存建物を解体したガラをおさめて土塁にした、田瀬氏が考案した5×緑のフトンカゴ．。金網の側面にツルやシバなどの植物が繁ると全体が緑に覆われる。左下／あぜ道に生える草花を植生させた芝マット（アゼターフ）。里山の自然を都市に回復させることをめざすと同時に生産地の里山自体を守り育てることも考えられている。右／ワークプレイスの中のグリーンキューブ。5×緑で立体的にデザインされている。オフィス内の空間の広がりを感じさせる。（写真3点ともにフォワードストローク）

【フトンカゴ、アゼターフについてのお問い合わせ】
株式会社ゴバイミドリ
東京都新宿区市谷仲之町 2-10 合羽坂テラス ＃4
TEL：03-5362-3399

鄭雄男 ［Woong-Nam CHUNG］

写真=鄭雄男、BUNYU ＊、LANDSCAPE DESIGN ＊＊

光と風が、美しく舞うランドスケープ。
花、水、木、石、
それぞれの生命と表情を美事にひきだし、
その空間と景観の心地よさを最大化する。
ユーザーの五感を十分満足させ、
心から愉しませる、
水と風のランドスケープアーキテクト

あるときは大きく広い水面。あるときは微地形の間を縫い斜面をかけおりる水。その水面が茜色に染まり、また光が浮かぶ。

風水を体感させ、水のランドスケープを創らせるならこのひと。鄭雄男、チョン・ウンナム（CHUNG,Woong-nam）氏だ。超高層ビルの建築のランドスケープに次々チャレンジしている鄭氏の強さは、ビルディングとランドスケープが十分に"対"で勝負している点だろう。

近年の造園界の問題点は、文字通り「緑化」「外構」に甘んじている技術者が増えていることだろう。ただ敷地を植栽で緑に化かすこと、ビルの外部を処理すること。そうすることは技術者であっても、造園家の仕事ぶりではない。

あくまで、「緑化」（植栽、配植）は手段であり、「造園」（園をつくり、風景・ランドスケープをつくること。ランドスケーピング）が目的でなければならないからである。チョン・ウンナムが「水のランドスケープ」で成功してきたのは、外部空間の主体性を氏独自の多彩な「ウォーターデザイン」によって、明快な景観世界として表現できたからである。

"生気あふれる花・水・緑のオアシス"を超高層住宅で暮らす都市居住者にも感じてもらいたいと、チョン・ウンナムは願っているのである。

美・自然・空間・光・風・水・気への感性

明末の遺臣、鄭成功は、台湾独立へ清と斗った強い男。そして文字通り、雄々しい男。そう思ってお会いした鄭雄男（チョン・ウンナム）氏は、むしろ真逆で文学青年の面影を残す芸術家肌のとてもデリケートな造園家であった。

関西大学在学中、当時激しい学生運動の大学ではロックアウト、授業もない。幼年期から神戸六甲の裏山に遊び、自然を描くのが大好きだったこともあり、インテリアデザインの専門学校にも通っていた。姉たちはファッションモデル、おじさんは韓国三大財閥のひとつの社長という華やかな家庭にあって、太宰治の作品を愛読、同人誌『声（ソリ）七・四会』に文学評論を載せ、「ベ平連」（1965-74）にも参加する社会正義に純粋な文学青年であった。

鄭雄男 チョン ウンナム

ランドスケープアーキテクト。1951年兵庫県神戸市生まれ。関西大学中退。専門学校にてインテリアを学び、宮本環境設計事務所を経て、東急グループの高村造園に入社。78年苑環境計画室を開設。86年より㈱苑環境計画代表。技術士。登録ランドスケープアーキテクト（RLA）。ランドスケープアーキテクト連盟（JLAU）元理事。著書、受賞多数。

そんななか出会ったのが、近代造園運動を目指す造園家、宮本順治。チョン青年は、21歳から23歳のわずか数年だが、ここ宮本環境設計事務所で公園の調査・設計に従事。宮本のほか佐々木葉二、吉田昌弘らのリードする「ランドスケープ研究会・空間集団」にも参加する。ランドスケープ活動におけるチョン・ウンナムのスタートである。

「人生って、不思議なものですね」。宮本と出会わなければ、ちがう道に進んでいたかもしれない。でも、チョン・ウンナムには草や木に、昆虫に、そしてそれを描く絵に、また美しさに敏感な感性があった。そして一方は、高度経済成長に直走る当時の都市づくり、高速道路の陽の差さない高架下に児童遊園を配置する行政の無神経さに憤る正義感もあった。加えてもうひとつ、そこから人々に"水と緑のオアシス"を創出しなければ、という強い使命感をもつ社会性もあった。

この感性と社会性の両方が、バランスよく、またしっかりと氏の人間性に集約しているチョン・ウンナムだからこそ、またプロジェクトの果たすべき役割や期待がどこにあるかを深くふかく、どこまでも掘り下げて追求、トレーシング・ペーパーのロール数本を描きつぶすほど努力家であった。だからこそ、日本初の民間造園企業家の巨匠高村弘平氏（東急系造園会社の創始者。元高村造園株式会社社長／現東急グリーンシステム株式会社）をはじめ、造園家高野文彰、環築家仙田満、建築家吉村順三ら大勢の先輩方に認められるようになったのである。

1977年、27歳のとき独立。広々とした豊か

ゆらぐキャンドルの光（国立コートガーデン（自邸））＊

な緑をイメージして「苑環境計画室」を設立。後1986年、35歳のとき「株式会社苑環境計画」へと発展。その間、恵庭カントリー倶楽部のランドスケープ作品に対して「日本商環境デザイン賞」（共同、1991年）、ゴルフクラブ・ツインフィールズのウォーターガーデン作品に対して「日本造園コンサルタント協会賞」（1996年）、東急／新日鉄による豊洲・キャナル ワーフ タワーズのランドスケープ作品に対して「CLA賞優秀賞」（2002年）など、数々の受賞に輝く。

チョンの仕事で特に定評があるのは「水のランドスケープ」である。国営公園の沖縄海洋博記念公園プレイコーナーや昭和記念公園文化施設広場詳細設計にはじまり、30歳のときにはマレーシア国クアラルンプール市のシャーアラーム・レイクランドパーク（70ha）のデザインチーフとして40トン／毎分という大量の水を

水盤道路は能舞台の橋懸かり、歌舞伎の花道である。来訪者は花道に迎えられ、花道に見送られる（写真／廣田治雄）

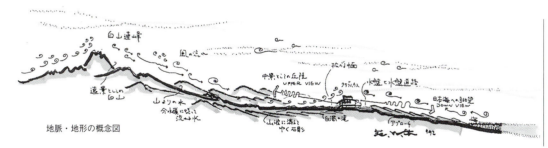

地脈・地形の概念図

ゴルフクラブ ツインフィールズの ウォーターガーデン
（1991年 石川県小松市）

大地で包まれたカルデラ湖をクラブハウスの舞台として演出。大地に包まれた水景は、青い空と雲と樹々を写す。湖水を包む緑濃き山並みの連なり（稜線）。湖水の先、遠くに白山、逆は日本海が眺められる。湖水は近景と遠景の二重の山並みが包む。借景としての山並みが風水の落ち着きを与えてくれる。

つかう滝を実現したりもした。

「図」（＝点景）としての建築物に対して、ややもすると「地」（すなわち背景）となることのみを期待される"緑"（≒造園）だが、チョン氏は「図」になりやすい"水の造景"をよくしたことが、強い造園家として成功した一因かもしれない。

ただ、氏の絶対的な強みは、圧倒的な"植物愛"、"生き物愛"、繊細この上ない"細部愛"すなわち「テクスチャとディテールへのデリケートな感性」にある。このことは、氏の自邸の、わず

かに幅3メートル、奥行き13メートルのアプローチ空間の"豊かさ"を垣間見るだけで十分である。

ここだけで約75種という植物の多様性、それに小さな空堀に枕木を渡すことで"水"を感じさせ、"結界"を思わせる。これはもう、氏自身に流れる"美"と"自然"と"空間"、そして"光"と"風"や"水"、その"気"に対する鋭敏なアーティストとしての血のなせるわざとしか言いようがない。

「風水」を下敷きに、大地を読んで「風景」を生む

東アジアの環境デザイン―「風水」という言葉を、チョン・ウンナムはよくつかう。四神相応、背山臨水など、いわば方位と大地の形の組み合わせ。山があり水が流れ、陽があたり風が通る。「天人合一の環境づくり」のことである。

石川県小松市のゴルフクラブ・ツインフィールズのオーナーは、北海道の恵庭カントリー倶楽部を見たとき、これは素晴らしい。「これから

水盤の薄暮の光

水の白濁は朝夕陽光を受け「銀水布」を演出（写真／廣田治雄）

蝶の触覚をモティーフとしたスパイラルガーデン（写真／廣田治雄）

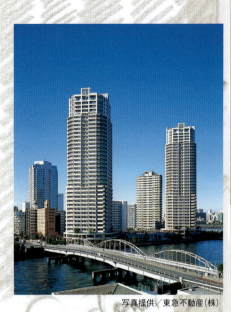

キャナルワーフタワーズ
（2000年東京都江東区）
銀座やお台場から近い湾岸地区、豊洲。都の総合設計制度の適用を受け、外部は公開空地とした。好立地であるが決して良い環境とは言えない埋立地。トータルなランドスケープデザインとするため、住棟から外部がすべてデザインの対象であり、都市の森づくりを目指した。

写真提供：東急不動産（株）

大階段のカスケードと噴水は運河へと続き消えてゆく

は、もっとランドスケープに力を入れて、お客様に満足してもらわなければ…」と思ったという。

こうしてチョンは1990年初冬、現地に降り立つ。「北には荒海の日本海が、また南には雪景を頂いた白山連峰がのぞめ、風通しがよく気持ちのいい場所であった。その丘陵に抱かれたとき、この場所と白山の一体感を覚えた」。

そして「山々に抱かれたカルデラ湖を思い浮かべていた」。

その着想は、さらに広がり次の構想へすすむ。「海岸部から平野部へ、平野部から山へ坂道を登りつめてゆくと、突然視界が開け、山と山の間から、山並みに抱かれるようにして、大きなカルデラ湖／山の泉が出現する」。

平面図を見ると、シンメトリカルな軸上の配置と円い整形池で、直ぐにオーナーの要望の、ダイヤモンドとゴールドからの"ツインフィールズ"とワインカラーの"蝶"をシンボライズしていることがわかる。しかし、図面からどこに「風水」があるかわからない。

ところが、である。現地に立ち、白山と日本海をのぞめば、遠景の山並みがやさしく小宇宙盆地（ミクロコスモス）を抱く。目を足元におとせば、人為のカルデラ湖をやさしく抱く見事なアンジュレーション（盛土の小丘の重なりと連続）が、ここを逍遙する人々の気分にちゃんと背山臨水の落ち着き感を与えてくれる。上の造形センスの勝利である。

やはり、チョン・ウンナムは「風水のこころ」を持ち、大地を読み、風景をつくる人だった。

「都市のオアシス」を、超高層建築を大地につなぐ

東京も大阪も、いまや超高層ビル建設の真盛りである。ウォーターフロントの開発がすすむなか、重厚長大産業のシンボルIHI（石川島播磨重工業／造船）の移転、マザーシティの計画もすすむ。そんな東京湾の中央、豊洲に地上36階、住戸数498戸の超高層ツインタワーをつくる。都市再生ブームで銀座やお台場に近い都心居住者に人気は高い。ここでのチョン・ウンナムの目標は、全敷地13,700平方メートル（建築面積・約3,000㎡、人工地盤面積・約4,000㎡、駐車場360台）の6割を占める約8,000平方メートルのオープンスペースを住民にとって「都市のオアシス」にすることである。

元来、この土地は明治期の埋立地。海抜数メートルで、地形に何の変化もないフラット。ここに強烈な存在感のある2本のタワーが建つ。しかも、地下に駐車場を入れるため緑地に当てる敷地の半分以上が人工地盤という条件である。

およそこれまでの超高層建築のグランドとの接点は、ハードな敷石もしくはインターロッキング系のペーブメント広場になっていて、どこ

ろどころに植桝を設け街路樹のような点々の植栽があるだけである。だから超高層建築物の直方体をただ地盤面に置いてあるだけに見える。視覚的に見て、直方体は風が吹けば飛んでゆくように、また地震がくれば地盤から横にズレてしまうのではないかと心配になるほどだ。

ところが、このプロジェクト—「キャナル ワーフ タワーズのランドスケープデザイン」では、チョン・ウンナムの知恵が冴えている。

氏のスケッチを見てほしい。運河の水面からの立ち上がりを何段ものテラスを重ねあげて、そこに造られた大芝生地の法面と斜面林の造成によって、超高層建築の足元をしっかりと大地につないでいる。

人工地盤を覆土した上に、幾重にも重なった地山と、約150種、12,000本の多様で多層な植栽によって、マッシブな森を創出。それにより、いかにも力強い緑の大地にツインタワーがしっかり立つように見える。

このほか氏の得意とする水の演出や環境彫刻・石と光の風景も魅力的である。完成したばかりの東京・田町のキャピタル マーク タワーのランドスケープ計画でも、メインのカスケード ガーデンに、グリーン ヒル（緑の丘）やフォレスト プロムナード（森の小径）を配置し、タワーと大地をつなぐとともに、豊かな植生で四季感を十分に演出している。

若かりし頃のチョン・ウンナムが見た陽の当たらぬ公園への憤りは、いま都心居住者に「水と緑のオアシス」を贈りたいという信念に昇華しているようだ。

ともあれ、氏のスケッチは天下一品である。CG（コンピュータ グラフィックス）に慣れた時代のランドスケープアーキテクトにはめずらしく、味のある絵である。もちろん、単なる絵なんてものではない。イメージの描き込み、詳細な仕様への思いの書き込み…。その位置、配置、スケール、テクスチュア、プランティングデザイン、樹叢のボリューム、樹種や植え込みの形、工作物のとり合いなどすべてに渡って職人的緻密さ、肌目の細かさで仕上がりや納まりを見通していることがわかる。チョン・ウンナムの透徹したデリケート ランドスケープの本質が顕現された一枚の絵になっている。

大地も彫刻、「作品化された大地」から遠くの大地景観をのぞむ

彫刻の森では、彫刻が主役。森は舞台にすぎない。ところが、富士山麓、三島市郊外に立地するクレマチスの丘／ヴァンジ彫刻庭園美術館では、現代イタリアの代表的彫刻家ジュリアーノ・ヴァンジと造園家チョン・ウンナムの完全なコラボレーションの結果、庭園も彫刻同様主役を与えられている。

屋上から俯瞰したランドスケープ西棟（2007年秋）

キャナルパークとキャナルモールを結ぶ大階段と水の造景

湧水・カナールに落ちる段状パーゴラの光と影

彫刻「竹林の中の男」を馬蹄型の園路が包む＊＊

もちろん、多くの市民に理解されやすい具象的作品でありつつ、一方で極めて深く人間存在を追求し表現しようとするヴァンジの作品の魅力と、その置かれるべき空間への明確な意図が大前提にあるが、その魅力と意図を的確に理解し得るだけの人物である、またヴァンジをして信頼せしめた景観構成力を発揮した造園家チョン・ウンナムの実力を誉めなければならない。

いつもながら美事で効果的なチョン式アプローチ空間はもとより、彫刻群、美術館建築と一体化した園内景観、そして数段のテラスからのぞまれる遠景との関係付けは実に上手い。まさに彫刻・庭園・建築が渾然一体となって、富士の裾野に雄大なアートスケープを展開する。

面積25,000平方メートルの敷地は、もともとはススキ原、次いで別荘地開発でクラブハウスやプール、テニスコート8面があったところ。その跡地は、建設前の現場写真にあるように、宅地造成のひな段そのものだ。

チョン・ウンナムはまず、立地の生かし方を考えた。北に富士山を背負い、東に箱根外輪の山々、南に三島市街と伊豆の山々、西南には駿河の海が遠望できる。

この雄大な眺望を生かしつつ、園内に安らぎ

イメージスケッチ

クレマチスの丘・ヴァンジ彫刻庭園美術館（2002年 静岡県長泉町）
現代イタリアの具象彫刻家の第一人者、ジュリアーノ・ヴァンジのための美術館のランドスケープ。クレマチスの丘には、ビュッフェ美術館、井上靖文学館、木村圭吾美術館があり、これらの核がヴァンジ彫刻庭園美術館である。アート・建築・庭園・緑・花・食の美術館として、アートランドスケープを示唆する場所を目指している。

上／メインアプローチ。イタリアポプラの並木＊＊
中／美術館出口（1F）と、クスノキの丘の光と影
下／水蓮池、美術館ファサードとクスノキの丘

と、芸術空間としての心地よい緊張感を醸成する。さらにまたこれを美しい紫の花で綴りあわせ、ヴュッフェ美術館、井上靖文学館、ヴァンジ美術館、木村圭吾さくら美術館、イタリアンレストラン、ミュージアムショップ、カフェ、フラワーショップなどを統合して「クレマチスの丘」に"統調"する。

いずれにせよ、ヴァンジのイメージに沿って彫刻と大地のアンジュレーションを相呼応させたシークエンスとランドスケープ、そしてパノラマで眺望される遠景の大地への効果的なピクチュア ウィンドウに、彫刻家・造園家・建築家3者一体のコラボレーションの凄さを思い知る。

150年前、造園家第1号 F.L. オルムステッドの次の言葉を改めて噛みしめたい。
「ランドスケープ・アーキテクチュアの目指す環境は、さまざまな専門家の相互努力 (interdisciplinary effort) の結果可能になる。だからランドスケープ・アーキテクト (造園家) は、機械、土木、構造、建築、園芸、植物など多彩な分野のエキスパートと極めて高いレベルでコミュニケーションできる素養を身につけていなければならない」。

花や緑、石や水、そして空間デザインのみならず、歴史、文学や芸術に、社会、政治や経営・経済にも、強い関心をもちつづけるチョン・ウンナムならではのディテールから眺望へのトータル ランドスケープがここにはある。

鄭雄男氏の業績

〈受賞歴〉
- 1991年　商環境デザイン賞 (共同)
  「恵庭カントリー倶楽部」
- 1995年　さいたまアリーナ設計競技審査員特別賞 (共同)
- 1996年　日本造園コンサルタント協会賞
  「ツインフィールズのウォーターガーデン」
- 1998年　日本造園コンサルタント協会賞
  「東急ドエルプレステージ等々力」
- 2000年　日本造園学会造園作品選抜2000入選
  「ツインフィールズ」「東急ドエルプレステージ等々力」
- 2002年　ノルウェー・ベルゲン大学ガーデンデザインコンペ、ファイナリスト　CLA賞優秀賞
  「キャナルワーフタワーズ」
- 2004年　日本造園学会造園作品選抜2004入選
  「キャナルワーフタワーズ」
- 2008年　日本造園学会造園作品選抜2008入選
  「ヴァンジ彫刻庭園美術館」
  グッドデザイン賞
  「キャピタルマークタワー」
- 2009年　港区みどりの街づくり賞
  「キャピタルマークタワー」

〈主な作品〉
- 1978年　国営沖縄海洋博記念公園「ちびっことりで」
  (高野文彰氏と共同)
- 1980年　国営昭和記念公園文化施設広場
  (高野文彰氏と共同)
- 1981年　マレーシア国シャーアラーム、レイク&パーク、センターレークゾーン&ウォーターフォール (共同)
- 1984年　国営昭和記念公園さざなみ広場 (共同)
- 1986年　相模原「ふれあい科学館」／茨城県近代美術館 (共同)／洋画家中村彝アトリエ庭園
- 1987年　国営武蔵丘陵森林公園「ウォーターランド」(共同)
- 1990年　国際花と緑の博覧会「政府苑」(共同)／恵庭カントリー倶楽部
- 1990〜1997年　史跡琵琶湖疏水蹴上インクライン文化財調査 (解体〜復元)
- 1991年　世田谷区仙川の橋づくり (共同)／ゴルフクラブツインフィールズのウォーターガーデン
- 1992年　The 軽井沢プロジェクト
- 1994年　洲本ミュージアムパーク基本設計
- 1996年　白州名水公園—水の庭園基本設計／東急プレステージ等々力
- 1998年　国立コートガーデン (水辺のガーデニング)
- 2000年　豊洲キャナルワーフタワーズ
- 2002年　クレマチスの丘ヴァンジ彫刻庭園美術館／クレマチスホワイトガーデン
- 2007年　キャピタルマークタワー

〈著書〉
- 1999年　「新世代のランドスケープアーキテクト」Part.2 (マルモ出版) など多数。

風景の表情とデザイン

水の表情

水面と石彫の貫入
茨城県立近代美術館

落ちる水の妙
ツインフィールズのウォーターガーデン

白濁する水
恵庭カントリー倶楽部
(写真／ガンタメ)

石の表情

支える石
国営昭和記念公園さざなみ広場

段丘の石
東急ドエルプレステージ等々力

ハケの石橋
東急ドエルプレステージ等々力*

光・風・緑の表情

樹々の光と影
ツインフィールズのウォーターガーデン

緑の天蓋と野草により四季を織る
東急ドエルプレステージ等々力*

影によって光を知る
東急ドエルプレステージ等々力*

大橋鎬志 ［Koshi Ohashi］

写真＝M&N環境計画研究所、水野克比古*、奥村浩司**

父からメカ・システム思考を、母から生命と手業への愛を、浜松の自然と風土を遊び、学校で生物学と地学を学び、造園界の多様な業種を経験し、多彩な人と交友、世界を旅し、それらが総合化しトータリティとバランスある造園家を誕生させた。
いま、大橋鎬志はクライアント・ブランドを高めるべく、その心を、造園的感性で、実体化しようとチャレンジし続けている。

造園は元来"生活術"である。植物についての科学的知識、施工のための技術的知識はもちろん必要ではある。しかし、科学と技術だけで本来の造園を全うできるわけではない。

人間の生活、人間の幸福。いかに便利で、美しく、楽しく、豊かな"暮らしと環境"を創ることができるか…。そのつくり手が、プロの造園家というもの。

ならば、人間と人間生活への深い愛情なしに「造園のプロ」は存在し得ない。

その人、その施設、その場所、その造園が、必要とする用と景を100パーセント満足させるには、土地自然、歴史文化、経済社会、造形美術のすべてについての総合的な知恵が不可欠である。

大学で科学と技術を学ぶだけでは、ある部分のスペシャリストになれるだけ。幅広い仕事、業種、現場を経験し、全国各地、世界中を歩き、学び、遊ぶこと。多くの人と触れ合い交わり、人格を陶冶することで、やっとジェネラリストになれるのである。

いかなるクライアントの要求をも受けとめ、その具現化を図ること。新しい造園の創出によって、クライアント・ブランドをより一層高めること。それを可能にする造園家を目指した「計画人生・体験人生」の体現者、それが大橋鎬志という人物だ。

人生そのものが、造園作品

大橋鎬志の人生は、まるで造園家になるのに必要なことを身に付けるためのものだったようだ。

ところで、ひと口に「造園家」といっても、二つのタイプがあるように思う。

「あれは誰々の作品では」と、名指しされるような意匠上の特徴が前面に出る作庭家とか造園作家。このタイプは作家の個性、材料や形への好みが際立っていて、いわゆる作風が固定化している。だから作品写真集になりやすい。

これに対して、クライアントの思い、求められる機能、利活用、その敷地立地、時代的要請などに合わせて、造園の空間、景観、意匠の最適解を紡ぎ出すタイプがある。これこそ造園の正しい方法。正統派の造園家であるが、このタイプはどうしてもクライアントやプロジェクトが変わるたびに違う造園を創出するので、作風が見えにくく、受賞や作品集の面では損かもしれない。その割には、造園全般への対応力、ビジネス、イベント企画運営にもコンサルタント力が求められ、ジェネラリストでないともたないから二重に損かも。

いや、それは違う。本当は損ではない。造園の仕事の本質は、多様な人間生活に応える多様な計画デザイン術にあることを考えれば、造園家を目指す自分自身が多様な体験を経てジェネラリスト、トータルマンに到達するプロセスそのものが「造園」といえる。だから、この生き方も造園家として素晴らしい。

その意味において、これから紹介する大橋鎬志の人生は「造園作品」そのもののようで、大橋は正当派造園家・造園家の教科書であるといえる。

御殿山ヒルズプロジェクトの仕事でローレンス・ハルプリンの事務所を訪れる。ハルプリンの物づくりの姿勢に共感（1986年サンフランシスコ）

「遊びの体験は、プランニングやマネジメントの仕事において、ツボを心得た示唆を与えてくれる。」と語る

大橋鎬志
おおはしこうし

ランドスケープアーキテクト。1943年静岡県浜松市生まれ。65年千葉大学園芸学部造園学科卒業。10年間の施工経験後、外空間作家深谷光軌氏に師事。77年フリーランサーとなり各種プロジェクトに参加。88年（株）M&N環境計画研究所設立。代表取締役。01年静岡文化芸術大学非常勤講師。03年〜09年千葉大学非常勤講師。03年〜京都造形芸術大学非常勤講師、現在に至る。登録ランドスケープアーキテクト（RLA）。

父はオート三輪の製造販売、エンジンの設計、車体のデザイン、水冷エンジンバイク、オート三輪への丸ハンドル、ツインのヘッドライト、セルモーターの導入などの凄腕の技術者。浜松はバイクのメッカ、若き本田宗一郎（ホンダ創始者）も父の工場によく来ていた。鎬志は4人兄弟の長男。エンジン音だけで車種さえ当てられる少年だった。

母は教室を構えて教えるほど手芸が得意。庭には花がいっぱい育てられていた。やがて鎬志少年も、自らの生き物を持ち込み庭づくりを始めたりするようになる。

田んぼ、畑、小鮒釣りし小川、ほのかな香りの菜の花畑が少年の原風景。ハルゼミの鳴くアカマツ林、林床にはヤマツツジ、サルトリイバラ、秋にはマツタケ狩り、ハゼやウルシの紅葉。茶畑が三方ヶ原に続く。ドジョウ、ウナギ、ナマズ、タニシ、仕掛けたり、捕まえたり、食べたり。これが鎬志少年の原体験。やがて行動圏は中田島砂丘の海浜植物、浜名湖の海水浴、田んぼの冬の凧揚げへ広がる。県立浜松北高校では、生物と地学が大好き、手製の望遠鏡で土星の輪を見て興奮したり、生物部で蝶の道を研究し、陸上部三段跳びでNHK放送陸上に出場もした。鎬志はこうして迷わず千葉大学造園学科に進学する。

このとき、造園家に必要な基本的素養はすべ

ザ・リッツカールトン・バリ・ニュービラ
（2005年 インドネシア・バリ島）
広大な敷地と充実した施設に加え、サービスの質的向上を図るため機能性にバリ固有の文化的エッセンスを効かせた高級プライベートビラエリア（6.3ha）の増築プロジェクトである。バリの風土に融合された日本庭園の空間構成技法、禅の精神、そしてバリの精神文化や職人の伝統技法が随所に見られる。

左／現地スタッフとの現場会議では、クライアントのブランドを創るための緻密な作戦が練られた
右上／"らしさ"とは、その土地固有の魅力。ライムストーンの岩盤を削岩機で造形し、バリ島の原風景であるライステラス（棚田）の縮景を創る
右下／リゾートにおけるダイニングスペースの完成度の高さは、屋外とのつながり方で決まる

て"ふるさと浜松"で、十分に培われていたと言ってよい。

氏は大学で、いわゆる専門領域としての造園に目覚める。専門基礎、専門教養、造園基本科目を学びつつ疑問が浮かぶ。伝統と現代、計画設計と施工の融合こそ一番必要なことではないのか、と。こうして大学出としては珍しい現場体験の計画人生はスタートする。計画系がすべての当時、施工系に進んだのは同級生の内ただ一人であった。

まずは、観葉植物の生産、デパートなどでの販売、ここで植物の育て方から消費者の嗜好、流通のシステムを学ぶ。次いで、土木建設を体験すべくゴルフ場造成現場責任者、土木機械の操作と土量の計算から、200名の人夫の労務管理、芝草の流通、病虫害の管理、森林保全のための土壌学や生態学の学習にいたるまで多様に経験。1972年よりは外空間作家の深谷光軌氏に師事、ここで深谷独特の"ものづくりの合理精神"や造形論、生態論、文明論を学び深める。その後は、設計事務所で公園緑地の基本設計、緑のマスタープランのマニュアルづくりなども経験。やがてフリーランスの充電期を過ごす。1年間のうち11カ月働き、1カ月は世界を旅行、ホンモノの風景、ホンモノの環境を記憶体験、撮影したスライドは20,000枚におよぶ。エジプトのピラミッドからニューヨークのスカイスクレーパー、アルプスの氷河からマングローブまで、アントニオ・ガウディからローレンス・ハ

ルプリンまで、そして海深くスキューバダイビングも…、古今東西のランドスケープ総体験の旅であった。

いま大橋が自信を持って語る「造園家のミッションは、クライアント・ブランドを創り高めることだ」というのは、この豊富な旅と遊びの成果なのである。

氏の海外プロジェクトの一つ「ザ・リッツカールトン・バリのニュービラ」（2005年）など、地元バリ島の風景資源すべてを活用した好例である。

クライアントの要望は、ハワイなどのリゾートとは違う「東洋人の考える禅空間」であったという。大橋はこれを、バリ島の風土・文化の表現、自らを風景の一部に溶け込ませ風を感じ鳥の声を聴くメディテーションの場の創出と考えた。インドネシア バリ島の原風景ライステラス（棚田）を基調に、ライムストーン（サンゴ石灰岩）の滝や畳石を配置。バリ固有のヒンズー的工芸文化、石工など職人技術を総動員し、地場材と地域デザイン手法を徹底活用して成功させている。氏には「何が必要で、何が不要か」わかるのだ。豊富なランドスケープ世界体験の賜物である。

クライアント・ブランドを高める

世界最古のガーデンブックといわれる『作庭記』。平安末期の作庭の名手、橘後綱が書いたとされる。その冒頭に作庭の基本を3点挙げている。「生得の山水を思わへて………、昔の上手………をあととして、………家主の意趣を心にかけて」すなわち、大自然や大先輩から学ぶこと。そして家主（施主）、クライアントの気持ちを踏まえるべきこと、としている。

造園家が対象とする空間は、人々が生活している場所である。美しく、楽しいものであってほしいが、生活の便や利用目的を満足することが優先する実用の場である。家主、クライアント、ユーザーの意趣を踏まえるべきとは昔から当然のことだったのである。

にもかかわらず、現代造園家で「クライアントの思いを受け止めて仕事をすべきである」と明言する人は極めて稀である。ましてや大橋鎬志のように、そのことが造園家の使命だと強調するような造園家はほかにいない。

和食屋外席でのもてなし。「心地良さ」それは五感をくすぐるかくし味（インビジブル・デザイン）にある

近代以降の日本の造園は、公共緑地の造園事業に大きく比重を移していった。税金で事業を進める公共調達の流れの中では、客の思いや最高の造園を目指そうというよりも、公平か平等か、仕事が正確に進められたかなど、まったく別の価値観で評価されていく。設計と施工の分離原則もこういう流れで導かれた制度である。施工者が設計も一緒だとどこかごまかすかもしれない、と考える。設計施工を一貫することで「より素晴らしい造園」をつくろうというより、

ホテル日航東京 外構
（1996年 東京都港区）
開業から12年、臨海副都心におけるアメニティの核として国内外のお客様をもてなすアーバンリゾートホテルである。人工地盤の20本のオリーブの収穫祭、ハーブやレモンの収穫、レストラン屋外席、四季を彩る草花の群植、チャペルガーデン、スイートルームガーデン等々、ホテル運営（ソフト）を想定した当初のデザインが現在もしっかりと機能している。

シーサイドプロムナード（人工地盤）。雑草も選択して活用した「草地管理」が成功している（LD No.32、p48に詳しく掲載）。虫が集まり難い光源、ベイエリアの夜景を妨げない照明の工夫、草地のうねりと石積は「波」のメタファー**

上／オーストラリア産砂岩のソフトで暖か味のある特性を活かした「チャペル・デル・フィオーレ」(ホワイトガーデン)
下左／厳しい荷重条件の中、海洋に浮かぶ島々をデフォルメ。人が立ち入らない場所のためコアジサシの営巣地として、緑の島の隙に、玉石が敷かれている
下右／臨海部には真水が少ないため、水場を求めて様々な野鳥が集まることを想定。水深15mmの広いバードバスと植栽にも野鳥が安心できる隠されたしくみがある

上／水銀ランプ、蛍光ランプは虫が集まりやすいため一切用いていない。地形を意図的に生かした照明効果でリゾートの心地良さを演出(写真提供＝山田照明株式会社)
下左／空積みの多孔質空間には様々な土中昆虫が生息する。コオロギの大合唱がお客様を心地良くもてなす
下右／ハーブの収穫をするレストラン・シェフ

現代社会では不正がないようにという配慮を優先したのである。学校出の造園技術者が世に送り出されたのもそのためであったし、大学では科学性や公正性ばかりが教育され、"家主の意趣"や"クライアントの要請第一"という教育は、業者的、営業的と蔑視するような風潮さえあった。

少し大袈裟のようだが、現代日本の造園を語る上で、この「家主の意趣を心にかけて」、いわば今風の「顧客満足度」や大橋の言う「クライアントの思い」の具現化の必要性を再確認することは極めて重要と言っていい。大橋鎬志が大学時代に感じた矛盾は、実に現代的なものであったのだ。

若者に人気のあるお台場。この臨海副都心の中核となるアーバンリゾート ホテル「ホテル日航東京」(1996年)のランドスケープは、全体構想から細部設計、ハードからソフト、デザイン、施工監理からメンテナンスまで、そのすべてを大橋鎬志が担っている。

まさに、ホテル日航のクライアント・ブランドの形成、持続的発展に大きな責任を果たしてきた。レインボーブリッジを主景に眺める立地から芝生地は波のうねりを表現。夜景と食事がもてなしのメイン、そこではライティングへの気配りが第一。光源が直接に目に入らぬよう、虫を誘う波長の水銀ランプや蛍光ランプは止めて虫が感じないメタルハライド系ランプにする。ベイサイドのホテルだから地中海を連想するオリーブ20本を植栽。毎年10月中旬、レストランのシェフたちがオリーブの実を収穫して塩漬けにし、収穫のパフォーマンスと味覚に物語を付け加わえる。ハーブを摘むのも、バードバスに野鳥を呼ぶのも、コオロギを鳴かせるのも、白い花ばかりでホワイトガーデンを飾りウェディング・セレモニーを盛り上げるのも、他方で樹種や雑草の生態学的知識に基づく植生管理を基本とし、害虫駆除に化学薬品の使用を避けたりするのも、アーバンリゾート ホテルのクライアントのブランド・アップにつながるからだという。

こうして当初のデザイン意図を持続させ、ホテルの顧客満足度を上げるため、変化を経年観察し、適切なメンテナンスやリニューアル計画を立て、時には利用客を喜ばすイベントを仕掛けるなど、クライアントとの二人三脚は続く。こうしたメンテナンスを含む長期契約はランドスケープ事務所の経営の安定に大きく寄与するが、それは一方でランドスケープ・アーキテクトがホテル経営の一端を担うほどに有効な貢献を果たし続けるという努力と責任を求められているということでもある。

大橋鎬志は言う。「ランドスケープがクライアント・ブランドとして価値を持つとき、ランドスケープ・デザインはコストではなく資産となるのです」。

これは何もリゾートホテルばかりではない。氏の仕事「ガーデンコート成城」のような集合住宅でも同じ。シンボルツリー、エスペリエ、どっしりとした木製ベンチ、テーブル、ハーブガーデン、レモンの鉢植、バーベキュー炉など中庭(メインコート)は本格的な庭園となっている。ところがである。現地で私が大橋氏の誠実さを実感した理由でもあるのだが、「住宅の品格」とでもいおうか。ちょっとした仕分けを見

年々種類を増す雑草を同定し、特性を調べた上で取捨選択し適正なメンテナンスを検討。草地管理で活用している

たからである。中庭はいかにも差別化の高級意匠に徹しているのだが、表側の面した前面は建物をゆったりとセットバックさせて、成城あたりに昔からあった屋敷林のケヤキ並木と見まがうばかりに、立派なケヤキの大木を自然に列植しているだけ。いかにも高級マンション然と飾らず、おとなしく周囲に融合する景観デザインになっていたからである。

この感性こそ、まさにホンモノの造園家大橋鎬志のものである。

湯河原の山間に立地する高級料亭旅館—「海石榴（つばき）迎賓館の庭園」（1985年）は「庭園の品格」の極致といってよいだろう。私はこの庭園の緻密にして繊細な日本の造園美を見るに、この荒れ沢をよくぞここまで自然再生し、さらに庭園の高い品格を形成したものだと誉めたい。プロの造園評論としては、京都の伝統庭芸と比肩する景観や質を持つものの、その独自性において何が、と言われるかもしれない。大橋氏自身もそのように感じてか、旅館オーナーからの粋人の遊び話ばかりを語っている。

しかし私はこの作品にこそ大橋鎬志の人柄がよく出ていると思う。

荒れ地復元の大斜面と人工地盤の関係性と接続法。人工地盤上の芝生庭と流れの線形。そして、トクサ、シャラ、アセビなど植栽とのコントラスト。池汀のゴロタと砂と岬灯篭と板橋の納まりから山への眺望まで。家屋と庭の関係性、眺望と景観の構図、どれも計算され尽くし、抜けもない。氏の多用する感性領域のデザイン—間・裏・奥の考え方が自然に出ている。「ヴィジブルなものだけでなく、インヴィジブルな世界にこそ物事の本質があるのです」と。

確かに、海石榴には赤坂パークビルヂングの外構のように大地の裂け目、地層といったダイナミズムはないかもしれない。しかし、独自の作品性を！と力まないインヴィジブルで優しい気配りがここにはある。

私自身もよく憶えているが、大橋氏が師事した深谷光軌は、あまりに強烈で激しい個性の持ち主だった。深谷氏は、跪くのはクライアントだと考える作家であった。

その深谷氏に師事した大橋氏が「クライアントの気持ちを自分なりの感性で実体化すること、そして完成後もそれをサポートすることが、造園家の役割である」と考えるにいたったのだ。これは深谷光軌からの完全な独立である。私にはそのことは大事なことだと思える。

造園作家と造園家、両方あってよいと私は思う。しかし私は、大橋鎬志氏には温和な浜松の風土のように広く大きく優しい人間愛に充ちた造園家であり続けて欲しいと思う。デザイナーは職業柄、目立つ存在「図」であることが求められやすい。しかし、本来の造園は、「緑—自然—地」の側面を基調とするものだからである。目立とう第一主義の時代だからこそ、真実、クライアント本意に尽くす正統派造園家の存在は大きい。

海石榴（つばき）迎賓館 庭園
（1985年 神奈川県湯河原町、神奈川県下建築コンクール最優秀賞（建築と泉庭））
京都の貴船、鞍馬の風情を感じる奥湯河原の急峻な山あいに立地する我が国有数の高級料亭旅館である。建築は入江三宅設計事務所。建築家との程よい緊張感の中で生み出されてきたもてなしの趣は、特に室内と庭のつながり、周囲の自然と庭のつながりに現れている。オーナーの所有する51haの山からの清流の水音が心地良くお客様をもてなす。大橋氏は「設計期間の2年間に渡り、オーナーに全国の有名料亭・旅館・庭園を案内して頂き、粋人の文化を教えて頂いた貴重な体験だった」と語る。

全景*

建築工事が始まる2年前、計画地の傷だらけの山肌と法尻の荒れ沢の厳しい自然の修復が行われた

左上／庭の見せ方にも和のもてなしが。簾戸を意識したヒメシャラの用い方に近景の妙をみる*
左下／建物脇の沢から清流を引き込み、泉庭を廻らし再び沢に還している*
右／ゴルフ場における治山・治水の施工経験から、傷だらけの山肌を3年間で自然林に甦らせた。
　　新緑、花、香、野鳥、風の音、虫の音、等々近景の妙がお客様をもてなす*

気配りの
ディテール集

ランドスケープアーキテクトは、見た目のデザインだけに終始するのではなく、見えないところへの気配りも必要である。それらは心地よさや場に深みを加えるとともに、様々な波及効果をもたらす。ここでは大橋氏の主な作品に見られる気配りのディテールを紹介する。

道の駅「とみうら」（千葉県南房総市）
建築も外構もすべて地元の職人の技術で出来る設計デザイン。伝統技術の継承への気配りも必要。根府川石張りには、「こんなの久しぶりだ」と職人は喜んだという。

赤坂パーク
ビルヂング
（東京都港区、コンペ作品）

急傾斜の人工地盤の盛土が滑り落ちないよう地中に堰を設置。浸透した雨水は地中に保水され、ゆっくりと地中を流れ、法尻から湧き水が常時しみ出す。散水装置は用いていない。

I邸別荘
（神奈川県箱根町）

天城産の抗火石（水孔石）を植栽基盤に用いたヒメシャラの純林。自生地に近い環境を整えることで自然に苔が居着き、ヒメシャラも本来の野生の艶やかで滑らかな幹肌に育っている。

岩盤の
大地と生命の
ディテール集

大橋氏の造形の根底には、旅で出遭った大自然の風景の記憶が心象風景として存在する。間（ま）、裏、奥、気（け）という空間の捉え方が、作品の中に意識の領域を創り出す。物質的な空間（Space）から精神的な場（Place）へ転換するとき、精神の合理と遊びがこだわりのディテールを生み、心地良さを醸し出している。

ダヴィンチ芝パーク（東京都港区、コンペ作品）
オフィスビルのリノベーションプロジェクト。旧駐車場と都市のアメニティの場への転換。近隣住民の利用も多い。竣工直後で樹木は繁っていないが、やがて豊かなオアシスになるだろう。

目白学園（東京都新宿区）
「都心の森の学園」をテーマに豊かな森・母なる森の再生。神秘的な湧き水の池には地霊の気配を感じる。カツラの純林が育つころには教育環境に相応しい生き物の森となるだろう。

赤坂パークビルヂング（東京都港区、コンペ作品）**
力強い岩盤の大地が超高層ビルの足元を支える。25F中庭と1F湧き水の滝。大自然の風景をデフォルメした様々な場からは、利用者が心に持つ風景の記憶を思い起こす。

ニュージーランド大使館（東京都渋谷区、コンペ作品）
日本の野山を歩くことを心から愛した当時の大使の思い入れや四季折々の日本的情緒が街路からも垣間見られる。すぐ近くの明治神宮の森から様々な蝶や野鳥が集まってくる。

ESTクリニック（青森県弘前市）
病院の庭であることに配慮したローアレルゲンガーデン。花粉、香、土ぼこり、カビの胞子等、アレルギーの原因となる素材は用いていない。

大橋鎬志氏の業績
〈主な作品と受賞歴〉

1983年	アークヒルズ（超高層複合建築群外構）基本構想
1985年	海石榴（つばき）迎賓館 庭園（昭和61年度神奈川県下建築コンクール最優秀賞・建築と泉庭）
1986年	御殿山ヒルズ（超高層複合建築群外構）
1987年	カルソニック・マニュファクチュアリング・コーポレーション庭園（米国・ナッシュビル）
1988年	小笠原国立公園海中公園
1992年	ニュージーランド大使館 外構
1993年	赤坂パークビルヂング（超高層ビル外構）道の駅「とみうら」（道の駅グランプリ2000 最優秀賞）カトリック浜松教会 外構（浜松市都市景観賞）
1995年	MM21住都公団新事務所外構
1996年	ホテル日航東京外構（日本造園学会・造園作品選集 1998）
1997年	目白学園キャンパス、紅陵学院本部キャンパス
1998年	石垣島シーマンズクラブリゾートホテル 外構
1999年	東京霊園 オーシャンスパ 九十九里
2001年	ガーデンコート成城 外構
2003年	諏訪山吉祥寺境内及び庭園
2004年	ESTクリニック ローアレルゲンガーデン
2005年	ザ・リッツカールトン・バリ・ニュービラ（インドネシア、バリ島）
2006年	ダヴィンチ芝パーク（オフィスビル外構）
2007年	白金幼稚園 園庭

他多数

〈主な活動〉

年	活動
2001年	「From Modernism To MA」（ランドスケープエキシビション・ロンドン）
2003年	大規模郊外型ナーセリー見学会を企画・案内（日本ランドスケープフォーラム運営委員）
2007年	「近代遺産をたずねて」深谷光軌氏作品を案内・解説（R.L.A企画）インターナショナルシンポジウム（レクチャー）中国・青島大学 ランドスケープアーキテクチャーウィーク in ジャパン（レクチャー）ロシア視察団

宮城俊作 [Shunsaku Miyagi]

写真=ナカサ&パートナーズ、吉田 新*

自然と人間、伝統と現代、文化と文明、空間とモノ、外と内、それらの「関係のデザイン」こそがランドスケープデザインの本質。だから関係する異分野同士のコラボレーションが最高のヴィジョンを創出する。いま、「ランドスケープ」にコラボレイティブ・デザインの可能性を追求するデザイナープロフェッサー宮城俊作。

宮城俊作の著書に『ランドスケープの視座』(学芸出版社)がある。なかなかの労作である。造園とランドスケープデザインは違う。近代社会以降の産業化、工業化、都市化と、そこでの人間と自然の関係矛盾を止揚すべく、いかに自然や大地と切り結ぶか。端的に言えば、時代性、社会性を意識した上での仕事でなければ「ランドスケープデザイン」とはいえない、というのである。そしてその理由をアメリカ西海岸の1930年代からの何人ものデザイナー、何冊ものテキストを分析、論考してランドスケープデザインの本質を思索する。また世界事情を踏まえつつエコロジー、アート、新世紀風景モデルを提示し、これからはコラボレーションが重要と説く。圧巻だ。一方日本の明治、大正、昭和初期までの造園の精華についても、その逆に戦後の区画整理、都市公園法制下の定型化がヴィジョンを失わせ施設のパッチワークに堕していった、と公園の現実を鋭く衝く。状況に敏感な学生諸君に読ませたい本である。若い頃の宮城俊作は、いわゆる先輩造園家たちにいじめられたそうである。「生意気だ。ランドスケープデザインと造園は違うなんてトンデモナイ」ということか。いやいや、「ハーバード大学で、ロジカルに思想を表明するし、語り口はクールでシャープ、ルックスも良い、それに国宝宇治平等院の御曹子だし…」というので、これはもう有名税でしょうがないね。でも会って話してみると熱血漢でいい男だよ。これからの造園界に最も必要なデザイナープロフェッサーだと思いますよ。

平等院で発見、ランドスケープへの眼指し

「夕方5時になると門が閉まるんですよ。それからは僕らの世界です。近所の子どもたちの遊び場。ほんとに色々楽しかった」

知的でクールなランドスケープ・アーキテクトにも、ふつうの人間臭い原風景があったのだ。祖父は法学部、父は文学部の大学教授、そして国宝宇治の平等院を担う最勝院の住職。昭和32年7月、その長男として宮城俊作は生まれる。

「庭の手入れに来ていた植木屋さんの仕事ぶりを飽きずに見ていましたね」

それから三十有余年。ランドスケープ・アーキテクト宮城俊作の平等院貢献が始まる。足かけ7年にわたる本格的な発掘を伴う文化財庭園調査に自ら携わり、その成果として洲浜、護岸、平橋、小島、反橋を復原整備、併せて年間100万人の参拝客のためのテンプル・ミュージアム鳳翔館建設事業をプロデューサー兼ランドスケープ・アーキテクトとして推進したのだ。きっと、職人たちの庭仕事に魅入った少年の魂と、世界遺産を後世に伝えなければならない堂守の運命は、鳳凰堂の阿弥陀さまが赤い糸で結んでおられたのだろう。

宮城氏の娘さんはいま文学部在学中とか。祖父のDNAに戻ったのだろう。そうしてみると、新設の鳳翔館ばかりか阿弥陀堂、観音堂、不動堂、羅漢堂など一帯の文化財保存と、宗教法人平等院の経営責任を果たさなければならない俊作氏の登場には、やはり運命的なものを感じざるを得ない。御曹子の肩の荷はずっしり重いということだ。

ところで今回の発掘で、うれしい発見をしたと宮城氏は言う。

「この浄土庭園が、周囲の自然環境や風景に対して、大きく開かれたおおらかな空間構成を持っていたということです。鳳凰堂の足元には玉石が敷きつめられ、それが緩やかな下り勾配で池の水面になだれ込む。池の対岸は現在よりも約2メートルも低く、十数メートル先にある宇治川左岸とひと続きの地盤だったようです。おそらく対岸で洲浜が再び顔をのぞかせ、そのまま宇治川の河原に続いているように見えたのではないでしょうか。当然、そこには宇治川の清流があって、その対岸には山々があり山腹から稜線に濃い緑、秋には紅葉と群れ遊ぶ鹿の姿も見えたでしょう。

ここで発見したことは二つです。一つは、このように庭園は外部環境に開かれ連続していたということ。昔から日本庭園というと囲まれた敷地の中に閉じた小宇宙的空間として営まれたものとばかり思われていますが、ここでは外におおらかに開かれていたということです。もう一つは、先ほど見た山や清流とほとんど同じ風景が、鳳凰堂の扉絵の九品来迎図の背景として描かれているということ。現世に極楽浄土を再現しようとした平安貴族たちは、目の前に実在する宇治川と山の風景そのものをしっかりと見つめ、認めていたんですね」

全国各地で同じ問題が起こっているのだが、同様にここ宇治市でも、歴史的景観に近接して景観破壊のマンション建設が進んでいる。このことに対しても宮城氏は闘ってきた。建築史家布野修司氏らとともに景観条例の設定を要求してきたのだ。

平安時代の人々の風景への愛情の深さを知るにつけ、宮城は現在の都市景観に憤りさえ感じる。平安貴族らは眼前の清流と山々の風景をそのまま受け入れ、これを慈しむ。その自然風景を壊さぬように、上手に建物を建て、自然と連続するように庭づくりを工夫し、神々しいまでの弥陀来迎図と重なり合うような美しい風景を創り上げたという事実。宮城氏はその事実をわが家わが町宇治で発見する。同時に貧困極まりない現代の景観無策都市の救い方をも構想するに到る。

日本を代表する浄土庭園で、おおらかな、そして心豊かな自然と人間の間の隔てのない一体的関係を実感した宮城の眼指し。これこそ宮城俊作、ランドスケープデザインの基本的視座に違いない。

宮城俊作
みやぎしゅんさく

1957年京都宇治市に生まれる。
82年京都大学大学院修士課程(造園学専攻)修了。
86年ハーバード大学デザイン学部大学院修了後、米国内の設計事務所勤務を経て帰国。
92年〜2001年千葉大学園芸学部緑地環境学科助教授を経て、現在、奈良女子大学住環境学科教授。
91年より設計組織PLACEMEDIAパートナー。

植村直己冒険館での
コラボレーター栗生明と宮城俊作

　対社会的発信力からみて、「宮城俊作」は「ランドスケープ界の申し子」の如き状況である。事実、氏の発言には職能としてのランドスケープ・アーキテクトの自信と強い信念がみえる。
「私はアメリカにいたのですが、日本と同じように、アメリカでもいわゆる外構をランドスケープと考えがちです。われわれは、自分たちの仕事は外構でないとはっきり主張しています」
　ところで、氏の著書では、建築家の仕事についてまた彫刻家の仕事について、それぞれ詳細な論評を加えている。それぞれの職能が独自の感性を持つことの重要性。そしてそれを尊重しつつ協力することの意義を強く認識しているからであろう。
　コラボレーションが単なる役割分担ではないこと、より高度なヴィジョンを描くために、コラボすること。最も初期の段階から、いわば現地に入り、その固有の場所において、制作の理念やコンセプトを創造してゆく段階から、異なる職能家同士、例えば建築家とランドスケープ・アーキテクト同士が、本来的に持っている感性を尊重し合う態度で、互いの自然観や風景観を共有すること。そのことでコラボレーターは、各々、自らわかっているつもりの考えや価値観を論理的に説明しなければならなくなるし、それゆえにお互いがこれまで以上の思考レベルに到達し、ある種の共通性を見出す。そうなったとき、単なる寄せ集めではない「新しい統合化＝デザイン的統合の方法」が見えてくる。
　コラボレイティブ・デザインの可能性は、およそ以上のように考えると大きく飛躍すると、宮城氏は書いている。
「空間を取り巻く環境との関係を表現するランドスケープ・デザインは、さまざまな分野との間にできてしまった境界によってとり囲まれている。この境界を意識し維持するだけでは従来の"造園"領域を確保することはできても、新しい"環境のヴィジョン"を提案してゆくことは難しい」
　こう宣言して建築家栗生明氏とのコラボレー

植村直己冒険館
ランドスケープデザイン
(1994年、兵庫県城崎郡日高町(現・豊岡市))
冒険家・植村直己の功績を顕彰することを目的として、氏の故郷に建設された記念館とそれをとりまくランドスケープ。建築家・栗生明とのコラボレーションによって、自らを自然に同化させることを通じて様々な冒険を成就させた精神を、保全された原地形と既存樹のランドスケープの中に折り込まれた建築造形によって表現した。
(写真上／＊、下／松村芳治)

平等院宝物館
ランドスケープデザイン
（2001年、京都府宇治市）

多数の国宝や重要文化財をかかえる仏教寺院の境内において、歴史的な環境の中に建設されたミュージアムの配置計画と周辺のランドスケープデザイン。境内の拝観動線と館内の動線を接続し、内外が連続するシークエンスの空間体験を可能とした。周辺のランドスケープは、現代的な建築造形を歴史的な環境の中に無理なくおさめる媒体としての役割を担っている。

ションで実現したランドスケープ世界が、日本建築学会賞も受賞している「植村直己冒険館とランドスケープ」である。ここでは冒険家植村を育てた日高盆地、遠景の山並、中景の棚田などの自然「景観」を、栗生のストイックなまでに抑制した建築を大地に生け込みつつ、植村のこころを表現する「風景」に変換している。このとき建築は、人々に風景の力、大地の力を伝える重大な媒体なのである。

コラボレーター栗生明は言う。

「植村さんの郷里に建てるわけですから、彼の感性を育て冒険に向かう出発点となった原風景をできるだけ残し、ランドスケープも建築もそれらをより美しく見せる仕掛けになるようにと考えました。この点で宮城さんとぼくには合意があったのです」と。

まさに最高のパートナーによるこの仕事は、すべてがランドスケープであり、建築であったといえる。

鳳翔館のランドスケープから
浜名湖博会場計画までの経営センス

このプロジェクトも、栗生と宮城ら、コラボレーションの成功例である。

国宝平等院鳳凰堂を正面に見て左奥の小高い丘の地下いっぱいに、宗教法人の経営ではめずらしい開創950年記念の総合博物館「鳳翔館」は計画された。あくまで周囲の文化財建築や山並への景観的影響を最小限に抑えつつ、宇治別業の地域らしさにふさわしい品格を感じさせる名建築である。

近年の高層ビルブームで、いずれも大きいことはいいことだ、というふうで困ったことだが栗生の建築は実にいい。存在感を十分に持ちながら、見事にランドスケープの一部となっている。つまらないことを思い出したが。昔の職人が石を組むとき、庭石の高さの3分の2は地中に埋めよという教えがあったことをである。人の目は鋭いもので、地中に入っている部分から感じる安定性を見抜くのであろう。栗生の建築、植村直己冒険館も鳳翔館も同じではないだろうか。その土地の一部にしっくり納まって感じられる。

安定感は、ランドスケープとの一体感からもくる。それは建築背後の山並み、眼前の堂宇、前方の宇治川とその先の山麓、山稜へと視線、ビューが広がる。そのすべては連続し、大空に開いている。特に鳳翔館東側のテラスからのそれは、かつての平安貴族の視線とまったく同じである。単なるサイトプラン、単なるシークエンス景観計画にとどまらない「平等院ヒストリックサイト　ランドスケーププラン」は、流石、この地で四季朝夕を50年間呼吸してきた宮城俊作氏ならではの仕事であったと評価したい。

グランドハイアット東京
（2003年、東京都港区）

都心の再開発地区の一部を占めるシティホテルの中に用意された多様な屋外空間を、一連の庭としてデザインしている。様々な空間的、技術的な制約を克服しつつ、ディテールデザインの精度を高め、インテリアデザインとの緊密な連携によってホスピタリティ豊かな環境を創出している。（写真提供／森ビル）

国立長崎原爆死没者追悼
平和祈念館
ランドスケープデザイン
（2004年、長崎市）

原爆による死没者を追悼し、恒久的な世界平和を祈念するにふさわしい静謐な空間を形成するために、建築の大部分を地下化し、その上部に円形の水盤を配置している。周囲をシラカシの高生垣によって囲い込み、内部の領域感を維持する一方、外側には爆心地への方向を強く意識させるランドスケープのパターンを表現した。

浜名湖花博（静岡国際園芸博覧会）「水の園」
（2004年、静岡県浜松市）
暮らしの中に息づく緑・花・水の将来像をテーマとして、浜名湖畔で開催された国際園芸博覧会の中心となったゾーンのランドスケープデザイン。水路を軸として配置される恒久・仮設の展示施設群を、園路と緑地によってむすびつけ、全体として一つの領域を形成するとともに、緑・花・水による印象的なシーンの演出を試みた。
右下／庭文化創造館のインスタレーション「月見の庭」
（写真3点ともに＊）

ザ・ペニンシュラ東京
（2007年、東京都千代田区）
東京都心に開業したラグジュアリーホテルの玄関まわりのデザイン。市民に公開される小さな広場の設えとホテルゲストにとっての sense of arrival を両立させている。車回しの中央では、庵治石を組みあわせた床をたたく噴水の水音がゲストを迎え、円形の小広場に続くスロープ沿いでは、磨き上げた黒い御影石の造形が人を誘う。（写真／＊）

古刹、名刹の子息で、吉村純一・吉田新・山根喜明という、志を共有できるプレイスメディアのパートナーに恵まれ、栗生明氏のようなコラボレーターと感性を高め合い、奈良女子大学の環境デザイン教授として教育に情熱を傾けることもできる。もう言うことなし、最良の人生かと推察していたのだが悩みもあるらしい。

宗教法人の経営である。それも保存と修復に大金が必要な国宝や重要文化財、国指定の特別史跡名勝庭園を、檀家を持たない寺院が支えることの大変さ。おそらく当事者でないとわからない心配だろうと思う。

しかし、考えてみればこのマネージメントへの厳しい要請は、ランドスケープ・アーキテクト宮城俊作をさらにビックに鍛えてくれよう。

自然景観とコラボし、場所とコラボし、建築家とコラボし、古人（歴史）ともコラボする。しかし最も難しいのは、企業や社会からの要請の受けとめ方だろう。現実の社会は矛盾に満ちているし、またひたすら利潤追求の企業がクライアントであることのほうが普通である。

現代を生きるランドスケープ・アーキテクトの能力として、ランドスケープの理想と視座を捨てることなく、企業やユーザーのニーズをどのように受け止められるかが問われる。企業がコマーシャリズムで行動することは避け得ないし、市民一般は必ずしもハイセンスとは限らない。迎合的でなく、場のポテンシャルを引き出すには、人々の素材感覚に訴えるべきか、エコロジーとどう向き合うか、ビオトープは？　ミティゲーションは？、はたまたアートか！　アースワークか！

氏の著書『ランドスケープデザインの視座』を繰りながら思ったのは、極めて現代的状況であるコマーシャリズム、マネジメント、ランドスケープサービスといったキーワード。もっと言えば肉体的に働かなくなった現代人のメタボリックシンドロームのような現代的状況に対していかにランドスケープが機能できるか、宮城先生のご意見を拝聴したいということだった。ぜひ、続編を期待したい。

もっとも、東京都心六本木ヒルズのグランドハイアット東京（2003年）や浜名湖花博の会場計画―水の園（2004年）を見ると、氏の答えのいくつかが垣間見える。シティホテルならではのホスピタリティや多様な要求に、まったく異なったしつらえで見事に対応しているし、浜名湖花博のような埋立地固有のイベント会場には思いきりよくハレの場を提供している。宮城氏はすでにランドスケープのビジネスとかサービスのポイントを押さえている。宗教法人経営のノウハウの蓄積と応用が楽しみである。

宮城俊作の著書

ランドスケープデザインの視座
著＝宮城俊作

ランドスケープデザインという言葉の実像は今一つ掴みきれない。そこで、「造園、モダニズム、素材、エコロジー、コラボレーション…」など8つのキーワードから、宮城氏がそのプロフェッションの現状と可能性に迫った単著本。

環境デザインの試行
監修＝河津優司
編＝風袋宏幸、水谷俊博

環境デザインには何が可能か。武蔵野大学において講義を行った11人の各界のデザイナーが語る環境デザインの未来。ランドスケープアーキテクトの宮城氏を始め、建築家、アーティスト、詩人など多彩なメンバーが揃う。

見えない庭
アメリカン・ランドスケープのモダニズムを求めて

著＝ピーター・ウォーカー
メラニー・サイモ
訳＝佐々木葉二
宮城俊作

アートへの志向と、マニュアル化・均一化したデザインの道。2つの選択肢に揺れ動いてきた、アメリカのランドスケープ・アーキテクチュアの歴史からイサム・ノグチなど日系アーキテクトの活躍までをドラマティックに描く。

宮城俊作氏の業績

〈主な設計作品〉

1994年	植村直己冒険館ランドスケープデザイン（1996年度建築学会賞）
1995年	清里写真美術館ランドスケープデザイン 岡崎市美術博物館ランドスケープデザイン
1996年	多摩ニュータウン稲城長峰集合住宅ランドスケープデザイン
1998年	飛騨高山美術館ランドスケープデザイン
2000年	中野坂上4丁目再開発公開空地ランドスケープデザイン
2001年	平等院宝物館ランドスケープデザイン（2002年度グッドデザイン賞、建設業協会賞）
2003年	グランドハイアット東京ランドスケープデザイン 長崎市原爆死没者追悼平和祈念館ランドスケープデザイン（2003年度グッドデザイン賞）
2004年	広島市中清掃工場ランドスケープデザイン 静岡国際園芸博覧会「水の園」 河田町コンフォガーデンランドスケープデザイン 日本工業倶楽部会館ランドスケープデザイン
2006年	立正佼成会杉並教会ランドスケープデザイン 川口市並木元町公園
2007年	「ザ・ペニンシュラ東京」 The Peninsula Tokyo

〈主な学術論文〉

| 1990年 | 歴史的市街地における宅地割と「にわ」の存在形態（千葉大学園芸学部学術報告43号、205-220頁） |
| 1992年 | 歴史的市街地における「にわ」を媒体とした空間構成単位の研究（京都大学学位論文【論農博1691号】、全223頁、1994年度日本造園学会賞） |

他多数

プレイスメディア、場所性・庭・ディテールへの愛と教育

ところで、宮城氏の博士論文は「歴史的市街地における"にわ"を媒体とした空間構成単位の研究」で、日本造園学会賞を受賞している。上田篤氏らの「京の町家の研究」が建物からの視点であるのに対して、坪庭など"にわ"の視点を重視しているのがポイントだ。坪庭は狭くとも立派なランドスケープであったが、現代住宅では建物の間の「隙間」に堕落してランドスケープ性を滅失しているという宮城氏の指摘は重要だし、ここには氏の「庭」への思いがにじみ出ている。

氏はもう一つ、歴史的町並調査で風景の人間性を発見している。町家は屋根勾配から格子などファサードのディテールに至るまで統一されて美しい。しかし一歩中に足を踏み入れるとそんな町並からは想像できない多様性に富んだ空間と光景が見られる。統一的な美しさと、豊かな多様性。一見すると相反する二つの価値が同居できたのは、住民たちに暗黙のルールが存在したからではと思ったという。ここには氏の「人間と、人のいる風景」への愛がある。

宮城氏の風景づくり法は、周囲の山々など大景観をシャープな軸線で大胆に切り取る一方、人々の足元にはランドスケープデザイナーによって構成された小景観を丁寧につくり込むというものである。氏の考えでは、ユーザーの居場所である足元の造りは完璧に仕上げ、ディテールにもこだわるべきだし、また遠景の大自然については大胆に取り込むべきだというのである。

しかし、その中間領域には余計な小細工をすべきでない。中間領域は四季の変化、気候の変化、時間の変化……ただ自然に任せればそれでよい。それなのにおよそ多くの都市公園では、この中間領域に小細工し過ぎる。町なかでも、パブリックアートなど小細工し過ぎて景観がうるさくなる。

氏の考え方がダイレクトに表現されているのはザ・ペニンシュラ東京（ホテル）である。場所は皇居の目の前、日比谷通りと晴海通りの交差点、西側に皇居から続くオープンスペースと内濠の水面、また日比谷公園の緑が広がる。そこに敷地が半島（peninsula）状に突き出す。

意外に狭い敷地だが、ここに皇居外苑からこぼれ出てきたようなクロマツが十数本、日比谷交差点側に場所性を象徴するように並ぶ。車廻し中央のサークルは、水面をつくらず、水柱を林立させる。基壇は野面の庵治石で中央が高いむくりに張っている。普段は石壇に打ち水がなされたようだし、水柱が石を叩くサウンドスケープも効果を発揮する。しかし大型リムジンバスが到着するときは水を止めて車廻しになる。ホテルらしく"ウェルカム"イメージで迎客。場の品格とホスピタリティは材料選びと繊細な加工からもたらされる。

宮城俊作氏にはこれから、国土的スケールで眺めた大景観活用型のダイナミック ランドスケープのデザインにチャレンジしてほしい。が、一方でペニンシュラのような都心のオアシスづくりにも愛を注いでほしい。

しかし、一番の期待は、日本のランドスケープ界の次代を担う若者の教育である。モノとスペース、小景観と大景観を連続させながら「場所性」を保全し創出し、形成できる人材をである。

氏らが結成したアトリエは、PLACEMEDIA, LandscapeArchitects, Collaborative.「場」の魅力を最大限発揮できる人間、それには「土地」を読み、「風景」を感じる人間でなければならない。自らの感性をフルに発揮して、モノ、ヒト、場所、景色のもつ価値を見つけ、生かせる人間でなければならない。

それには子どもの頃からの体験が一番。宇治川の辺りが一番かも……。

戸田芳樹 [Yoshiki Toda]

写真=戸田芳樹

学生時代、重森作品に惹かれ、ものづくりへ、
そして黒川紀章アーバンデザインでの6年間を経て独立、
「戸田芳樹風景計画」に、
こうして建築、土木、彫刻を有機的に統合して
大きなランドスケープを表現する造園家へ。
今、本格派ランドスケープ・アーキテクト
戸田芳樹の目は広く社会に向かう

建物の外構をつくるだけが造園家の仕事ではない。大きなランドスケープを創る人になれ。建築、土木、農園芸などいろいろな職能の上に立って全体をまとめること。それこそが、ランドスケープ・アーキテクトの使命と役割である……。そう語った恩師江山正美先生の言葉を自らの希望として、そして迷い、悩み、一歩一歩積み重ねてきた。デザイナーとして、モノづくり、スペースづくりに邁進した30〜40代。50代からはプロジェクトリーダーとして、ヒトづくり、システムづくり、そして風景づくりをまとめあげるランドスケープ・ディレクター。今、60代、後進の若者たちと幅広いランドスケープ関係者のプラットホーム「日本ランドスケープフォーラム」で、より良き社会のために情熱を燃やす。

伝統庭園から万国博までLAゼネラリスト。デザイナー教育にも、職能問題にも強い関心を示し行動する、わが国ランドスケープ界のオーガナイザーであり、今や中国ランドスケープ界へのアドバイザーでもある。

江山イズムの落とし子、ランドスケープ・アーキテクトとしての使命感

戸田芳樹氏と話をしていてわかったこと。それは、ランドスケープのすべてに全力で取り組んでいること。またランドスケープ界のすべてに関わり、少しでも良くしようと努力することは、ごく当たり前のことだと思っているということである。もう一つ、自作やランドスケープの仕事について、またランドスケープ界の将来や若き後継者らの教育について語るときも、精一杯、真剣かつ丁寧に、そして詳しく説明しようとすることも、よくわかった。

私も同世代だからわかるのだが、昔の大学教育では、特にデザイン・スタジオもなかったし、ランドスケープ・デザイナーを育てようと手取り足取り教えてはくれなかった。基本は教えても、デザインへの発想、構想、コンセプト・メイキング、計画のフレームづくり、プログラム、ディテールへの工夫は誰も教えてくれない。それは卒論でも同じ、論文の何たるかを教えてくれた教授はいなかったように思う。

その反動かもしれない。戸田氏も私も、後進のランドスケープ・アーキテクトの卵たちに、何から何まですべてを知らせよう、わからせよう、伝えたいと思う。きっと、そうだろう。だから必死に語るのだ。

戸田芳樹氏は広汎なランドスケープ・デザイン活動を積み重ね、その仕事の成果は国内のみならず中国においても大歓迎され、その往復に忙しい。中国建築工業出版社からは『日本景観設計師　戸田芳樹』（章俊華編著、2002年）が、日本人造園家二人目の写真作品集として早くから出版されていること、東京農業大学客員教授はじめ各大学の非常勤講師として若手育成に全力投球中であること、造園家のみならず広く各界をつなぐランドスケープ関係者のプラットホーム「日本ランドスケープフォーラム」の運営委員としてリードしていることなど、誰もが知っていることだ。

それもこれも、東京農大造園学科時代若き心に焼き付けられた"ランドスケープ・アーキテクトの使命感"によるものだろう。「現代社会を良くするには、近代造園学―ランドスケープ・アーキテクチュアの思想と方法なしではあり得ない」。そう語る当時の造園学科長、江山正美教授の、「江山イズム」の影響はとても大きかったようである。

戸田芳樹の原風景と誇りは広島県尾道市の佇まいとパノラマ景観

1947年、広島県尾道市に生まれる。戸田芳樹にとって尾道生まれであることは、一生を通じての重大事であった。

氏の原点、ランドスケープ表現者としてぶれない座標軸は、浄土寺、西国寺、そしてあの千光寺から瀬戸内海を望むパノラマだ。古くからの良港尾道、大林宣彦の映画「転校生」の階段のある風景。ここで男の子と女の子が入れ替わるのだが、尾道は、上下左右、そして歴史文化へと、実に奥行のある街である。それにしても、

戸田芳樹
とだよしき

ランドスケープアーキテクト。1947年広島県尾道市生れ。東京農業大学造園学科卒業。東京、京都で庭師の修行。1973年黒川紀章主宰のアーバンデザインコンサルタントを経て1980年独立。現在、（株）戸田芳樹風景計画 代表取締役、東京農業大学客員教授、京都造形芸術大学非常勤講師。1989年東京農業大学「造園大賞」受賞。1995年（社）日本造園学会「日本造園学会賞」受賞。2005年愛・地球博ランドスケープディレクター。

左／小津により発見された風景が戸田家の風物詩となり、毎年正月には記念写真を撮ることに。右／25歳でつくった庭園

ロウアングルで知られた名監督小津安二郎の「東京物語」のロケ地に戸田の生家の庭が使われたというのは運命的である。風景は、発見されてこそ意味を持つ。ふつうの家だが、そこから眺められる浄土寺の多宝塔の絵を小津安二郎が発見してくれたのである。幼心に、戸田には"風景づくり"に関係する人生の予感があったに違いない。

大学進学を考える頃、雑誌『太陽』が創刊され、そのグラビアに新進気鋭の建築家黒川紀章が掲載され、戸田少年は憧憬の気持ちを持って眺めていたことを覚えている。これも、運命を予感させる。

学生運動のざわめきが残る東京農大の世田谷キャンパスの中で、戸田は音楽部に入り、オーケストラの充実のためにクラブ活動でリーダーシップを発揮。後の戸田芳樹のマネージメント能力の片鱗が示される。一方、当時、京都林泉協会を舞台に独特の作風で一世を風靡していた造庭作家重森三玲の勉強会―学内サークル日本庭園研究会にも参加。40年来の友人となる小口基実と出会う。造形、デザイン、モノづくりに目覚めたのである。

こうして卒業後は京都へ。造園会社の職人たちに交じって勉強もしたが、迷いもあって故郷尾道に戻り作庭活動。重森信奉者とは一線を画し小口氏と共に、青森の「武学流」、山陰の「出雲流」、宇和島の「桑原流」、知覧の「夢窓流」など地域デザインを模索、もっと後には韓国、台湾の庭園を求め各地を踏査、報告書を発表するなどいろいろチャレンジするがなかなか道は見えない。

アブダビ国際会議都市コンペ案。一等案になるものの実現せず。異国における巨大スケールのプロジェクトを構築する黒川紀章の凄さを実感。戸田氏はランドスケープデザインを担当（1975年）

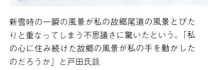

新雪時の一瞬の風景が私の故郷尾道の風景とぴたりと重なってしまう不思議さに驚いたという。「私の心に住み続けた故郷の風景が私の手を動かしたのだろうか」と戸田氏談

グリーンピア津南 中央庭園
ランドスケープデザイン
（1982年 新潟県津南町）
大規模レクリエーション空間におけるランドスケープデザイン。雄大な中に周囲の風景を取り込みながら組み立てた4haの風景庭園。山から集めた水を庭園内でつなぎ様々な滝や水面の修景に用い、シンプルでダイナミックな空間をつくり上げた。デザインの要素を切りつめる事で自然風景の多様性が際立ち、つくったものが「地」となり背景の自然が「図」となる、地と図が逆転する不思議な空間が生み出された。

別府市庁舎広場
ランドスケープデザイン
(1984年 大分県別府市)
ベストアングルを狙った2カ所の視点場を決める事でデザインをスタート。内側にカーブする壁泉は繰り返し落ちる水と光が相俟って計算どおりの構図が出現した。広場を建物上部から見下ろすと落水の波紋が規則正しく現れ、床面の緩やかな曲線とマッチした予想外の美しい風景に出会う。

山梨医科大学 中庭広場
ランドスケープデザイン
(1982年 山梨県甲府市)
33歳で独立し、初めて取り組んだランドスケープの作品。平凡な建物の中庭において、軸線やグリッド等建築デザインのルールを排し、周辺の風景を中庭にまで引き込み、有機的な曲線を重ねることで、独自の空間をつくり上げた。

こうして故郷尾道にいて戸田芳樹は迷い、悩む。これは、多くの造園家が通る道であった。

そんなとき、黒川紀章のところでアルバイトをしないかと、同級生が声をかけてくれた。「たった2週間のバイトのために、尾道から新幹線に飛び乗りましたよ」。迷いと悩みが深い分だけ戸田の決断は早かった。

コンセプト・プログラム・デザインプロセスを黒川紀章に学ぶ

「黒川氏のアーバンデザイン事務所に入ることはできましたが、造成設計や積算などばかりでした。それでも黒川紀章のプロデュース能力、デザイン力の凄さを目の当たりにして、貴重な経験をしました」。後の戸田氏が、大きいランドスケープに自信を持って当たれる土台は、黒川事務所の6年間でできたのだろう。もし最初から、公園緑地の設計ばかりをやる事務所に入っていたなら、個人力によることしか知らなかっただろうが、アブダビやドバイといった大きなプロジェクトでは異業種間コラボの集団力が不可欠だからだ。

氏は1980年、独立。その頃の作「グリーンピア津南」に見られるように、雄大なオープンランドの風景構造をしっかり把握した上で、シンプルかつダイナミックな空間づくりを難なく実現できたのも、今中国で大規模プロジェクトを次々こなすのに何の不安も感じないのも、ある意味では黒川紀章から学んだことになるのだろう。それにしても、グリーンピア津南は、デザイン要素が控え目で、大きく自然なランドスケープを創出していて心地よい。その一部、池の形が氏の原風景—尾道の俯瞰図とそっくりであるのに驚く。戸田の風景観は、故郷尾道によって形成されたことは、間違いないようだ。

ランドスケープデザインの原理を踏まえて、自分のデザインを創る

「30代半ばから40代半ばまでは、それまで蓄積してきたものや考え方を必死で形にしようとした、いわば自分のデザインを追求した時代だと思います。自分なりの自由な気持ちを表現することに夢中でした」

33歳で独立して初めてのランドスケープ・デザインの仕事は、文部省からの山梨医科大学の中庭広場。軸線やグリッドといった建築的な枠組を排除し、敷地周辺の風景を取り込みつつ、有機的な曲線を重ねながら独特の空間を創り出している。この頃すでに戸田芳樹なりのデザインプロセスが形づくられていた。それは、視点場と対象の関係や景観の構図などといった"論理的アプローチ"と、形や空間イメージやディテールを"直感的アプローチ"で導くことを、相互に入れ子状態で繰り返しながらプランを完成させていく方法である。

ある意味で、プランナーとデザイナーの目、互の目で全体のバランスをとるということであろう。前者は、クライアントの目、マネージャーの目に近いし、後者はモノづくりの目、デザイナーの感性に近い。この点が、自分の造形にこだわり、どんな場所でも自己の形を表現しようとする作家的造園家との大きな違いである。

逆に言えば、この抜群のバランス感覚が戸田芳樹氏をして「強力な個性を放つランドスケープ・デザイナー」ではなく、「安心して任せられるまともな造園家」であり、「どんな空間、どん

夢の島熱帯植物館
ランドスケープデザイン
(1986年、東京都江東区)
熱帯の自然をトータルに体験できる空間を目指した。滝や池や流れがあり、大きなヤシ類と美しい花、トンネルのある道が続き、ヤシで葺いた四阿で景をつくった。1階レベルから池の水面近くまで園路を下げ、2階レベルまで続く自然曲線のシークエンスの最後は「見返りの丘」がある。日本庭園の回遊性を構造として組み込んだ変化に富んだ風景を創出した。

**鶴川台ニュータウン 真光寺公園
ランドスケープデザイン**
(1997年 東京都町田市)
「我がまち」を眺められる幸せを利用者に体験してもらうため、野球場の計画を「ふるさとの丘」に変更し、ダイナミックな芝生の丘を創った。隣接の豊な緑地をバックにしたロケーションはいつまでも見飽きない風景を提供し、利用者の解放的な自由な活動をうながした。

**諏訪湖畔公園
ランドスケープデザイン**
(1985年 長野県諏訪市)
諏訪精工舎が、創立25周年記念事業で5億円の公園を整備し諏訪市に寄贈したもの。小口基実氏と協働。堤防としての機能は定規断面を残す事で満たし、四阿・野外音楽堂・並木等を配し利便性を高めた。中心には、"時のシンボル"を設置し、6月10日(創立記念日、時の記念日)に夕日が柱の間に落ちる風景を演出。

な計画でも、十分に社会化できるランドスケープ・アーキテクト」という人物評をもたらしているのだろう。

一見すると、思い切り大胆な作品に仕上がっているのが、温泉で有名な大分県別府市の新市庁舎広場のランドスケープ・デザインである。しかし、ここでも複数の視点場を設定し、遠景の別府湾の洲浜と高波、周囲の山々を引き込み、近景に自由曲線を重ねて躍動する百噴水とペイブメント・パターンを構成している。いわば、その全体構成は極めて論理的に構成されているのである。

そのことは、東京、夢の島熱帯植物園のランドスケープ・デザインでも言える。ゴミ焼却の廃熱を利用した温室内部で、熱帯植物群をいかに見せるかだが、戸田は回遊式の日本庭園の手法や技法を応用している。

温室に入ってすぐに亭に匹敵する視点場を設け、その正面に大滝を構成、その前方に広がる水面と共にインパクトのある水景で見事に主景を印象づける。回遊ルートにもレベル変化を演出する。水辺近くに下りるかと思うと、植物群落内を明暗、上下に紆余曲折して2階レベルまで斜路を上り、最後は見返りの丘から振り返るという趣向である。天井まで届くヤシの高木への仰望。亭の設え、花の色や香りの演出、スコールを降らせる仕掛けなど、ただの植物園にしないで、迫力満点のエンターテイメント・ランドスケープに仕上げている。

**ソーシャル・オリエンテッド・ディレクター力で
持続的大ランドスケープの創出**

学生諸君や若い造園家は、大プロジェクトや条件の厳しいプロジェクトを前にすると、こんな事果たしてできるだろうか？ と不安を持つ。しかし大丈夫。オン・ザ・ジョブ・トレーニング、仕事を積み重ねながら成長するのである。だから、少しでも大きい事、難しい事にチャレンジすべきなのだ。

いくつもの仕事をこなしながら、責任を果たしながら、一人前になっていく。厳しい条件をクリアするたびに、また複雑な課題をクリアするたびに、多勢のスタッフや他の職能とコラボレーションを進め、全体をコーディネートすることの意義を学ぶ。クライアントやプロジェクトが、造園家を育てるのだ。同様に、事務所を主宰し、所員を抱えれば、マネージメント能力は高まるし、社会活動の中で会長などの立場を与えられると会長にふさわしい力量を持つようになる。ふつう、能力があって立場が与えられると思われているが、立場がそれにふさわしい能力を育てるともいえるのである。

"自己中"にならず、"社会性"さえあれば、仕事や活動に邁進する中でスタッフ、仲間、協力者、支援者は必ず現れるものである。

40代半ばからの戸田芳樹氏の仕事ぶりは、まさに上述を地でいったようであった。見せ場を配し細部にもデザイナーらしい工夫が見られるものの、一段とスケールアップした「大きなランドスケープの創出」を成功させていく。

**蓼科彫刻公園
ランドスケープデザイン**
(1988年 長野県茅野市)
野外のスケールに合わせにくい等身大の具象彫刻をランドスケープの要素として位置付け、ひと筆型のシークエンスを構成。彫刻を鑑賞の視点から風景の一部としての存在に役割りを切り替え、森と湖に囲まれた絶好のロケーションを利用してランドスケープデザインを展開した。

愛・地球博
ランドスケープデザイン
（2005年 愛知県久手町）
開発か自然保護かという「都市と自然の永遠のテーマ」の解決を図るプロジェクトとして、ランドスケープデザインを位置付けた。グローバルループにより地形を傷つける事なく、ユニバーサル動線を確保し、グローバルコモンの建築群を分節化し、配置に凹凸をつけた。地盤の高低、勾配により周囲の斜面地や水面との調整を図り、周辺の自然との折り合いをつけた。

一つ一つのプロジェクトへのクライアントの思いを真正面から受け止め、諸事情をクリアしつつ、眺望豊かな気持ちの良い風景を創造する。そのためには、ランドスケープの哲学と方法と技術を、多勢のスタッフ、コラボレーター共々ディレクションしなければならない。

諏訪湖畔公園は、諏訪精工舎が創立25周年を記念し、またEPSONへの衣替えに際しての地域貢献策として企画された寄付公園であった。諏訪湖は一級河川として管理されている空間である。そこに公園をつくるというのだから河川管理上の制約がいかに大きかったか想像に難くない。また、公園事業に民間資金を5億円も寄付させるなど戸田氏の説得力も大したものだ。中心モニュメントにステンレスの"時のシンボル"を配しているが、私には黒川紀章臭が強く、違和感が残る。諏訪大社の御柱の力強さと崇高感には別の工夫があったのではないか。ともあれ、CSRによる河川敷活用の市民の憩いの場の先駆的事例であった。

野球場に決まっていた地区公園を、「ニュータウンに新しく住む人々には自分たちの街を眺められることが大事では！」との戸田の主張を結実させたのが東京、町田市のUR鶴川台の真光寺公園のランドスケープ・デザインである。

またクライアントのコレクション、具象の等身大彫刻50体を見事に自然風景に融合させたのが「蓼科彫刻公園」。氏は、50体もの彫刻が並ぶグロテスクな景観を避けようと彫刻家と対決したとか。この他、この時期「修善寺虹の郷」、「川越駅東口広場」、「秩父ミューズパーク」など、社会志向のランドスケープ・アーキテクトとしての仕事を次々に成功させている。ともあれ、戸田芳樹は、内にインティメートな空間をデザインし、外に域外の大景観を眺望し、なおかつつなぐことで、「大きく持続性を感じるランドスケープの創出」を自家薬籠中の物としたのである。

「愛・地球博」のランドスケープ・ディレクターで統合力に自信

かつては窯業が盛んで禿げ山になってしまったことのある計画地、敷地の高低差は50m、溜池が11カ所も点在する里山で開かれたのが「愛・地球博」である。環境の21世紀初の万博のテーマは"自然の叡知"である。2005年日本国際博覧会の総合プロデューサーは建築家菊竹清訓氏（1928年〜）であり、その下で戸田芳樹氏は博覧会ランドスケープ・ディレクターに選ばれた。「たくさんの施設群を、いかに自然に溶け込ませ威圧感をなくすか。グローバル・ループやグローバル・コモンというコンセプトをランドスケープ・デザインに反映すべく、例えば谷戸の奥に向かって勾配を上げながらコモンに到達するよう視覚調整をしたり、建築のボリュームを和らげるため凹凸に配置したり、建物背後に樹林がくるようにしたり、池の水面に対して低くすりつけて地形や樹林の一体化を図ったりしま

左）
シェーンブルン宮殿
日本庭園
ランドスケープデザイン
（1998年、オーストリア・ウィーン）
1913年に宮廷庭師によってつくられた庭園を日本人が80年ぶりに発見。仲隆裕氏と復元を、小口基実氏と2カ所の庭園を現地のボランティアと共に実現した。ししおどし、水琴窟を配し、枯山水石組みには五線紙の砂紋を引けば、国歌の楽譜が浮かび上がるように工夫をしている。

右）
三ツ池公園コリア庭園
ランドスケープデザイン
（1993年、神奈川県横浜市）
日本庭園のルーツ探しをした韓国庭園調査が縁で、神奈川県と京畿道との姉妹都市友好庭園を閔庚玹教授に監修いただき作庭した。園と苑を使い分けた5つのゾーンを持つ両班（朝鮮地方豪族）の住宅空間で、日本庭園に比較してはるかに実用的な空間をつくり上げている。

戸田芳樹の仕事

東京農業大学等の講師

農学系の造園学科の学生に、表現（デザイン）する事の楽しさと重要性を説き、意匠が弱いと言われる中、ここ数年で大幅な進歩が見られる様になった。特に自分達で社会の問題点を見つけ出し、それをランドスケープの思想と技術で大きく変えていくソリューションのテーマを与える事で、学生は着実に力をつけている。

日本ランドスケープフォーラムの活動

ランドスケープに興味を持つデザイナーや、学生をはじめとした若い人達を中心として活動。デザイン系や技術系の研修等の他、風景を探偵する会やサロン的な集りを月3～4回開催。さまざまなランドスケープアーキテクトを少しでも広く大きい舞台に上げたいと思い、楽しく気持ちの良い活動を継続している。

中国での設計活動

2005年より中国北部地域より進出している。コミュニケーションや資金回収の困難さは想像以上だが、事業の規模と計画のスピード、将来の展望を考えると魅力的である。閉塞的な日本社会から身を投げ出す事で、自分にもこれからの若い人にも様々なチャンスが与えられるであろう。

戸田芳樹氏の業績

- 1980年　山梨医科大学中庭広場
- 1982年　グリーンピア津南中央庭園※
- 1984年　別府市庁舎広場
  （社）日本造園コンサルタント協会賞※
- 1985年　諏訪湖畔公園
  （社）日本造園コンサルタント協会賞※）
- 1988年　蓼科彫刻公園
  （社）日本造園コンサルタント協会奨励賞※
- 1989年　東京農業大学造園学科「造園大賞」
- 1989年　伊豆修善寺「虹の郷」（社）日本造園学会
  造園学会賞（設計作品部門）※
- 1989年　川越駅東口広場 第6回公共の色彩賞
- 1993年　横浜市三ツ池公園コリア庭園
  （社）日本公園緑地協会賞
- 1994年　千葉県八千代興和台中央公園※
- 1995年　尾道大学広場※
- 1998年　シェーンブルン宮殿日本庭園
  江戸川区一之江名主屋敷 環境全般※
- 1997年　鶴川台真光寺公園※
- 1999年　尾道市浄土寺庭園修復※
- 2002年　新川丸池公園※
- 2003年　横浜市本郷富士山公園※
  三鷹台団地住宅地環境整備※
- 2004年　道の駅「天童温泉」※
- 2005年　愛・地球博ランドスケープディレクター※
- 2005年　ぐんま昆虫の森※
- 2007年　大連医科大学※
- 2007年　中京大学豊田校舎広場※
- 他（※は日本造園学会造園作品選集掲載）

教育歴
- 1996年～　東京農業大学造園学科
  非常勤講師（07年より客員教授）
- 1999～2003年　千葉大学造園学部
  緑地・環境学科非常勤講師
- 2003年～　東京造形芸術大学通信教育部
  ランドスケープコース非常勤講師
- 2007年～　東京芸術大学美術学部デザイン科
  非常勤講師

役職歴
- 1985～93年　（社）日本造園学会関東支部幹事
- 1995～96年　広島県「みどりづくり円卓会議」委員
- 1995年　日本ランドスケープフォーラム運営委員
- 2001～05年　（社）日本造園学会「海外の日本庭園」
  刊行委員
- 2002～06年　（社）ランドスケープコンサルタント協会
  RLA資格制度総合管理委員会委員
- 2006年～　藤沢市湘南CX複合都市
  まちづくり景観委員

した」「あくまで、この万博では観客が"図"、会場は"地"となるようランドスケープを調整するようにしました」

　世界中の建築家や土木家、造園家や作庭家、たくさんの企業関係者やショービジネスの交錯する「万博」は、職能同士の戦いの場でもある。たとえ友好的なコラボレーションの場合でも、全体方針"自然共生"への信念を持ち、相手を理解し、言い分を聞きながらも、論理的かつ実際的に、また技術的なオルタナティブをも持った上でなければ、調整は成功しない。

　戸田氏の、「トータルランドスケープへの強い信念」、それにこれまでのキャリア、それが氏の人間性や包容力と相まって「万博のランドスケープ・ディレクター」の重責を果たした。

　おそらく、これで氏も自らの"調整力"や"統合力"に大きな自信を得たことだろう。

日本ランドスケープ・フォーラムなど ランドスケープと社会への貢献

　その自信が、これまで以上に氏の社会活動を充実したものにしている。

　学生時代、氏の仲間小口基実氏とは「書いて、しゃべって、つくる人間になろう！」と誓ったという。今は、これに「出会って、話して、つなげること」また「みんなで考え、行動すること」が加わっているようだ。

　氏の社会活動の一つにJLFがある。「日本ランドスケープフォーラム」は、小林治人、大間武氏らにより1995年に発足した。1999年からは戸田芳樹氏が事務局長（現在は運営委員）を引き受けている。

「ランドスケープ界に入ったばかりの若い人たちやアート、照明、建築などランドスケープに関心を持つ人たちのサロンのようなものです」と氏は語るが、なかなか面白いプログラムが並ぶ。「ランドスケープを語る会」「ランドスケープを読み解く会」「花と緑を語る会」「土曜ブランチ」「JLFスケッチ塾」「風景探偵団」「日本庭園を見る会」「庭師夜話・茶庭を語る」「樹木千夜一夜」など。

　戸田芳樹氏は、ランドスケープを創る多様な人々をネットワークすることの重要性を、新時代に合わせ、自由で気楽な活動形式にのせながら示していこうとしているようだ。こうした会に情熱を注ぐのは、氏自身に学生時代と変わらぬ意気込みが続いているからだろう。いや、気分は造園学徒のままである。学生時代に満たされなかったことを、後輩たちには与えてやりたい。その一念で、大学のランドスケープ教育にも深く関わっている。

「造園の課題は、美しい絵やデザインを描くことが目的ではないのです。社会における問題点に気づき、整理し、これを改善するための方法を考え、コンセプトを明確にして実行する。これは、一般社会で使われているソリューションビジネスをランドスケープの哲学と技術や方法で実践させることと何ら変わらないでしょう。この課題に取り組むことで、社会に通用する人間力とスキルを学べると思うんですね」

　以上のように氏は語る。全くその通り。この広い視野と、未来を担う若い人たちへの愛情の深さが、氏をして中国側が重宝がる大きな理由であろう。

　大連医科大学（150ha）、瀋陽のマンション（7ha）など、今日も戸田芳樹は北京、上海、厦門でしゃべり、つくる。

髙﨑康隆 [Yasutaka Takasaki]

写真=髙﨑康隆

「造園」は伝統、「ランドスケープ」は現代
日本の心を自然の線と石で造形する石組師
自由な発想でかっこいい庭をつくる庭師
そしておおぜいの都市の人々に
シット・アビリティと癒しのスペースを創る
造園家でありランドスケープ・アーキテクトでもある
髙﨑康隆

東京、新宿に近い幡ヶ谷生まれの昆虫少年は絵が好きだった。中学生の頃から盆栽と水石趣味に熱中し、高校生になったら石組はかっこいい、日本庭園はかっこいい、僕は造園設計を一生の仕事にしたいと決意した。大学は東京農工大学の林学科に進むが、当時人気の造園デザイナー学院、阿部勉式造園設計講座の通信教育をダブルスクールでマスター。卒業後、世界各地で日本庭園を作品化していた巨匠中島健氏に師事すること10年。その間数度にわたり京都の名庭名園を実測調査。その後、海外に出たり都市開発のコンセプトメーキングを経験するなどし、1989年自らの「かっこいい庭」づくりを目指して高崎設計室を設立。私庭、寺院、斎場、文化財、そしてパブリックな都市の庭へ、まさに「造園からランドスケープへ」。少年の頃の水石趣味は、燃える「石組師」魂に。ただいつも、自らに問う。恩師中島健の言葉—日本の空間、日本の芸術には「品格」や「古格」、それに「無限感」がある。はたして、この作品に品格はあるか？ 無限感はあるか？ 自省の心が髙﨑康隆を大きくした。

「かっこいい」ということ・東京人の粋（いき）な生き方

若い造園家の中で、髙﨑氏は人気なんだそうである。ランドスケープデザイン界としては、いまアメリカンスタイルが支配的だが、それにも合わせられるモダンも創るし、一方で日本庭園のトラッドの良さも創れるからだという。

髙﨑康隆は、ランドスケープデザイナーでもあり造園家でもある。それが若手造園家の中での人気の秘密らしい。近年は分業化がすすみ現場が遠ざかっているということの不安もあるのだろう。

そういう、かっこいい男をイメージして工事現場を訪ねた。東武東上線の鶴瀬駅を下車、タクシーで来迎寺に着く。氏の坊主頭がお寺の住職のシンパシーをよぶのか、流行作家のように早口でまくしたてることもなく、ゆっくりと木訥な語り口が「造園観」への悟りというか、すべてを任せられる安心感を与えているようである。

氏は肩を張らず、力みもせず、己が生きてきた長年のキャリアを、ただ真摯に、目の前の仕事に投入し試行する。誰が相手でも同じ態度で言葉を綴る。

高崎設計室の名刺には「タンポポの種子」がロゴとして刷られている。軽やかに空に飛ぶ小さな種子である。氏の美学が込められているようだ。

いわく、「ひとは歳を重ねると重くなりがちになる。重々しくしゃべり、顔にもヒゲを蓄えたりしがちである。それは、かっこ悪いと思う。自分は軽くありたい。軽い言葉を話して、それが相手にスーッと伝わっていくような関係を築きたい。」

師、中島健氏もそうだったが、これは、東京人の粋である。

髙﨑康隆は、渋谷区幡ヶ谷で生まれ、いまもここを仕事場とする。父は競馬場などのスタンドを設計するという特殊な建築士。家族ぐるみでお付き合いしていた当時70歳をこえていた

ろう江戸っ子の盆栽師高木無限先生。「やっちゃん、君は庭やりたいとか言ってるそうだけど、盆栽の方がいいんじゃない。君が盆栽をやるんなら、おれが全部教えてやるぜ」。

高木先生の盆栽はすごい生き生きしている。小さな空間だが、生命とか、世界、宇宙が感じられた。ふつうの少年が、盆栽、水石といった老人趣味なんて！ 不思議だと私は思ったが、髙﨑少年には身近に"感動体験"があったし、父親からそれを受け止めうるだけの"ものづくりへの感性"が伝えられていたのであろう。

大学では弓道部、社会人になってからも空手を嗜む髙﨑氏だが、小学生のときの部活は気象クラブ、絵画塾、中学の部活は化石クラブ、技術クラブ、高校ではレタリングの通信教育、大学では奥富清教授の下で生態学、そして別に造園設計の通信教育、社会人になっても茶道、人

髙﨑康隆
たかさきやすたか

高崎設計室有限会社代表取締役・石組師。1951年東京生まれ。東京農工大学林学科卒業。京都で2年間古庭園の調査・測量。造園家中島健氏に師事し、施工と設計を学ぶ。国際協力事業団専門家としてイエメンにて公園づくり。（株）西洋環境開発にて京都西京桂坂環境形成、赤城自然園計画などを担当。1989年高崎設計室設立。2007～2011年京都造形芸術大学大学院教授。

体デッサン、クロッキー……。まるで、日本の造園を大成するために学び続けたかのようだ。

肉体を鍛え、腕を磨き、精神修養もする。現代のパソコン世代の若者には不思議かもしれないが、これはある時代までの東京人の真っ当な生き方、当たり前の堅気の人生観であったのだ。苦労とか努力とか、言葉を重ねず、外に出さず、軽く流しながら、それでいてすごい仕事をする——これが東京人の粋であった。髙﨑康隆は、ほんとうに粋でかっこいい男である。だから、かっこいい仕事ができたのである。

伝統のなかにはモダンがいっぱい／かっこいい線の技

髙﨑康隆が「かっこいい」というのは、新しい、モダンという意味だ。しかしアメリカンランドスケープを学んできたデザイナーとはまったくちがう。氏のは、日本の伝統の中から発見したモダンなのである。さすがに京都で何年も、再三にわたり、日本の伝統庭園をつぶさに踏査しただけのことはある。ふつうの職人ならば定型化された約束事を覚えて、それをきっちり守ることでプロを自認するのに、髙﨑はちがう。その庭、その石組の"破調"や"ユニークな形"に反応する。

「うわーっ、なんだこの色は。こんな色が日本にもあったのか！」龍安寺の油土塀を見た瞬間びっくりしたという。築地塀は白壁に黒瓦と、モノトーンが一般的なのに深味のある赤を感じたからだ。

また、越前、朝倉氏湯殿跡の三石の巨石の三尊石がふつうとちがって真ん中が低いこと、山口県防府の月の桂の庭の重ね石も、石組は深く埋めるほど安定してみえるという庭芸の約束事を無視しているが、実に見事に安定し品格もあるということ。

氏は、当たり前になっていない点に注目する。感心する。おそらくそれは水石を磨きあげて眺め尽くしていた少年の頃以来"モノを見る目"を養ってきたこと、そしていつでも新しい自分のモノを創作するのだという強いものづくり精神によるものだろう。

ここでエピソード。髙﨑青年の家の近くには、雑木の庭として緩やかな自然風景をつくるこれも昭和の巨匠小形研三氏の事務所があった。当然、日本庭園を目指す髙﨑青年はここでもアルバイト。だが、自分の目指すスタイルとちがうと中島健氏の戸を叩いたのだ。モダン、創作、独自性を大切にしたいと念じていた中島スタイルを、すでに髙﨑青年は見抜いていたことになる。

線の技

1	3
2	4
5	7
6	

1 ——うしくあみ斎場 日月の庭（1999年 茨城県）
2,5,7 ——多磨霊園合葬式墓地（2002年 東京都）
3 —— DAADドイツ学生交流会屋上庭園（1995年 ドイツ）
4 ——目黒研修所屋上渡海の庭（2004年 東京都）
6 ——南大沢の庭（2003年 東京都）

かつて私が助手の頃、中島健先生は非常勤講師で東京農大学においでいただいていた。そのとき学生たちへいつも言われたこと。それは「君たちは若い。なのになんでこんな年寄りみたいな図面ばかり描くの。他人の真似ではなく、自分の感性でデザインしなさい」ということであった。課題で日本庭園と聞いただけで、こうじゃないといけないと誰もがつい思ってしまう。

氏が正円、楕円、放物線、自然曲線、直線……さまざまな「線の技」を駆使できているのは、本当に日本の伝統をたくさん見ているからである。遠州の頼久寺大刈込み、八条宮の桂、本阿弥光悦の光悦寺垣、本法寺の八角池など数えきれない線がある。いずれもシャープでクール、方向性と勢いがあるかっこいい線である。日本庭園は、心字池、複雑な自然曲線、と短絡し固定概念でいる人は、いまだ見足りない人である。

髙﨑氏のスケッチは定評がある。ただ上手いだけではない。例えば、同じ比叡山を借景しても、正伝寺では大空への無限感にとり込むのに、円通寺では額縁効果、フレームの中に固定する。そういう景観構成の技法のバラエティを見つけ出しているのである。(P.54)

徹底した色、形、線などの「伝統」からのスタディが、髙﨑モダニズムの源泉であり、国指定名勝の楽山園（群馬県甘楽町）など文化財庭園の保存復原整備までを任されている所以でもあろう。

石技師髙﨑康隆／
自然の石の凄さを引き出す能力

日本庭園の技術で、最も重要だとされてきたのが「石組」であった。古代日本人は大きな岩がある風景を天津磐座、天津磐境とよんで神の拠り所と考えた。石への信仰、アニミズムである。自然石を活用した日本庭園だからこそスピリチュアルなイメージを与えるのだ。

石は永遠である。木草は枯れたり生長して変化するが、石は不変である。ハードな石はソフトな土や緑と対比して「図」になる。フォーカスポイントになる石を組んで築山や滝、鶴亀、三尊を構成すれば、絵になる風景が創れる。

一石では安定した完全な形を成さないときは、互いに組むことで欠点を補うこともできる。

一個の石を鑑賞する盆石や水石を選ぶ眼力の持ち主、髙﨑康隆の強みは、一個一個の石の潜在力を引き出すこともできるし、二石以上を配石して空間構成、コンポジションの面白さを演出することもできるし、複数の石を組み合わせてテーマ風景を創り出すこともできるということとだろう。

だから髙﨑は石組師だけではない、石技師なのである。

うしくあみ斎場の「舟石」の場合、稲田御影の一部に金箔貼りまで施している。斎場の中庭だから、故人が旅立つ方向を舟の舳先で表現した。仏教徒は西方浄土だから夕日に、西に向かっていくし、キリスト教徒は天に昇る。自然石の割り肌を生かしているものの、従来の考え方ではタブー視されていた彩色や加工することに髙﨑が躊躇することはない。

東京都北区の西蓮寺の場合、ここでも西を向く二石組みの舟石が見事な安定感と動きの両方を実現している。本堂前には発生材の古瓦と玉石で「日月」を描いてもいる。舟石に、日月、高崎の好きなモチーフである。

ついでに、西蓮寺の露地の飛石について。ここでも中島健直伝の発想法が顔を出す。普通は石質を揃え、飛石一石一石の合端を並行に揃えるのが常法。だが、ここでは「まず歩いてみる、歩いてみて足の降りたところに石を持っていく、足のところに石の広い面積をもっていく」。こうして有り物を生かしながら、景色もよく歩きやすい露地を成功させているのである。

いまほんの一例を紹介したように、石組師を名刺に刷る髙﨑氏だが、それは決して定石、役石、約束事、タブーを保守する人ではない。

むしろ、絶えず新しい石を見出し、新しい使

石の技

上――田園調布の四季の庭 2003 年 東京都
下 2 点――西蓮寺庭園（1998 年 東京都）

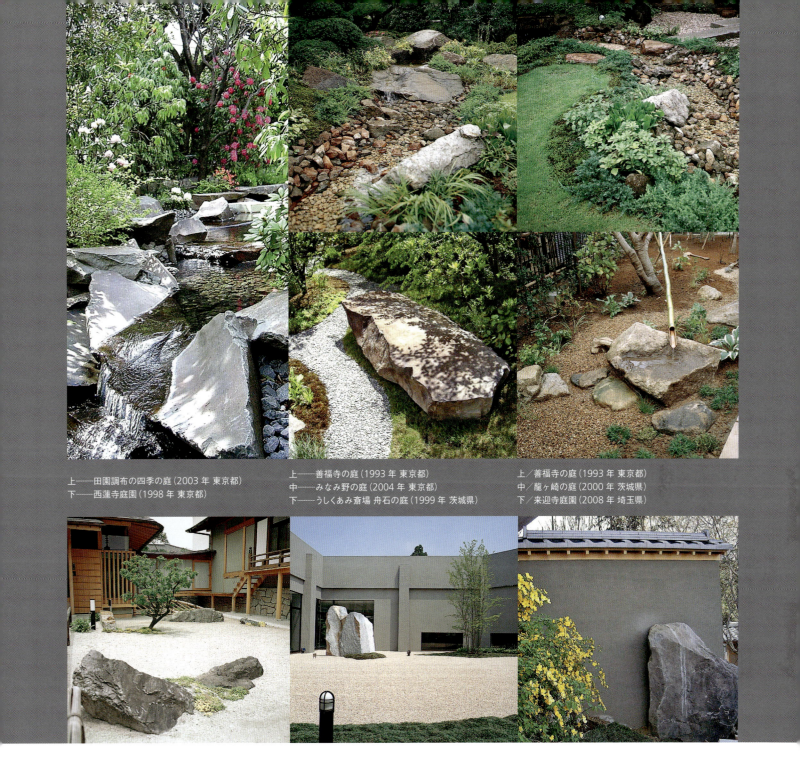

上——田園調布の四季の庭（2003年 東京都）
下——西蓮寺庭園（1998年 東京都）

上——善福寺の庭（1993年 東京都）
中——みなみ野の庭（2004年 東京都）
下——うしくあみ斎場 舟石の庭（1999年 茨城県）

上／善福寺の庭（1993年 東京都）
中／龍ヶ崎の庭（2000年 茨城県）
下／来迎寺庭園（2008年 埼玉県）

い方を工夫しようとする石技師である。

　いや、もっと正しくは、石にこだわり、石の面、石の反り、石の形、石の組み合わせはもとより、石に水を落とし、水を流し、水を絡め、そこに樹々の緑、それに花も加えて「癒しの髙崎ワールド」を創出するトータル庭師なのである。

　こんど訪ねたのは、「田園調布の四季の庭」である。浅川造園土木、森田石材工業の施工、彼らとのコラボ関係も抜群で、いまも髙崎氏のメンテナンス監理が続いている。400坪の敷地に、河津ザクラ、ウワミズザクラ、ヤマザクラ、シダレザクラほか樹木30種、草本地被など30種以上。主屋から車椅子用の空中歩道が花見台を中継して木々の中を周回する。テラスは諫早石、ロックガーデンには花崗岩。庭園の中央の浅い池からは根府川石づくしの軽やかな流れが舞う。地下1階へ光と風を取り込むとドライエリアの小端積みの擁壁も、その前に屹立させたモダンで大胆な石組も、伊豆真鶴の根府川石である。

　根府川石特有の茶系の肌色、曲面がかった鋭い線の面白さを十二分に生かした作品である。「石屋さんに勧められて一緒に根府川に行ったんです。自分が根府川石にもっていた地味な暗いイメージとは全然ちがう表情があって、多様性もある、形も面白い。根府川石の露頭、自然の崖。そこに亀裂が入って自然に割れている面がそのままでている。横から見るとこんなんですが、これをどうやって見せたらいいのかなあ！ というのが出発点です。」

　石への愛情ともみえるこの好奇心。これはもう、水石少年時代の澄んだ目のままである。

シット・アビリティは癒しの技／座ることができる場所をつくる

　髙崎氏は西武系のデベロッパー（株）西洋環境開発に籍をおいたことがある。京都の桂坂ニュータウンや赤城自然園のコンセプトワークに参画した。社会のニーズ、市民のニーズを踏まえ、言葉の力を信じて仕事をする。人間にとって大切な場所はどういうところか？　それを考

時の技／伝統からのスタディ

上スケッチ2枚——京都府 正伝寺、京都府 円通寺
下写真,スケッチ——国名勝楽山園庭園保存整備（1998年〜継続 群馬県）

え続けてきたランドスケープ・プランナーである。

「私の事務所の合い言葉は、シット・アビリティ。その具現化が私のライフワークです。」

シット・アビリティ、座ることができる可能性。町の中でどれだけシット・アビリティがあるか。それが暮らしやすいまちづくりの指標になると、ウィリアム・ホワイトは説明している。

階段の多い坂の町、真鶴町が「美の条例」とともに有名になったのも、たくさんの踊り場を設けてベンチを置き、老人にやさしい町にしたからだ。髙﨑氏も千葉市に座れる場所をつくっている。中央図書館と生涯学習センターの屋内外、いたるところにベンチがある。座れる場所がしつらえてある。座ると視点が低くなる。そうすると、人は落ち着く。造園史上はサンクン・ガーデン（沈床園）の形式がそれだ。前方が開けて眺められ、背後が囲まれて安全安心を感じられる空間が一番落ち着く。憩い、癒し、くつろぎのスペースづくりは、古今東西のアメニティスペースの基本中の基本。

「赤城自然園のコンセプトは"美しい森をつくって、ベンチを置く"でした。ただ美しい景観をつくるだけじゃ中途半端なので、その美しさを十分に楽しんでもらおう。少しでも長く居てもらう。そのためには、座る場所を計画する。1時間でも1分でも長く居てもらう。できれば、弁当を食べてもらえるような場所にしたい。それには四季の花を入れる。座ることでもっと身近になってもらいたい。」

氏は笑いながら言う。

「"ベランダの庭・蛍族の庭"というプランもつくりました。タバコ好きのお父さんのためのベランダです。ちょっとしたノット・ガーデンにして、ラベンダーとかニオイヒバとかタバコの臭いを消す。それにホタルブクロの花があって、ちょうどタバコに火をつけた姿になるでしょう。駄洒落ですけど……。」

こういう冗談も、髙﨑氏の生活学が感じられてとてもいい。それからまた、「マンションのアプローチを緑道にして、トレリスにはハンギングバスケットを楽しんでもらえれば。またガーデニングでお隣さんとおしゃべりしてほしい。これもベンチの効用でしょう。」

石組師、品格、無限感だけの人でなく、ふつうのやさしい生活者でもあったことがわかって、それこそホッとした。これも、かっこいいと思いますよ。

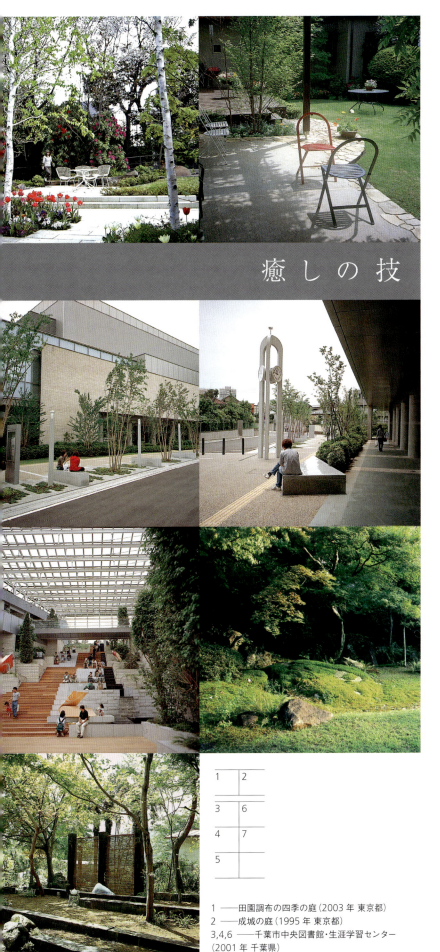

癒しの技

1 ──田園調布の四季の庭(2003年 東京都)
2 ──成城の庭(1995年 東京都)
3,4,6 ──千葉市中央図書館・生涯学習センター
(2001年 千葉県)
5 ──ガラス工房の庭(2002年 山梨県)
7 ──熊本出水の庭(1987年 熊本県)

髙﨑康隆氏の業績

作品歴

○民間プロジェクト

1993	東京サマーランド スリルマウンテン、ロータリー周辺造園
1997	ヴィルヌーブガーデン綾瀬外構(造園学会作品選集2002)
1998	西蓮寺庭園(造園学会作品選集2000、住宅建築1999.11)
2003	田園調布の四季の庭(英国王立園芸協会RHSJ2005.1、造園学会作品選集2006)
2002	ガラス工房の庭(マイガーデンNo.22)
2004	「凛として」庭園(造園学会作品選集2008)
2007~継続	来迎寺庭園

○公共プロジェクト

1991	東京都 有明処理場・江東区スポーツセンター外構(造園学会作品選集2000)
1999	牛久市 うしくあみ斎場庭園(造園学会作品選集2002、ランドスケープデザインNo.23)
2000	三重県 いつきのみや歴史体験館外構(新建築、建築知識、住宅建築)
2001	千葉市 中央図書館・生涯学習センター外構(ランドスケープデザインNo.33)
2002	加賀市 古民家の庭(旧久保邸、「蘇梁館」庭園)
2002	東京都 多磨霊園合葬式墓地
2008	若狭町 地域福祉推進拠点施設整備事業外構

○文化財プロジェクト

1998~継続	群馬県甘楽町 国名勝楽山園庭園保存整備
2003~継続	岩手県 柳之御所遺跡整備

教育歴

1999~2006	京都造形芸術大学(通信教育部)非常勤講師
2000~現在	千葉大学 非常勤講師
2004~現在	英国王立園芸協会日本支部 講師
2004~現在	E&Gアカデミー 講師
2007~現在	京都造形芸術大学大学院(通信教育部)教授
2007~現在	長岡造形大学 非常勤講師

役職歴

2006・08	日本造園学会 造園作品選集刊行委員
2003~現在	英国王立園芸協会日本支部 推奨品認定委員
2004~現在	日本ランドスケープフォーラム運営委員

上山良子 [Ryoko Ueyama]

写真=藤塚光政、若林勇人*、石井雅義**

幼き頃、形あるものは無くなることを学ぶ。
それでも造形とデザインこそ我が人生の使命と信じ、
世界の空を飛び、各地の美しい風景に目を開く。
ハルプリンに学んだランドスケープの本質を深め、
日本的アーバンデザインを模索、世界への発信を果たす。
いま、若人らに上山良子は語る。
愛される土地とは！
美しい風景とは！

上智大学英語学科3年のとき「コルビュジェ回顧展」を観て、「こうしてはいられない！」とデザイナーとして生きることを自覚した。ウルム造形大学留学を目指して猛勉強を始めたのに、突然の父の死で頓挫。そこで働きながらデザインの勉強をしようと、スカンジナビア航空の乗務員に。当時の航空会社は、女性憧れの職場。ましてや国際線は優雅そのもの。北欧便は、中継のローマで5日間の待ち。世界の観光地ローマの休日をたっぷりエンジョイ。未来の、日本の女性ランドスケープ・アーキテクト第1号、実地研修のスタートであった。こうして世界の自然と歴史と文化と風景を目の当たりにした上山良子は、少し遅い留学生活に入る。カルフォルニア大学バークレー校の大学院でランドスケープ・アーキテクチュアを専攻。その卒業制作はASLAの最優秀賞に。また巨匠ローレンス・ハルプリンとの出会いも。以後四半世紀以上、日本社会に"ランドスケープの理念を伝え実現する孤独な闘い"が続く。昨年、そのまとめ『LANDSCAPE DESIGN・場を創る』（美術出版社、2007）を上梓。今、「私の使命は、若き学生の啓発と支援」と、静かに語る。

学長メッセージは、プロボノパブリコ

日本一の大河信濃川の辺り、豊かな自然環境と、県立近代美術館や長岡芸術文化ホールなど、文化的環境の中に美しいキャンパスは広がる。

長岡造形大学、1994年開学、今15周年を迎える。当時の市長日浦（晴三郎）氏の「平成の米百俵精神」、いわば教育こそ未来への最大の投資という長岡人スピリットの成せる公設民営大学である。その3代学長に2008年4月就任したのが上山良子氏。未だ"ランドスケープ"の語がめずらしい80年代の日本のデザイン界に颯爽と登場したアメリカ仕込みの女流ランドスケープデザイナーだが、いまは学長として"時代を先駆ける越後ビジョン"を熱っぽく語る教育家の顔だ。

「どうして越後が、時代を先駆けるのでしょうか。それはどうして北欧が世界をリードしているのか、考えてみるといいでしょう。時代は今、『地域』『エコロジー』『生命』という三つの色相を、様々な分野で解くことの出来る人材を希求しています。長岡造形大学は、この3つを『デザイン』で重ね合わせて解ける人づくり、場づくりを目指しています…」

上山学長は、学生に対しては"豊かな時空間の体験こそがパワーになる"と説き、卒業生に対しては"教授陣など大学とのコラボレーションで越後を生き生き地域に"とメッセージする。

さらに続ける。「若い人たちへ、仕事を通して素晴らしい仲間をつくっていって欲しい。そして常に"人のために何ができるか？"を考えて場をつくり、生きていって欲しい。ラテン語の"PRO BONO PUBLICO（プロボノパブリコ）精神"こそ、デザイナーに求められる資質だと思って欲しい」と。

一度一緒に仕事をすると、お役人から現場の職人さんまで、本当の仲間になる。上山はいい仲間に恵まれたこれまでの歩みに感謝し、自分がプロボノパブリコで生きてきたことに誇りを持っている。学生へ、若人へ、上山良子は自らのランドスケープデザイナーとしての経験のすべてを伝えたいと思っている。

まだまだ続くパイオニアの闘い

先祖は織田家の御殿医で、祖父良吉は福沢諭吉に学んで通信省を経て王子製紙を含む多くの会社の経営陣に、父も銀行マンで実業家、母は芸術系で絵を描き染め物から革細工、刺繍まですべてを手がけた趣味人。その両方のDNAを受け継ぐ上山良子がソーシャルデザインに目覚めたのは必然であったかも。ただ一方で高邁な理想を追い、他方で大胆かつパイオニア精神に富む氏の前半生が、波乱含みとならざるを得なかったのは当然であったろう。「自然がこんなに美しい日本で、なぜ人がつくる風景は醜いのだろう？」その疑問に応えられるのは"ランドスケープデザイン"という専門分野だと、ロン・ハーマンに教わる。こうしてカルフォルニア大学バークレー校へ。高度経済成長期の日本に一時帰国したとき、さらにひどくなりつつある風景を見て、「何とかしなきゃ！」と義侠心の頭が持ち上がる。世界的に有名なアメリカのランドスケープ・アーキテクト、ローレンス・ハルプリンの事務所を継ぐCHNMB事務所を辞めて帰国。1982年、上山良子ランドスケープデザイン研究所を設立する。

当時の日本では、まだ"ランドスケープ"という

*

上山良子 うえやまりょうこ

長岡造形大学長。ランドスケープアーキテクト。JLAU／ASLA。上智大学外国語学部英語学科卒業。1978年カリフォルニア大学バークレー校環境デザイン学部ランドスケープアーキテクチュアー学科大学院修了。77年〜82年C.H.N.M.B.アーバンデザイン及びランドスケープアーキテクチャー事務所（旧ローレンスハルプリン事務所）所属。82年株式会社上山良子ランドスケープデザイン研究所設立。95年より長岡造形大学教授、2005年より同名誉教授、08年〜12年同学長。

職能への理解は乏しく、ましてや女性では？ という時代。仕事にも事務所運営にも筆舌に尽しがたい困難があったろう。どの分野でもパイオニアは、社会の無理解と闘ってきたのだ。

そんな中、東京都港区芝3丁目、後に「芝さつまの道」(2002年グッドデザイン賞、建築・環境デザイン部門受賞)と名付けられたプロジェクトに参加。三井不動産の若い責任者は、この新しいまちづくりのリード役を上山良子に任せてくれた。

「ランドスケープ・アーキテクトを中心に、デベロッパー各部署のスタッフ、各棟の建築設計者グループ、照明、色彩の専門家など40人もの大人数でワークショップを行ないながらビジョンを描き、ガイドラインをまとめました。私はここで"日本的なアーバンデザイン"をいかに実現するかを追求したのですが、当時、ランドスケープ・アーキテクトを中心に据えるというのはよほど大胆な発想だったでしょうね」

そのときの英断に感謝、その見識に感慨ひとしおの、上山氏の笑顔である。

近著『LANDSCAPE DESIGN・場を創る』の輝くような真っ白のカバーには、「大地の声に耳を傾ける―ランドスケープ・アーキテクチャーのパイオニア 上山良子渾身の作品集」と書いてある。がしかし、私がもらった本の送り状には、氏の告白が。

「建築ならいいが、売れないかも。ランドスケープは世の中の人が知らないからなぁとは、出版社部長の言。こんな状況を打破して、後輩たちが出版できるようにするのが、私たちの最後の仕事かと思います」と上山氏。

まだまだ、ランドスケープ・アーキテクトの闘いは続きそうである。

ランドスケープの本質をハルプリンに学ぶ

上山良子が最も影響を受けた人物、それはローレ

芝さつまの道 (東京都港区／2002年)

東京・芝の再開発される2.4haの敷地は薩摩上屋敷跡であった。この土地の上に「働く」「住まう」「遊ぶ」ことの出来る新しい街をつくるという開発が当時30年前よりスタートしていた。生活環境軸という概念で計画された30m×15mの道を含むアーバンデザインの計画を、ここではランドスケープアーキテクトを中心に参加者40人にものぼるワークショップによって計画を進行し、建築とともにガイドラインをまとめた。「土地の記憶」を生かすことが徹底され、井戸の再生を表現し、三つの噴水を設置した。敷地全体は日本的な紋様をデザインモチーフとして用い、日本発のアーバンデザインの発信を図った。また、薩摩屋敷の古地図を刷り込んだガラスケースにはガラスの彫刻を設置し、「記憶のミュージアム」として演出している。

上／水の景、緑の景、石の景が
　　街の景を総合的に創りあげる＊＊
左／日本古来の伝統的なデザイン語彙である
　　雁行が水路に生かされている
右上／水の趣き。水装置の詳細が水のかたちを変化させる
右下／セレスティンホテルの前庭としての夜の景のしつらえ

左──水の劇場。山から湧いた水を木槽で貯め、自然流下で三分間吹き上げた後流れる水を演出し、石組みの間をせせらぎとして流している。
上──かつて「鶴の港」と言われた長崎港写真／長崎県長崎土木事務所長崎港湾漁港事務所）

上──石のベンチは「文化の種を蒔く」という意図を込めた種のオブジェ
中──公園に散りばめられた小道具の一つ、鳥かごのミュージアム
下──長崎ハタ（凧）の意匠を石に刻したベンチ

長崎水辺の森公園（長崎県長崎市／2004年）

長崎港を埋め立てて出来た6.5haの敷地は、様々な視点場から見る／見られる関係の成り立つ大地。造成のため海に向かって大きく開かれた北側の地（2.5ha）、南側の港に面した空間（1.2ha）、山側の年に隣接した東側のリニアーな空間（2.8ha）、と残り二つの空間が広大な空地をまたいでいた。これらの敷地を、「土地の記憶」の継承、「コスモフィリア／宇宙・愛」を感知する場の創成、「ランドアート」の表現、「バイオミミクリー／生命に学ぶ」の実験場、「24季を演出する豊かな森」の創出、「100年の系」を見据えた計画、といった六つのコンセプトにより空間を構成していった。21世紀の文化の種をこの広場の中心から世界へ向けて発信する意図が二重螺旋の大地のアートに込められている。

ンス・ハルプリン。日本でも『RSVP CYCLE』（1969）と「ワークショップ」（1958～）の創始者として知られている。

上山氏も1978年シーランチで4日間、"自然を読む"ワークショップに参加。「あなたの死の場を考えなさい」「あなたの生の場を考えなさい」というスコア（命題）を与えられて衝撃を受けた。「そうだ。その場の持っている土地の声に耳を傾け、コンセプトを決め、その場をそこにふさわしい場所へと創っていくこと。それこそランドスケープ・デザインの神髄なのではないか」

次いで場所をサンフランシスコに移して3日間、"都市を読む"ワークショップに参加。「街を目隠しして歩かされたり」。そうして、ここでもランドスケープ・アーキテクトが考えるべきことを学んだ。「街は誰のためにつくるのか？ どんな場が人に快適性を与えるのか？」。こうして「ランドスケープの本質」を踏まえた上で制作に向かうという上山良子スタイルが確立する。

だから、リチャード・ベンダーも、上山良子を高く評価する。「彼女は、ハルプリンのもとで修業した時期以来、国際的な資質を開拓、刷新、成熟させてきたが、それでいて日本の土地と伝統に深く根ざした作風を揺るぎなく保ってきた。また都市と自然の境界を、分断ではなく包摂＝抱擁に転換するその技量は傑出している」と。

どうしてもデザイン・オリエンテッドだと巨匠の真似になりやすい。しかし幸運にもハルプリンを師とした上山氏は、「ランドスケープの本質に忠実なデザイナー」として仕事を残してきた。

氏の作品の質の高さに定評があるのも、ほとんどの作品が賞を獲ってきたのも、その土地の記憶を紡ぎ、オリジナルを追求してきたからだろう。

感性の上に、
思想性と構想力とディテールの質を総合

「芝さつまの道」では、江戸時代の薩摩屋敷の古地図を踏まえ、三つの井戸をメタファーに三つの噴水として再生したり、畳のモジュールでペービング・パターンを構成したり、細波、丸十、格子、檜垣、的井など日本の模様をディテールに散りばめたり、その土地で発掘された石を配したりして、日本的アーバンデザインの創出に腐心して成功させたが、長崎では交通などで四つに分断された平凡な埋立地を六つのコンセプトで非凡な名所へ変身させている。それが「長崎水辺の森公園」である。環長崎港地域アーバンデザイン専門家会議（伊藤滋座長）と共同で、2004年グッドデザイン賞（建築・環境デザイン部門）金賞を受賞している。上山氏はその理由をデザインセンスのある金子原二郎知事とスーパープロデューサー伊藤滋の存在が大きかったと功を譲っている。確かに、公共事業では首長のリーダーシップやバランス感覚と各分野のプロを有機的に働かせ得る有能なプロデューサーの存在は重要である。だからといって、上山良子の歴史認識、国際感覚、未来への展望といった思想性と、大地と海のすべてをダイナミックに結合するランドスケープの構想力と、ユーザーをして楽しませ親しませ思い出とさせる数々のオブジェや仕掛け、テクスチャーやディテールにいたる総合的技術力を評価しないわけにはいかない。

「長崎は、かつて唯一世界に門戸を開いていた土地。日本を開国に導いた若者たちがかつてこの港を闊歩したことを思い、ここのデザイナーの使命は"新たな文化の種をここから未来へ向けて発信すること"ではと考えた。冷たい風を受けて敷地に立つ

上―長崎水辺の森公園：水の庭園
　　（長崎県長崎市、2004年）
中―きたまちしましま公園
　　芝生のオープンスペース
　　（埼玉県さいたま市、2005年）
下―きたまちしましま公園
　　水の劇場夜の景

長岡平和の森公園
（新潟県長岡市／1996年）

この公園は、約3000m²の敷地に戦後50周年平和記念公園として設計された。何の変哲もない敷地に隣接して柿川が流れていることから、この川を取り込んで一体化することによって生きる空間を計画した。この空間から世界へ長岡市民の平和への希求を伝えるべく、場そのものがモニュメントとなる高次元の空間を目指した。柿川を挟んで対岸を観客席として「水の劇場」をしつらえ、公園全体を野外劇場としている。

左／柿川へ緩やかに傾斜する芝生「瞑想の広場」と周囲を24の石のスツールで囲む「蹲踞の泉水」、川辺の「石の舞台」が一体化している。小さな街の空隙を名所化する。上／断面スケッチ図

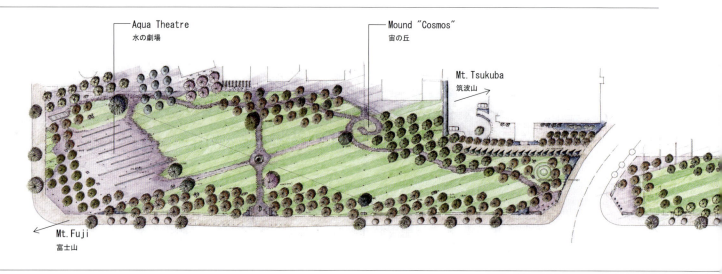

た私は使命感にふるえた。そしてルイス・カーンの言葉、"この大地が何になりたいか"を噛みしめた」
上山良子はいつも真剣なのである。

それにしても、高質なランドスケープである。世界のどこに出しても通用する意味を感じさせる風景である。アンモナイト模様の生命感溢れる曲線で大地にダイナミズムを与える大構成から、舞舞劇場、月の舞台、水の劇場、ビードロの道、森の劇場、花の小島といった場づくり、そして風の塔、風のガゼボをはじめ、公園のそここに散在する座のオブジェまで、実に美事につながっている。全体と部分が連続しリズムをつくる。「ここから新たな文化の種を世界に向かって蒔く」という意味で植物の種のメタファーというイコンの数々、その石のベンチ一つひとつが素晴らしいアートになっている。石もガラスもブロンズも、すべてのモノづくりスタッフの凄さも、伝わってくる上山ワールドである。

天命！ 平和への希求をデザインする

ランドスケープ・アーキテクトには、いくつかのタイプがある。究極の目標は、自然と人間の調和共存環境で同じなのだが、アプローチが違う。自然志向タイプは、ビオトープづくりに象徴されるように、地形、植生、水、生き物とエコシステムの構築を第一義とする。これに対して、人間・人工・デザイン・芸術志向タイプは、エコ・アートを含むものの場所の記憶、歴史、文化、物語、地域の生活、その時代の政治、経済、その世界の戦争、平和、交流など社会と空間の在り方を第一義とする。

ランドスケープデザインの現場では、この自然志向派と人間社会志向派を両極に、その中間のたくさんの段階が創り出されているわけで、比率こそ違うが"自然地"と"人工物"が渾然一体、調和した風景を生み出していなければならない。

そのとき、自然派には眼前に広がる里地里山や自然の山河という風景モデルがある。そうした自然を調査し復元すべくデザイン作業を進めれば良い。ところが、人間・芸術派には、範とすべき風景モデルがない。図面の線は自由に引けるが、これが正しい、これで良いのだという確信が持てない不安が残る。

古来多くの芸術家が、文学に親しみ、サロンに集い仲間と語り、世界を旅し、哲学してきたのは、その不安を払拭するためでもあったのではないかとさえ思える。1本の線を引くことは簡単だ。しかし、その線で敷地と周辺環境をどう関係付けるか。その空間にどんなテーマを表現するのか。人々に何を気付いてもらうのか。考えれば考えるほど不安は募るはずである。アート系が思索にふけるのは当然なのである。

上山氏は、祖父母の小金井の別荘に住んでいたことがある。ハケの道の上の段丘の上の1500坪の敷地からは遠く多摩丘陵が見渡せた。雄大な借景が、原風景になっている。氏は、伊藤滋氏と恩師豊口協初代学長の計らいで1995年長岡造形大学でランドスケープデザインを教えることになるが、そのとき依頼された仕事が「長岡平和の森公園」（1996年、日本建築美術工芸協会賞受賞）である。

そのとき「天命だ」と思った。上山には戦時中、田園調布の我が家は灰に、そして牛込、東中野で焼夷弾の中を走って逃げついに小金井の祖父母の別荘にたどりついた、忘れられない記憶がある。"平和への希求をデザインする"、それはまさに天命だ！と思えたのだ。もう一つ、河川に面した敷地に立ったとき、遠き日の小金井のハケの上の原風景が重なって見えたのである。お茶やお花のお稽古に励み、"明風紫園"という名をいただいた頃の風景をである。

「人がその空間に立ったとき、The Other World がある

シーバンス（東京都港区／1991年）

東京湾から引き込まれた運河に面する約2.7haの敷地に、アトリウムを挟む清水建設の本社ビル・NTTとのツインタワービルをフォリーとしてしつらえた庭園空間として設計された。「水のラビリンス」と呼ばれる迷宮の水の流れは、水の劇場となり、音景によるダイナミックな水の乱舞が非日常性を担保している。

日立シビックセンター セレスティアル・ガーデン（茨城県日立市／1990年）

日立シビックセンターの科学館に付属する屋上庭園。展示として遊び場にする様なデザインをと建築家彦坂裕からのオーダーがあり、「宇宙との交感」をテーマとして、子供たちに宇宙への憧憬と科学への興味を喚起させることを目指した。

きたまちしましま公園（埼玉県さいたま市／2005年）

工場跡地の約31.7haの再開発計画の中の新しい街の核となる公園。敷地は東西に細長い空間で、緑の濃淡の芝生と花崗岩の3m毎の縞が、富士山と筑波山を結んだ軸線状に斜めに切り、空間的な豊かさを演出している。

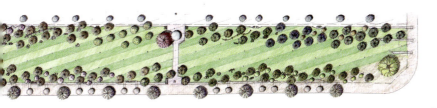

上山良子氏の業績

○受賞歴
- 1978　アメリカンランドスケープアーキテクト協会（ASLA）全米最優秀学生賞
- 1996　日本建築美術工芸協会賞（aaca賞）：長岡平和の森公園
- 1998　特別賞："21世紀の公園"トゥーロンラッティ公園国際コンペ（ヘルシンキ）招待参加
- 2002　グッドデザイン賞：芝さつまの道　芝三丁目東地区再開発生活環境軸
- 2004　グッドデザイン金賞：長崎水辺の森公園（環長崎港アーバンデザイン専門家会議）
- 2005　平成17年度 さいたま市景観賞：きたまちしましま公園
- 2005　日本建築美術工芸協会賞入選（aacas賞）：きたまちしましま公園
- 2006　グッドデザイン賞：きたまちしましま公園
- 2006　土木学会デザイン賞優秀賞：長崎水辺の森公園（環長崎港アーバンデザイン専門家会議）

○その他のプロジェクト（LD＝ランドスケープデザイン）
- 1986　"100 HILLS" LD 企画・基本設計
- 1987　芝浦シーバンス LD（建築業協会賞（BCS賞））
- 1987　日立科学館屋上庭園基本／実施設計・監理
- 1988　Yes'89 横浜博覧会 SK駅舎、バス停他
- 1988　日本ビソー長崎本社 LD（環境緑化本長賞）
- 1988　玉川高島屋ショッピングセンター20周年記念改装
- 1990　JR東日本T地区開発計画・LD基本構想
- 1990　（仮称）平塚湘南カルチャーパーク基本構想
- 1994　ホテルアクシオングアム LD
- 1995　核融合科学研究所施設 LD
- 1995　東京都臨海道路換気所立坑基本計画／基本設計
- 1996　関川村大石東俣彫刻公園彫刻
- 1996　幕張新都心住宅 H-1：幕張ベイタウンランパティオス公園東の街 LD
- 1997　芝三丁目東地区再開発事業基本計画デザインガイドライン
- 2004　MOMOA美術館 LD
- 2005　プラザノース LD（PFI）

○委員
- 1993　美しいまちなみ懇談会
- 1995　建築審議会委員
- 1996　新首相官邸基本設計に関する有識者会議
- 2002　「日本におけるイタリア2001年」記念広場国際デザインアイデアコンペ審査員
- 2002〜　第20回よりすまい・まちづくり設計協議会審査委員
- 2005　東京国際空港国際線地区ターミナル整備・運営事業事業者選定委員会
- 2006　千代田区景観まちづくり審議会委員
- 2007〜　横浜駅周辺大改造計画計画作り委員会

○著書
『場を創る"LANDSCAPE DESIGN"』（2007、美術出版）

こと、神の存在を感じて、謙虚な自分に戻れる場が創れないか。その場にいるだけで、平和を希求せずにはいられない。そういう高次元の空間が創れないか」

そうした思惟の結果、音の景、光の景、水の景が、大きなアーススケープ（土の景）に統合されて川を取り込んだ野外劇場「長岡平和の森公園」は完成した。

土地の記憶から、上山良子の場づくり哲学

さいたま市の工場跡地の再開発のコアとして計画されたリニアー形の公園が「きたまちしましま公園」（約1.6ha、2005年）である。

畏友、彦坂裕氏とのコラボレーションが成功している。富士山と筑波山を結ぶラインで、敷地全体に景観的オーダーを与える。建築家彦坂の設計したトイレは、富士と筑波のエネルギーがぶつかって大地に隆起した形だという。ここでは、敷地から遠望する二つの山への方位線で、土地の記憶を創り出そうとしているのである。

上山良子のランドスケープ論、場づくりの哲学は「Cosmophilia（コスモフィリア）／宇宙・愛」であり、そこへの方法はゲニウス・ロキ Genius Loci (spirit of place) を感じつつ「自然的で社会的で歴史的な土地の記憶」を紐解き、「大地の記憶のレイヤー（積層）」に新たなレイヤーを重ねていくことだという。

ライアル・ワトソンは著書『アースワーク』で、「生命は地球に関して、ある意図（デザイン）を秘めていたのだ。地球上に生命が発生したのは、そう意図したからであり、そう何かが意図したからである」という。だから上山も「場の創造を任されるということは、この意図された宇宙的プロセスを心して受け止めることから始めるべきだ」という。さすがソフィア上智大学の卒業生、ミッション、天命、平和…が自然に身に付いている。

この意図された宇宙的プロセスには「Topopholia（トポフィリア）／場所・愛」がある。次いで人間には「Neophilia（ネオフィリア）／新しいもの、不思議なもの、稀有なものに引かれ、求めて止まない"新しもの好き"という性質」がある。それこそ空間創造の根元である。上山良子の造語「コスモフィリア／宇宙・愛」は、トポフィリア、ネオフィリアから派生した究極のランドスケープ概念。場を選び、大地を穿つとき、宇宙との関係性をこそ基軸としなければならないのだ。人類は太古より宇宙の彼方を憧憬し、ついに宇宙へ飛び立ったのだから。

そして、場づくり。「そこにしかない場所を創出すること。それが有無を言わせず人を感動させる場づくりとなる。そのためには"土地の記憶"を紐解くこと、地域の事柄を知り、現場に立って全身で大地を感じること。それが、世界にたった一つという場づくりを可能とする鍵である」。そのことを、心底納得し、自ら体験してほしい。そうして、美しい日本、個性豊かな地域のランドスケープを創ってほしい、と願っている―上山良子先生、明日への学生諸君へ遺言である。

中村良夫 ［Yoshio Nakamura］

写真＝中村良夫

景観工学のパイオニアにして、風景学の大成者・中村良夫。公害、自然破壊への対応に終始した70年代、いちはやく"美の日常性の回復"を掲げた名著『風景学入門』を世に問い、自らもユネスコ、メリナ・メルクーリ国際賞受賞の古河総合公園、土木学会景観デザイン賞特別賞受賞の太田川環境護岸など、数々の計画とデザインを実践。2000年代、日本が美しい国づくり政策大綱、景観法を制定する下地をつくる。

中村良夫先生は東京工業大学名誉教授、元京都大学教授、工学博士。わが国の土木界に新分野「景観工学」を確立 2007年土木学会功績賞を受ける。昭和13年東京青山に生まれ、茨城県古河に疎開、都市と田園の二つの原風景をもつも、共に変貌激しく、故郷喪失を実感。小学後半には反射望遠鏡を制作するほどまでに天文学に熱中、古河から浦和の中学校に通学する頃には電気機関車EF58に陶酔、技術系進学を確信する。戦前の教養主義教育の残る日比谷高校に進学すると漢詩漢籍や日本の古典とフランス語フランス文化の両方に関心が高まり、京都への修学旅行では古庭園の美しさに惹かれ日本人の美意識ということを考えるようになる。

東京大学工学部土木工学科在学中の実習では神戸製鋼や三菱重工の先端技術を学ぶも、一方で京都の名園を訪れたりボードレールの詩集を愛読するなど知的分裂症。卒論指導の鈴木忠義先生に、日本庭園の思想を国土レベルに展開したいと相談し賛同を得る。東名高速道路づくりに燃える日本道路公団に就職し、ドイツの道路景観思想を知る。1965年八十島義之助、鈴木先生のすすめで東大にもどり、景観工学研究を本格化し、東工大社会工学科、京大土木システム工学科で教鞭をとる。

中村良夫
なかむらよしお

東京工業大学名誉教授、工学博士。1938年、東京生まれ。東京大学工学部卒業、日本道路公団技師として実務に携わり、景観の工学的研究の必要を痛感して大学へ戻る。東京大学（土木工学）、東京工業大学（社会工学）、京都大学（土木システム工学）にて、景観工学の研究と教育に従事するかたわら、市民学としての風景学を提唱。2003年には長年にわたって監修設計した古河総合公園がメリナ・メルクーリ国際賞（ユネスコ、ギリシャ）を受賞。2007年土木学会功績賞受賞

衝撃の名著『風景学入門』

建築史家村松貞次郎が『文化会議』（1982.9）に、中村良夫著『風景学入門』（中央公論新社、1982）の書評をかいている。
「往々にしてガサツの代名詞にもなりかねぬ土木屋さんにも、こんなに博学多才の、ソフトな魂を持った人がいたのかと、改めて驚かされました」と書き始め、「この小さな本は、大きな中味と問題意識を抱えこんだ近来まれなる名著」「風景というものが、それだけ大きく時空を超えて深く我々にかかずらっているものだ、ということも改めて痛感する」。正直な言い方だが、核心を突いている。

村松の言葉を待つまでもなく、これは私にとっても衝撃の名著であった。70〜80年代の日本社会は環境問題に追われていた。元来、美しい空間を創る技術の中心にいた造園界も時流で自然保護と都市緑化ばかりをテーマにしていた。そんなとき「造園学と庭園」を研究していた私に対して、本書は大きな自信と指針を与えてくれた。

当時の私にとっては、土木の先生が造園の意義を認めてくれていると嬉しくなったのである。そのことは先生の前著にもあった。
「造園的景観論においては、景観は美的評価を前提としているがゆえに視覚的かつ目的的である」「庭園が様式的であるがゆえに生彩を欠くと考えるのは、個性の美を偏重する現代知識人の偏見というものであろう。様式化されることによって自然はより自然らしく美しくなるのであり、作庭記には自然の景観に対する美的評価に基づく創造的態度がはっきり示されているのである」

以上は、中村良夫編集担当、『土木学大系（13）景観論』（彰国社、1977）の引用だが、中村良夫担当分以外の章では当然のことながら、いわゆる「景観工学」的展開が中心であった。それが『風景学入門』では一変した。

アカデミズムの中では、一定の対象と方法に従って物事の一側面を分析的に、多くは数式や計量化によって説明することが、正しいサイエンスの在り方と思われており、多くの理系の学会論文はそのような研究作法で迫ることが可能な部分のみを研究する。しかし、中村良夫先生の風景学はちがった。ご本人の思索歴にあった、天文学的な広大無辺さ、鉄道的手堅さ、漢籍的日本的古典的教養、フランス文学的文化的詩想などが、もちろん国土計画、土木工学、土木計画的な科学技術的知見の基礎の上に重ねてのことだが、実に総合的に、また市民生活への温かな愛情の上に"風景学"を構築されていたのである。

「景観は、写真機と同じですね。すべてを対象化してしまいます。しかし風景は、自分も含め、

古河総合公園

左は森影に復元された御所沼でたのしむ太公望。上はコンクリートのプレキャスト部材を用いた水辺の造形の背後に天神橋を見る。軟弱な地盤にかけられたゲルバー形式のこの橋は、コンクリートブロックととりあわせた造形によって、機械のもつ無機的な幻想をつくりだしている。「生得の自然」から「生滅無常の自然」へ。

進士五十八氏と中村良夫氏
(2008.11.8 古河総合公園にて)
撮影／編集部

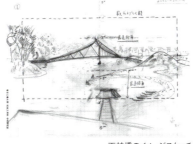

天神橋のイメージスケッチ

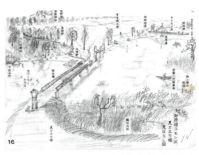

相生橋のイメージスケッチ

上／乾坤八相の庭「プレキャストブロックのインスタレーション」
左／乾坤八相の庭「片岡崩しの丘」

カフェテラスのイメージスケッチ

人間と自然との関係を含めたトータルなものですから、風景のほうが面白いですね」(中村良夫・談)。

近年になって、日本学術会議などでも"俯瞰的理解"がいわれ、文部科学省も"文理融合の促進"をいっているが、中村良夫『風景学入門』は30年近くも前にその方法を明示したのである。本書にサントリー学芸賞が授与されていることで、その社会的意味が大きかったことも明らかである。

湿地転生・御所沼コモンズ
—— 中村良夫の風景観

中村良夫の風景観のキーワードに、「脱農者」とか「脱工者」というのがある。

「農村は都会人にとって懐かしいふるさとであるが、実はそれは農村から都会へと脱出した脱農者が描いたイメージである」とも、「農民にとっては、良い土地はあるが美しい土地はない。脱農し、土の呪縛から解き放たれた瞳に、山河ははじめて風景として映る」とも書いている。近年、石油化学コンビナートの夜景や巨大ダムの工業的風景に若者たちが関心を持ち写真集さえ発刊されている。これこそ中村説の「脱工者」の風景であろう。

こういう時代に、中村先生は子供のころ疎開した茨城県古河市の御所沼の再生に立ち会うことになる。ひとつに先生自身の脱農、脱工による故郷喪失者としての思いと、ふたつに戦後日本の自然や風景への無関心からの脱却を計るための大いなる社会的チャレンジと、3つに先生に宿るランドスケープデザインへの夢が一つになって、約25ヘクタールの持続的プロジェクトとなったのである。

プロジェクトは「古河総合公園事業(2005年に開園30周年)」であるが、その趣旨は15世紀半ばこの地に移り館を構えた鎌倉公方足利成氏にまつわる史跡、館近くの御所沼、江戸初期の古河城主土井利勝ゆかりの桃林など古河の里地里山的原風景の復元再生と、市民主体の企画実行の多彩な文化・教育体験型レクリエーションの場づくりにあった。

御所沼もその一つであるが、利根川と渡良瀬川が合流するこのあたりには沼がたくさんあり、中世農民たちが水と闘い農業開発を進めてきた歴史があった。近代以降、御所沼は埋め立てられ、ついにはゴミ捨て場にさえなってしまった。日本の戦後の景観破壊や混乱をいかに受け止めるか思い悩んでいた中村先生にとって、自らの原体験、原風景の御所沼の悲惨な現状を看過ごすことはできなかった。

こうして約20年間にわたり月一度のペースで古河に出かけ、利根川など北関東一円の暴れまわる河川、豊かな自然、室町期以来の武家の争い、そして古河の地域史、文化史、生活史を丹念に調べ『御所沼記』に誌してきた。公園完成後、そのすべての思いを『湿地転生の記──風景学の挑戦』(岩波書店、2007)に著している。造園人に読んで欲しい本である。先生はここで公園計画の関係者や市民と話し合いを重ね、この場所が古河市民みんなの土地、昔でいえば入会地のような、いわば「コモンズ」であってほしいと考えて、その世話人・パークマスター制度を導入した。このほか地権者や農民の要望を公園のメンテナンスに反映させるなどして、公園のハードとソフトをまとめていった。

この公園は、敷地外の雄大な自然風景と強い視線で結ばれている。さすが風景専家である。園内各所には、それぞれの場所性を踏まえて古

エントランス広場のイメージスケッチ

左／虚空蔵堂と御手洗池（設計：小野寺康）
下／エントランス広場（設計：中村良夫）と奥は管理棟（設計：内藤廣）

河公方以来の地名や橋名が付けられ、名を刻んだ石柱を立ててイメージ再現の縁とした。

古河総合公園でのイベントや活動の多彩さを下記からイメージして欲しい。

内外景観の例：

芋ころがし坂からの夕富士、筑波観の丘から天神橋越しに望まれる筑波山、富士見塚よりの浅間山、利根川と水田地帯への眺め

どろんこクラブの活動例：

ホッツケ田の田植え、こぶし野の流しソーメン、民家園での脱穀や餅つき、遊具広場での基地づくり、かかし形七夕飾り

もりもりクラブの活動例：

公方様の森の手入れ、植物観察会、1年を通じて行われる旬の草花紹介

ジェラテリア応援団の活動例：

インテリアや新メニューの提案、手づくり看板やポスターづくり

ふるさと古河新茶まつり：

菜摘み、和舟や沼の畔で野点

生涯学習活動例：

御所沼での親子冒険ラリー、手づくりイカダ探検、雪葉図説の制作、名月なきむし会

その他：

20日間で16万人も訪れる桃まつり、3月の気球、蓮見茶会、七夕の景、幼稚園児のひまわり花壇、木登り・藤づるのブランコ…。

いま園内場所で、いくつものグループが喜び勇んで活動している。全国初のパークマスター制度が機能しているようである。

「大地の永い歴史をひもといてみて、デザインというものが小さく見えてきた。それを包み込む無辺の時空が大切だと思うようになりました。あとは市民の想像力に委ね、彼ら自身がイメージをつくっていってほしい。そのためのシステムがパークマスター制度です」（中村良夫・談）。まさに『湿地転生の記』第5章にあるとおり、中村先生の公共空間づくりは、"心の底から場所を愛し、価値を最大限に引き出し、最後には市民に参加してもらうシステムを構築する"方法だといえる。

乾坤八相の庭・雪華園八景
——中村良夫の自然観

古河総合公園のほとんどは、御所沼と田園景観の再生で「脱農者」の目だといえるだろうが、敷地中央部に造園されている「雪華園」（1995年、スケッチ）は「脱工者」の目によるといえるのだろう。これこそは、中村先生ならではの自然観の表現となっている。

乾坤八相とは、森羅万象、有為転変の世の在り方を示す。「自然と人間の関係」は、優しく穏やかなものだけではない。その関係の在り方を八景として庭園に構成している。

一の景・御所沼——

人による自然の復元（一度は滅びた自然を、人智は復元する力を持つことを表現している）

二の景・公方様の森——

人による自然の保護（館跡は入会地になり、里山として大切に守られてきたし、これからは公園として保護されてゆくであろうことを表現している）

三の景・農の景——

自然と関わり農業を営む（人は自然を利用しその恵みを増やすこと、農業を営み文明を導いたことを丸いサークルに植物を植えて表現）

四の景・園芸の景——

人による自然の理想化（人は自然を理想とし、それを写し再現しようと試みてきた。美しい花

広島太田川基町護岸

1978年、太田川左岸の基町地区に計画された高潮堤防。堤防、洪水敷、低水護岸を一体としてデザインし、さらに伝統的な水制工を復活し親水性向上と景観上のポイントにしている。大規模な土木施設に本格的なランドスケープデザインを始めて導入した記念碑的作品。これ以後、30年にわたっておおくの視点場型河岸小テラスが設計された。

上谷戸大橋設計

1987年4月開通。住宅公団の多摩ニュータウン内に計画された橋梁群の一つで200メートル3径間アーチ。谷戸に計画されていた上谷戸親水公園を意識し、谷戸の空間秩序をみださぬように大きくまたぐアーチが採用された。谷戸公園の静かなたたずまいを考えて展望台を配した古典的な姿をとり、橋を公園の一部として立体的に眺望を楽しむようにデザインすることで、橋をランドスケープ化することに成功した。　　（設計：中村良夫＋大野美代子＋長大）
撮影／牛島博臣

や盆栽などに象徴）

五の景・片岡崩しの丘──

　自然を駆逐した人間（文明が進むと人は自然を搾取、文明を維持するために自然を積極的にコントロールするようになる。コンクリートの法面や消波ブロックで表現している）

六の景・廃墟の庭──

　文明を呑み込む自然（人間がつくった建物などは、放置すればたちまち野生に呑み込まれてしまう。ススキに埋もれた瓦や家の基礎で表現している）

七の景・詩的感興の景──

　自然との対話（自然に対する人の詩的趣きを、例えば聴雲台：雲に向ってその声を聴く景色で、また雪華園の名でさまざまな自然の感動の場を表現している）

八の景・虚像の景──

　人と自然の可能性（妹島和世設計のカフェテリアのガラスに映る植物の姿などは虚像で、虚無化された幻の自然を表現しているか、または自然と対峙することがなくなっている現代人を示しているのか）

　以上が、八景に込めた先生の意図である。例えば五の景（片岡崩しの丘）は、道路公団に入ったばかりの中村青年が文明としての高速道路の美しい線形に酔いつつも、それによって崩されてゆく斜面の自然林に心を痛めた記憶が基になっている。一般市民に対しても、意識して自然に立ち向かってほしいというメッセージになっている。中村先生の、風景学への、真摯な態度がよくわかる庭である。

都市と市民生活を編集する
川と道と橋の風景術

　ハーバード大学のダンバートン・オークス研究資料館は、ビザンチン文化、プレコロンビア文化、そして庭園と景観の3部門のコレクションで知られる。2004年、庭園と景観部門の「現代ランドスケープ・デザイン・アーカイヴ」に、中村良夫の古河総合公園と太田川河川景観プロジェクトが入ることになった。

　「市民が自ら新しい景観を発見する」という中村の方法、中村が考える日本の伝統、すなわち「日本の名所は景色の美しい社寺境内地でコンセプトはどこも似たり寄ったりだが、いつも市民の体臭がむんむんしていた。個人作家の革新性よりも日常的反復の中に人間を置く大衆芸術の世界という特徴がある」ことを踏まえた方法が、新時代の知的文化としてのランドスケープデザインの行方を示すものとして評価されたのだ。

　ところで、ランドスケープ・アーキテクト中村良夫の仕事は古河のみならず全国にたくさんある。

　なかでも広島市内を流れる太田川基町護岸計画（1978）は秀逸である。その契機は、河畔の1本のポプラ。これを守りたい市民たちが動き、河川事務所をして中村を引っ張り出させたのだ。堤防、高水敷、低水護岸の一体的デザイン、伝統的水制工の復活と親水性や景観性の向上を目指したもので、大規模な土木施設に本格的なランドスケープデザインが導入された記念碑的プロジェクトであった。これ以降、太田川には30カ年にわたり多くの河岸テラスが視点場として設計され、民間のホテルのカフェテラスはもちろんオフィスビルも表側を太田川沿いに向け、観光船、水上タクシーも登場、市民やNPOの活動舞台となってゆく。平和公園の延長として大きな階段護岸をもうけると、直ちに原爆記

広島西大橋

2001年10月開通。広島市街地と計画人口10万人の「西風新都」をむすぶ幹線街路が太田川放水路を越える位置に架橋された。西部丘陵の山塊とのバランスを考え、塔の高い大斜張橋を避け、小分けして橋長476メートルの七経間連続斜張橋とした。

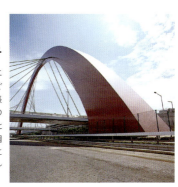

羽田スカイアーチ

羽田空港の東西ターミナルを結ぶエスプラナードが首都高速道路を跨ぐ場所に架けられた主塔アーチ型斜張橋。並行して計画されていた二本の斜張橋をアーチ型主塔にまとめることにより、エスプラナードの通景を強調しながら、直行する2方向の景観に異方性をもたせ、オリエンテーションをあたえようとした。

中村良夫氏の業績
◆ 職歴
1963・04 日本道路公団入社
1965・04 東京大学工学部助手
1968・04 東京大学工学部講師（交通計画学）
1975・12 東京大学工学部助教授（交通計画学）
1976・03 東京工業大学助教授（都市構造およびデザイン）
1976・04 東京工業大学大学院理工学研究科担当（景観工学）
1982・08 東京工業大学工学部教授（景観工学、都市構造及びデザイン）
1986・04 パリ大学社会科学高等研究院招聘教授
1996・04 東京工業大学大学院社会理工学研究科、評議員
1998・04 京都大学大学院工学研究科教授（都市基盤システム工学）
2002・04 定年退官 東京工業大学名誉教授
◆ 主な政府自治体関係等委員
1986～1994 東京都都市美対策専門委員
1986～1994 建設省道路審議会専門委員
1992～1994 国土庁国土審議会専門委員
1998～2000国土庁首都機能移転調査研究委員会景観部会座長
1994～1998 広島市都市デザイン委員会委員
1995～1997山形県土景観計画作定委員会委員長
1996～2004文化庁文化財審議会専門委員
2001～現在 関門景観審議会会長（北九州市、下関市）
2000～現在 横須賀市都市景観審議会委員長
2002～2004文化庁国際文化交流懇談会委員
1993～現在 国土交通省羽田沖合開発技術委員会委員
1993～2004国土交通省羽田空港デザイン委員会委員長
2003～2004神戸2050 構想研究委員会座長
2002～現在 UDC 景観大賞審査委員会座長
2006～現在 日本風景街道戦略委員会副委員長
2008～現在 山形県景観審議会会長
◆ 受賞歴等
1983 国際交通安全学会賞
2003 ユネスコ・メリナ・メルクーリ国際賞（古河総合公園）
2004 土木学会景観デザイン賞特別賞（太田川環境護岸）
ダンバートン・オークス・ハーバード大学研究資料館・現代景観デザインコレクション収蔵（太田川環境護岸、古河総合公園）
2006 土木学会功績賞
◆ 主な著書（編著も含む）
『土木空間の造形』（技報堂）
『風景学入門』（中央公論社）サントリー学芸賞、土木学会著作賞
『街路の景観設計』（技報堂）
『景観づくりを考える』（技報堂）
『研ぎすませ風景感覚』（技報堂）土木学会出版文化賞
『都市空間論』（技報堂）
『風景学実践編』（中央公論新社）土木学会出版文化賞
『NHK人間講座 "風景を愉しむ風景を創る"』（NHK出版）
『風景を創る』（NHK出版）
『日本人は国土をどのように創ったか』（学芸出版）
『環境と空間文化』（学芸出版）
『湿地転生の記』（岩波書店）
『風景からの町つくり』（NHK出版）

念日の灯籠流しの水上広場になる。親水護岸と緑の風景が、コミュニティの交流機会を倍加してゆくのである。

同様の工夫は、住都公団多摩ニュータウンの上谷大橋（1987）にもある。多摩丘陵の緑なす中遠景の起伏、そこに刻まれた谷戸と流れ。橋詰めの階段広場を下りると上谷戸川ほとりの親水公園。橋にはバルコニーを設けて俯瞰景の視点場とし、親水公園からは橋のアーチが公園の一部となるよう仰瞰景と眺望をデザインする。道路と橋と河川の立体的ランドスケープを構成し、来訪者に多摩丘陵の地相（ちそう）の迫力を体験してもらおうというのである。これが中村良夫ふう風景術のダイナミズムである。

最後に、中村良夫先生の教育論を聞く。
「学生の指導にあたって、思想統制をしたり、方法論の統一を求めたことはありません。私は、風景デザインの歴史は、周囲の自然や歴史との調和を目指す"同化のデザイン"と、それらを否定し、それらと対立、対比させるテクノスケープや枯山水など"異化のデザイン"の弁証法的発展であると思っています。ですから景観学徒は、多様であるべきです。風土デザイン派からテクノスケープ派まで多様であっていい」

先生の教育論は、風景論でもある。先生に同感、私もずっと"ランドスケープ・ダァイバァシティ"を言ってきた。羽田に着いて朱塗りのスカイアーチを見ると思い出す。東京国際空港ターミナル景観委員会（1987-94）でも、私も含め多彩な人たちがいた。中村座長の下、その後も私は幾度となく委員仲間に加えていただいた。先生は、他分野からのメンバーで、ヒューマン・ダァイバァシティを狙われたのかもしれない。

羽田のレポートに寄せた先生の一文には、脱工者を超えたランドスケープ観が見えるようだ。「この都市の内庭にスカイアーチと呼ばれる巨大アーチと斜張橋が誕生した。この橋は、交通の用に供し、力学的に安定でありながら鋼の詩のような、あるいは巨大なインスタレーション・アートの性格を持っている。

もっと自然を、という声もあるだろう。だが人々に媚びるような弱々しい大都会の草木にはもはや野生の妖しい輝きはない。むしろ皮肉なことだが、スカイアーチのような硬質の構成の中にこそ、損なわれぬ野生の詩情が潜んではいないか。虚空に軽々と舞う鋼のケーブルの緊張の中に、都市の自然には求めがたい野生の放射を私は感じるのである」。

榊原八朗 [Hachiro Sakakibara]

写真＝ランドスケープデザイン、榊原八朗＊

国営昭和記念公園の日本庭園、
六本木ヒルズの毛利庭園、
東京ミッドタウンの檜町公園など
誰もが知るメジャーなランドスケープの作者。
「デザインの源泉は自然にあり」をモットーに、
自然美を理論的に技術化した人物、
現代日本を代表する造園家榊原八朗。

日本を代表する富士山。その麓、浅間神社富士山本宮が鎮座し清水が湧出する富士宮市の農家に1944年生まれ、父の道楽である庭普請を遊び場に育つ。出入りの植木屋情報に、何となく興味を抱き東京農業大学造園学科へ進学。在学中入会した盆景同好会では、静山流家元の矢尾板静山に「盆景」を、卒業時からは飯田十基が師事した盆栽家川本藤吉の子息、外国人相手に盆栽栽景教室を主宰していた川本敏雄に「栽景」を学ぶ。1967年（株）東京庭苑に入社、雑木の庭と自然写景式庭園の巨匠小形研三に師事し修業する。1972年からはアメリカ、ポートランド市ワシントンパーク内日本庭園の設計監理などに従事しつつ、三師の自然美構成術を踏まえ自らの「自然美の理論化、技術化」を深化させる。氏もちまえのロジカルウェアと、矢尾板、川本、小形の三師の合理主義に共感することもあり、外国人のWHY？に理論的に応えるには、情緒的な説明では納得されないし、自らも納得できなかったからである。こうして、わかりにくい日本庭園の造形を独自に理論化し、合理的に説明した教本『ランドスケープ・デザイン シリーズ全7巻（1997年）』を完成。数百におよぶ作品づくりとともに、ランドスケープデザインの指導と民間の設計及び設計監理に従事している。

榊原八朗
さかきばらはちろう

榊原ランドスケープデザイン塾。
元明星大学デザイン学科教授。
1944年静岡県生まれ。1967年東京農業大学造園学科卒業。1967〜1972年（株）東京庭苑にて現場および従事。1975〜1976年（株）東京庭苑・小形研三氏に師事。1976年（株）ランドアート設立。著作・監修『はじめての小さな庭づくり』（成美堂出版）、著作『魔法のガーデンデザイン』（静岡新聞社）

榊原の自然世界は、六本木ヒルズ、東京ミッドタウンなどメジャープロジェクトに何故うけるのか

世界都市東京を代表するビック・プロジェクト六本木エリアの二大プロジェクトで、何故榊原作品がつくられるのか。

森ビルが17年の歳月をかけ2003年4月街開きした六本木六丁目再開発計画。森タワーはコーン・ペダーセン・フォックス・アソシエイツ、けやき坂商業エリアはジョン・ジャーディ、テレビ朝日は槇文彦のデザイン。いずれも世界的なアーキテクツの作品である。その中央に榊原八朗のランドスケープデザインによる毛利庭園はある。長州藩上屋敷庭園遺構があった場所で、その旧跡を埋め立てて保存した上に新設したモダンな自然写景式庭園（4,300m²）だ。

総事業費2,700億円という巨大商住文化複合プロジェクトでオープン後、半年で2,600万人が訪れた東京屈指の人気スポットであるが、外国人や若者の人気もひときわ高い。テレビ朝日に面した毛利庭園は、浅くて広々した水面がひろがり青空と雲を映し、野鳥や昆虫が舞い睡蓮が浮かぶ美しいビオトープである。決して重々しい日本庭園でない。巨大タワーの下、無機的な都心空間に、ソメイヨシノとカエデが春秋の季節感を与えつつ、モダンアーキテクチュアと見事に調和している。

その4年後の2007年3月、防衛庁跡地「赤坂9丁目地区再開発計画」、三井不動産らによる東京ミッドタウンがグランドオープンした。全体計画は国際コンペにより、ニューヨークのスキッドモア・オーウィングズ・アンド・メリルが担当。東京一高い地下5階地上54階、高さ248mの超高層ビルと、既設の港区立公園をとり込んで一体的に整備しなおした約40,000m²のグリーン＆パーク（ミッドタウンガーデン・檜町公園）が評判で、初年度3,500万人を集客した。この公園部分、南北120m、東西130m、約15,000m²の設計監理が榊原の仕事。この敷地は、もともと毛利家麻布下屋敷があり庭園は清水亭と呼ばれたという。六本木ヒルズの毛利庭園に比べ高低差が大きい。その一方を急峻に、一方を緩やかに樹林でつつみ、清水亭の再現建築（日建設計）など6ヵ所のフォトポイント（視点場）を設定、来園者にはイーゼルを立て、その場所からの眺めのポイントを写真で解説している。絵のように美しい眺望を愉しませるよう構成している。

ここでも、和風ではあるが、明るい自然風の景観デザインがなされ、違和感なくミッドタウンタワーの前景を構成している。しかも、タワーのボリュームに負けない存在感と、しっと

りした歴史的雰囲気と、水と緑の清々しさを十分に醸成し、また芝生広場のパブリックアートにも自然に視線が誘導されていく。この空間は、洗練された国際性と日本の都市文化の香りを放っている。

ガラスやアルミ、鉄骨のメカニカルな超高層ビル群のなかに、やわらかな盛土で安定感のある地形を整え、大袈裟でないナチュラルな渓谷が再現され、明るい雑木林の間を渓流が落ちてゆく。はたして、ここは都心かしらと錯覚する。このモダンでわかりやすい自然写景式の榊原スタイルだから、都心中の都心の超高層ビル空間に、爽やかな風が吹くのだ。

国営昭和記念公園、ブリスベン市立マウントクーサ植物園の日本庭園と小形研三の自然写景術

榊原八朗のランドスケープ・デザイン論は、実に明快で、理論的である。長年のデザイン活動の蓄積と思索が、外国人にもわかる説明への工夫の必要性と相まって深められた結果であろう。その成果のほとんどは、榊原自身の研鑽によるオリジナルだとわかるが、その原点には師小形研三の存在が欠かせない。ヒヤリングに際しても、「小形さんは………」が口癖のように続く。小形研三（1912〜1988）は、千葉高等園芸学校卒業後、雑木の庭の創始者飯田十基に師事、東京市保健局公園課職員を経て、（株）東京庭苑、（株）京央造園設計事務所を主宰、汎太平洋造園賞、日本造園学会賞受賞（ともに1989年）、（社）日本造園コンサルタント協会会長など歴任。独特の自然写景式庭園に特色、全国にたくさんの弟子を輩出している。

榊原の手記にいわく、「現場を知らなければ設計はできないということで東京庭苑へ。入社の頃の社員数は30数名、平均年齢22歳の若者集団で小形スクールとも。一つの現場は3〜5名、常時5〜7件の現場があった。着工初日、小形さんはデザインの線形を庭に写し、植栽のすべてを指示、たとえ一本でも他人に決めさせることはしない。雑木の庭は、木の方向性、傾き具合（気勢）、幹反りなど全体が自然空間に向う動きを重視する"寄せ植え形式"を採るので一人の感性に頼るしかない。小形さんは、風景画や風景写真の構図を分析していた。デザインには重点、非重点があり、誘導線があって、なおかつ遠近の構図を基本としているので、植栽に限らず、デザイン線形を石も全て同じ性格を持たせているのが小形さんの作風である。」と。

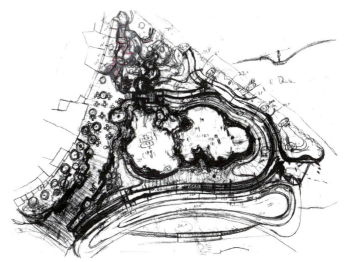

六本木ヒルズ・毛利庭園
上／「都市の奥座敷としての庭」をテーマに、庭園を見る多様な視点の検証と周囲の建築との接点空間のデザインが検討された。既存の地形と樹木を一部活用した回遊式庭園を実現した（写真／森ビル（株））
下／毛利庭園を設計する際に榊原氏によって描かれた手描きスケッチ。何度も繰り返し線を引くことで最後の一本を導いていく（榊原・原図）

庭園を案内する榊原氏（左）と進士氏（右）
（2009年1月12日 箱根・礎生庭園にて）

東京ミッドタウン・檜町公園
超高層ビルの足元に広がる庭園は、もともと荻藩・毛利家の麻布下屋敷があり、「清水亭」と呼ばれる庭園であった。数寄屋風造りの東屋から見渡す庭園は、都会の喧噪とは離れ、オフィスワーカーに安らぎを与える

　さらに手記はつづく。「私は2年半ほど現場に出たが、材料調達に従事した期間が長い。材料を覚え値を知ること、着工時の小形さんの指導、植栽技術を盗めるし、竣工の庭をたくさん見られるからで、これも小形さんに言われたこと。図面は毎晩トレースした。パースはリアルに描く必要はない。庭木なら幹の線が第一、枝葉は最小限でよい。石も同じで、配置と大小のバランス、方向性など、その本質だけを描くようにと指導された。図面はフリーハンド、スケール感、強調線など線に対して厳しかった。」
　1988年、オーストラリア建国200年記念行事としてクインズランド州ブリスベン市で国際レジャー博覧会が開催。日本政府出展の日本庭園は、小形研三の設計、現場責任者榊原で進められたが、小形は監修中に体調を崩し入院、そのまま逝去。榊原の手で万博終了後、同市のマウントクーサ植物園へ移設新造することとなる。350m²の池、160本の高木、1500株の低木、270tの石が使われ1989年完成した。
　もう一つ、小形研三ゆかりの仕事がある。国営昭和記念公園（1997年10月開園、全面積1,487,000m²）の森のゾーンに「皇太子殿下御結婚記念事業」の一環として造られた日本庭園の設計監理（1993-1996年）である。生前の1985年小形研三が描いたラフスケッチをもとに、京央造園設計事務所が設計受注した仕事を榊原が現場で完成させたもので、一部には小形の理念に逆らった（？）アカマツ植栽の工夫を行っている。

　小形は、巨石、名木を使わず、植栽主木の7割をモミジ類とする明るい自然の姿に近い樹林地をつくるとしていた。実際、北の山側はそうした自然写景式としたが、南側平地は公園的管理技術への適合と利用者の要望を考え立派なアカマツ、その下に低木の大刈り込みとして対比的構成を工夫した。大きな空間を大きなスケールで表現するための榊原らの考えであった。
　小形は、形式的な縮景式、象徴式を好まず、自然の写景式を好んだ。写景式とは、自然景観の全体構造をつかみ、それを再構成し、さらに美化し、理想化するやり方。真行草の草にあたる。軟らかく、洒脱で自然のままに近い。榊原の自然式ランドスケープが、現代人にフィットする所以もこのあたりにあるのだろう。

10万でも1000万でもデザインは変えない。箱根、ヤマダ電機「礎生庭園」ほか500庭、自然美の理論化、榊原式自然風景デザインの技術

　榊原八朗の原風景は、遠景に天下一の富士山、中景に農村、近景に豊かな湧泉。まさに土と石と水と緑。これに盆景の師、盆栽栽景の師、雑木で自然写景の師と、三師の自然観を目の当たりにする。さすれば造園家として、自然美への関心と、自然美の表現、デザイン化への理論的志向は強まるばかりである。自然は美しい。何故か。
　誰かがつくった庭から学ぶのではなく、自然の大地、自然の本質から学ぶべきである。沢や渓谷の岩の崩れ方、重なり方、水の落ち方、流れ方、斜面の樹林の生え方を観察し、これを美しく再構成する。
　三師も榊原も「デザインの源泉は、自然にあり」という強い信念を持っていたのである。
　近作、箱根湯本の礎生庭園を訪ねた。現代日本の立志伝中の人物、ヤマダ電機の創業者山田昇氏の要請を受けての作庭だ。急傾斜地を生かした自然写景式の石使い、早春の梅花を映す大池泉、庭と対置する箱根の山の稜線がやさしい。主棟ロビーの正面には、対する山の稜線が一幅の絵を描く。
　榊原は、ランドスケープを美しく効果的に見せるデザイン基礎を次のように整理する。

1. フレーム効果／絵画の額縁、建物の開口部や窓枠。生垣や立木も。

2. キャノピー効果／パーゴラ、建物の軒先などを取り入れ天空の視界を絞る。

3. ビスタライン（見通線）をつくる／ある視点から、周囲の景色を取り込んで一直線に見えるように構成する。

4. 遠近効果／視点近くに大きいもの、遠くに小さいものを配置し、近景・中景・遠景の構図をつくる。

5. デフォルメ効果／モノの大小を極端にしたり、変形するなど、必要以上に強弱をつけ力強さを強調させる。

6. 暗示的効果／全体を丸ごと見せることなく、見えないところをつくって、敷地の外にまで空

国営昭和記念公園日本庭園
上／自然で明るい本格的な庭園を目指し、池のまわりを巡り、
植物、石組み、流れなどの自然的な景観を鑑賞する
池泉回遊式庭園がつくられた
下／休憩棟広場の流れ。
流れの護岸には羅列したような石使いはせず、流れの要所に配石をしている

ブリスベンマウントクーサ植物園内日本庭園
国際レジャー博覧会で建てられた東屋を移築し、日本庭園を修景した＊

箱根・礎生庭園（ヤマダ電機礎生塾と迎賓館）（写真／フォワードストローク）

間が及んでいるかのような連続性ある景色をつくる。

7. 仕切り／庭内を垣根などで二分して奥行感を出したり、景色の構図を絞りやすくしたり、敷地外の景色を取り込んだりする。

以上は教科書的かもしれない。ヤマダ電機の礎生庭園の地形づくり、池汀の凹凸、大小対比の庭石、園亭による仕切りなどに前述の各種効果が洩れなく駆使されていることがわかる。

もう一つ、納得できるのが「榊原式自然美理論」である。これもよく言われる原理だが、榊原八朗は植栽や石組に即あてはめて具体の技術としてわかりやすく説明してくれる。

デザインの基本は、バランスで、バランスには左右対称形（シンメトリック・バランス）と非対称形（ア・シンメトリック・バランス）がある。前者は人工的整形式、後者は自然風景式でのバランス原理となる。バランスの要素はさらに、重さや大きさなど量的バランスと、色、形、質、空間といった感覚的バランスにわかれる。その両方に気配りが必要なのである。

①自然景を表現する場合の数は、奇数を基本とする。7, 5, 3の奇数、7分3分、4分6分をつかう。同質同量同大を嫌い、3つ以上を一線上に並べない。偶数だと"物と物"、奇数だと"物と空間"のバランスとなる。

②自然風に見せる基本は、"3の組み合わせ"、配置は平面上も立面上も"不等辺三角形"とし、それぞれが有機的に結びついていてひとまとまりのものとして見えるようにする。

③自然風景のなかの空間の性格は、"不安定・自由・無限"、その表現は"自然的・動的"、その理解は"複雑・不明解"となる。目的の景観や空間は"間接的に創造"すべきで、軸的構成を避け"重点と非重点で構成"すべきである。

「10万の庭も1000万の庭もデザインは同じでよいと思っている」と榊原は言う。基本は不変だという自負からだ。その自負のもととなっている榊原八朗の〈自然風景の表現〉原理をみてみよう。（P.73 参照）

図1：物を構成するときは、必ず大中小、高中低、長中短、強中弱の3つの異なった樹木、石、施設、デザイン線をつかう。太さや高さの異なった樹木を、平面図的にも立面図的にも、不等辺三角形に配植する。ただそのとき、その中心線の消失点がFP1点から出ているように、また立面的な樹幹の勢いは、地下深くのBP1点から統一的に出ているように配植すべきである。

図2：囲まれた空間の中心に1本の木を植えると、目と意識は木という物に集中するので空間は感じない。左右いずれかへずらすと、その逆側に空間が感じられるようになる。造園は、木という物を植えるが、それによって豊かに広がる空間、ゆったりした景色をつくることに目的がある。

図3：左の石組は真、右は行の配石。真は安定、厳格、そして静的、行や草は自由で自然的で動的。いわゆる古典的名庭から学ぶと上のようになりやすいし、下のようにすると自然らしさが出る。下が、大自然の風景からの描写に近い。

このように図解すると、榊原八朗の自然美のデザインは、まさに大自然から学ぶ"デザインの源泉とは自然にあり"を地で行くものであることがよくわかる。造園の世界で古くから言われてきたことだが、「自然に学べ」をいま一度噛みしめるべきであろう。

人工巨大都市の都心で、ホンモノの自然の味わいを提供してきたからこそ榊原八朗の作品が受け入れられているのだろう。

「自然に学べ」といいつつ、「名庭を模倣する」ばかりとならないよう自戒したいものである。

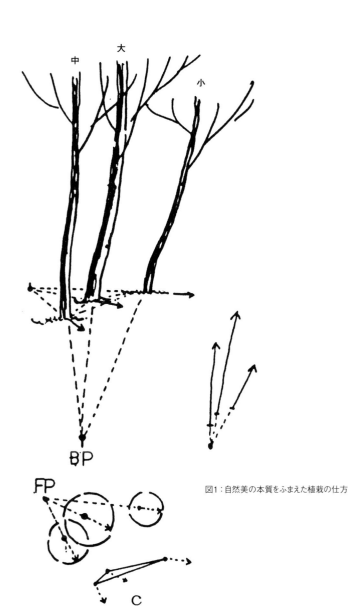

図1：自然美の本質をふまえた植栽の仕方

榊原八朗氏の業績	
◆ 業績	
1972-1975年	ポートランド・ワシントンパーク日本庭園
1975年	ラスベガス・ヒルトンホテル内庭園 監理
1977年	ホンコン・米国トラックターミナル事務所造園
1978年	同上、拡張
1979年	栃木県・議員会館および職員会館
1980年	栃木県・井頭公園植物園
1984年	東京都・明治公園 改修設計
1985年	世田谷区区民健康村 造園
1986年	品川区・しながわ区民公園勝島の池および水族館造園
1988年	オーストラリア・ブリスベン市国際レジャー博覧会日本庭園
1988年	同上市立マウントクーサ植物園内日本庭園
1989年	神奈川県・平塚市平塚総合公園日本庭園 東京都葛西臨海水族園・淡水魚館滝と池および全体植栽
1991年	修善寺「にじの里」日本庭園
1992-94年	神奈川県・小田原市 小田原フラワーガーデントロピカルドーム造園、中央広場修景、渓流の梅林整備
1993年	東京都・国営昭和記念公園日本庭園
1994年	同上渓流の梅林整備
1996年	小金井公園江戸東京建物園三井邸庭園
1997年	富山県・植物園渓流およびトロピカル温室
1998年	栃木県・万葉の里
1999年	山梨県・一の宮ソフトウエアーパーク
2000年	三重県・長島温泉大露天風呂湯浴みの島
2001年	静岡県・緑花祭テーマ園
2002-03年	六本木ヒルズ毛利庭園
2003年	浜名湖花博覧会国際ガーデン展示会場
2004年	東京ミッドタウン檜町公園（日本庭園）
2005年	シニアサポートセンター札幌計画グランドプラン
2006年	石組み技術向上のためのビデオ作成（日本造園連合企画）
2006年	ヤマダ電機迎賓館日本庭園
1989年 2006年	個人庭園　108件

図2：植栽の仕方と空間の広がり

図3：石組みの仕方と真行草、自然美表現の石組み

※図1,2,3ともに『ランドスケープデザイン』シリーズより

斉藤浩二 [Koji Saito]

写真＝キタバ・ランドスケープ

ふるさと北海道へのあつい思い、
それに師、流政之は 北場（きたば）とネーミングする。
それから24年、むらおこし、まちづくり、公園デザイン、
森林保全、地域連携、ひと育てへと、
アートで、地産地活で、適地適策で、北海道各地に展開。
斉藤浩二は、
北の国の御抱えランドスケープ・アーキテクトである。

斉藤浩二は、北海道早来町に生まれ、札幌の下町で育った。小さい頃から絵を描くことが好きで高校では美術部に入る。生来の世話好きをかわれて美術部長も、アート以上に人間への関心が強かったようだ。東京教育大学（現、筑波大）工業デザイン専攻に進むが、大量生産大量消費に奉仕するIDに疑問を感じ、大学院では環境デザインへ。造園家菅きよし、早坂養之助国策造園社長らに、造園とその社会的使命を学び、1985年38歳でキタバ・ランドスケープ・プランニングを設立。キタバは、北の場、北海道にしっかり根を張り、世のため人のために働きなさい、と奥尻島の仕事を手伝うことにもなる師、世界的彫刻家流政之（1923～）からのメッセージである。斉藤は、流とともに学生時代から憧れていた彫刻家イサム・ノグチ（1904～1988）最晩年の構想・モエレ沼公園の計画設計も手がけている。アートから広大なランドスケープまで、あらゆる機会に美しい世界をつくろうと関わってきた本来的なランドスケープ・アーキテクト、それが斉藤浩二である。

斉藤浩二
さいとうこうじ

ランドスケープアーキテクト
株式会社キタバ・ランドスケープ代表
1947年北海道早来町（現・安平町）生まれ札幌育ち。東京教育大学大学院教育学研究科 修士課程美術学専攻修了。国策造園株式会社、株式会社環境開発研究所勤務を経て、1985年株式会社キタバランドスケーププランニング設立。

アーティストとのコラボレーションで"美"を、そして地域・場所・人々のランドスケープの実現へ。

世界的な彫刻家イサム・ノグチが1988年、札幌市を訪れる。それまでゴミ処理場であったモエレ沼約189haの敷地に巨大なアースワーク（大地彫刻）を構想するためである。すでに最晩年を迎えていたイサム・ノグチは構想をつくり上げた段階で逝去。イサムの片腕として計画を進めていたアーキテクトファイブとキタバ・斉藤浩二は、札幌市の特命でその実現を目指す。それから17年、努力が実を結び、札幌が世界に誇るデザイナーズ・パーク、緑の名所に育っている。今では、モエレファンクラブも結成され、アートとランドスケープの融合の美事さを全国に発進している。

このチャンスの芽は、斉藤の学生時代にあった。IDに悩む斉藤に当時助手であった平不二夫が流政之、イサム・ノグチの作品集をみせ、芸術と環境の融合を目指す新しい世界を教えてくれたのだった。

「人生、念じていれば驚くようなことが起こるもので、その後札幌で流政之氏やイサム・ノグチ氏とお会いすることができたのです。私が抱いている夢は、早くビルの中から抜け出して、自分のランドスケープイメージを表現していくこと。ハルプリンが、仕事部屋に改造したワゴン車で仕事を受けた町に出かけ、その場で計画をつくるなんてことには真底共感しますね。造園というのは、シナリオに従って夢をパフォーマンスすることだと思うんですよ」

斉藤浩二は「札幌市の石山緑地」で、1998年日本造園学会賞を受賞している。高校時代の美術仲間でもある彫刻家らとのコラボレーションの成果である。美術志向の強い斉藤は、アートを生かし、またアートともなっているランドスケープを目指してきた。真のコラボは、お互いを認め合うことで成功する。斉藤浩二は小さな作品をつくるアーティストではない。アーティストとのコラボによって大きなランドスケープの創造を目指すランドスケープ・アーキテクトへ成長した。そしていま、その町、その場所、その土地の人々のために、美しく元気な地域づくりを目指すソーシャル・ランドスケープ・プランナーとして活躍している。

上／札幌市モエレ沼公園（写真提供＝札幌市）
下／札幌市石山緑地：スパイラルガーデン

北の場所／全道の地域おこし、地域づくり、地域育てに邁進するキタバの仕事

■ 基本設計・実施設計　■ 調査・計画　■ 市民活動・アドバイス

① 戸井町（現函館市）
■ ウォーターパーク設計

② 砂原町
■ ヘルシー＆エロロジータウンさわら計画

③ 豊浦町
■ 噴火湾展望公園設計

④ ニセコ町
■ 花によるまちづくり計画
町商工会の依頼により町の活性化のため花を活用した観光推進計画を作成

■ 二世古楽座（まちづくり会社）

地域コンシェルジェサービスを中心に、国内外からの観光客のリピートや長期滞在化を図る会社「二世古楽座」を設立

⑤ 登別市
■ キウシト湿原緑地保全設計
市街地に残る貴重な湿原を守りながら活用するため、4、5年市民団体と協同し設計

⑥ 苫小牧市
■ ハーバー（株）工場環境整備設計

⑦ 穂別町（現むかわ町）
■ 景観ガイドプラン策定

町が将来目指すべき景観像を描いた基本プラン

■ 野外博物館設計

⑧ 千歳市
■ 新千歳空港アクセス沿道景観ガイドプラン
■ 勇舞公園設計
■ 指宿公園設計
■ 空港公園設計

⑨ 恵庭市
■ 景観形成基本計画
市長の思いに同調し、景観づくりの講師など勤める。その延長線で市全体の景観マスタープラン作成

⑩ 長沼町
町全体の緑地形成についてのアドバイザーとして相談を受け、多くの公園を設計
■ 北長沼水郷公園設計
■ マオイの丘公園設計

小学校跡地の「道の駅」全体設計。既存林や記念碑を残し、校舎のミニチュアの四阿などによって地域の人達の記憶が辿れる空間とした。
■ 中央公園設計
■ 総合公園設計

⑪ 栗山町
長沼町と同様、20年近く町の公園・緑地・住宅のアドバイスをし、様々な設計に携わる。
■ ファーブルの森設計
■ 環境庁ふるさと生きものの里事業第1号事例
■ 朝日ふれあい公園設計
■ 開拓記念公園設計
■ 公園通り景観設計

■ 栗山駅周辺整備計画
■ 湯地の丘田園住宅地設計
環境と景観に配慮する協定を結ぶ住宅地開発。全体の調整役としてマスターアーキテクト（KITABAの建築プランナー）を立てて進めている。

⑫ 岩見沢市
■ 川原公園設計
■ 西川向小学校跡地設計

⑬ 札幌市
■ 宮部記念緑地設計
植物学者宮部金吾博士自宅跡地を公園化。既存樹を活かし、歴史を感じる景観づくりが評価されて公園として初めて札幌市都市景観賞を受賞。
■ SEIYO しんえい四季のまち設計

統一感のある街並を目標に、全戸建て売り、街路や庭、公園まで一貫したデザインで作り込んだ。札幌市都市景観賞受賞。

■ モエレ沼公園設計（P73 参照）
■ モエレファンクラブ

公園が完成した後も、ひき続き公園利活用の会、モエレファンクラブなどの運営に関わる

■ 石山緑地設計（P73 参照）
彫刻家グループとの6年間のコラボレーションによって石切り場跡を芸術的な公園に変えた。これによって平成9年度造園学会賞を受賞。
■ 藻岩浄水場環境整備設計
■ さっぽろ大地公園設計
■ 山口緑地設計

⑭ 石狩市
■ ふれあいの杜公園設計

■ キタバテストガーデン
北海道の公共空間に使う宿根草やグランドカバーの特性や管理方法を把握するため、自社圃場を造成。社員が管理しながら植物を勉強する目的でつくられたが、ときには野外パーティーを開いたことも。

⑮ 小樽市
- 築港公園設計

⑯ 砂川市
- 北吉野墓地設計

⑰ 滝川市
- 一の坂西公園設計

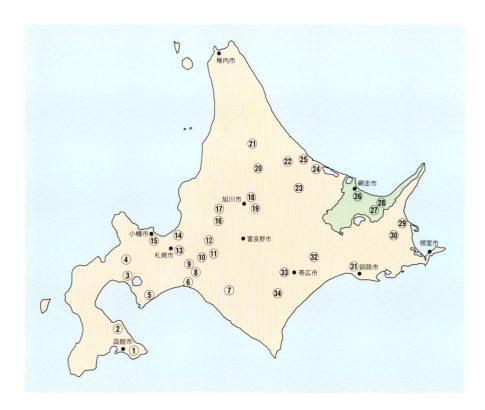

- NPO アートチャレンジ滝川

滝川市一の坂西公園のモニュメント制作を機に五十嵐威暢氏らとはじめた地方都市再生運動

⑱ 旭川市
- 日新の森設計

- 春光台公園設計

⑲ 東神楽町
- 義経公園設計
  昭和53年頃完成した斉藤氏の処女作と言える公園。
- ひじり野公園設計

⑳ 士別市
- 総合計画策定

㉑ 美深町
- 公営住宅外構設計
- 文化会館周邊整備設計

㉒ 西興部村
- フラワーパーク計画

㉓ 白滝村（現遠軽町）
- 役場新庁舎周辺整備設計
- 農水産物直売施設周辺整備設計

㉔ 湧別町
- フラワーパーク設計

㉕ 紋別市
- オムサロ原生花園整備設計
- 道立オホーツク流氷公園計画

㉖ 網走支庁管内
- 東オホーツク広域景観づくり講師
  網走支庁は2004年から東オホーツク地域の景観づくりの担い手塾を開塾。斉藤氏も講師として参加

㉗ 清里町
- こども広場設計

㉘ 斜里町
- まち並み緑化計画

㉙ 標津町
- 標津遺跡群保全計画

㉚ 中標津町
- 道立ゆめの森公園森林保全計画

㉛ 釧路市
- シビックコア景観計画
- 幸町公園通り・合同庁舎周辺整備設計

㉜ 本別町
- 本別駅広場設計
- 仙美里地区公園設計

㉝ 帯広市
- 帯広図書館周辺整備設計

㉞ 中札内村
- 農村景観ガイドプラン策定
  日本一美しい村を目指し、村民と議論しながらガイドプランを作成。まちづくり委員会やキタバからの自主的な提案など行ない、現在も村との交流は継続している。
- カントリーパーク設計

ニセコ高橋牧場ミルク工房のペレニアルガーデン。北海道の新たな風景を表現する

ふるさとを愛す、全道が舞台。
北のランドスケープに責任を持つ。

「大衆に支持されるものは机の上からは生まれない」とは作曲家吉田正の言。

斉藤がハルプリンのワークショップ方式に共感しフィールドにこだわるものも同じこと。およそ、ランドスケープとは、大地の上に展開する風景であり、造園家の原風景がふるさと札幌であれば"北海道—北場・キタバ"にこだわるのは当然のことであろう。かつて小樽市在住の加茂儀一は、北海道開拓の恩人としてまた不世出のゼネラリストとして『榎本武揚・明治日本の隠れたる礎石』(中央公論社、1960)を描き、そして中標津町在住の新田次郎文学賞受賞作家佐々木譲は大作『武揚伝・上下2巻』(中央公論新社、2001)の中で"エゾ共和国"という北海道の独立を物語っている。斉藤は佐々木譲と同世代であり、3人とも北海道人である。気候から自然風土、歴史文化も、府県とまったく違う雄大で豊かで美しい北の国を、道産子はこよなく愛し、また大きな誇りをもっている。工業化と高度化が日本中に"醜"をもたらしつつある今、北の国わがふるさとを、そうはしたくない。なんとかして、わがふるさとを美しい場所と風景の国にしたい。だから、北海道にこだわる。そしてそのためには、プランニングもデザインも、行政へのアドバイスや政策、提言も、NPO活動などの運動も、市民、企業を巻き込んだイベント、行政へのアドバイスや政策、提言も、地域の発展に必要なことならなんでもやる。森林保全、森づくり、生き物調査、観光計画、農村景観ガイドプラン、都市景観計画、住宅地開発、エコと景観のまちづくり、墓地、各種公園設計、フラワーパーク、広場、外構、実験圃場、廃校利活用計画………。

北の国全道各地でキタバと斉藤は、まるで"はだしの医者"である。白衣に身をつつみ大病院のなかで患者を診る専門医とはちがい、地域にこだわり住民のそば近くでどんなことでも診てくれる頼れる存在である。

斉藤は言う。「どんな小さい仕事でも手間を惜しまず丁寧に仕上げること。いい仕事を残すことが最大の営業。クライアントに有意の提案をし、必ず笑顔になってもらえるように。それを合い言葉にしています」と。

ざっと紹介するプロジェクトだけでも全道の自治体、40市町村、100カ所に及ぶ。まさに、北のランドスケープ、北の場のランドスケープデザインに邁進する日々。「どんなに大変でも、自分の責任で仕事ができるってことは、最高ですよ。」ランドスケープ・アーキテクツの社会的使命に生き甲斐を見い出す斉藤である。

ランドスケープ・アーキテクト
斉藤浩二の方法――
アートも、デザインも、
観光も、社会活動も。

F.L. オルムステッド(1822〜1903)に始まったLANDSCAPE ARCHITECTUREは、戦後アメリカでデザイン・オリエンテッドで展開した。アート、造形、デザイン本位へと傾斜していったのである。

しかしオルムステッドの思想には、文明化のなかで失われようとする自然性や人間性の回復を使命とするランドスケープの役割も強調

されている。自然共生社会の再生というソーシャルオリエンテッドな展開である。

その点、斉藤浩二の生い立ちとその後が、その両者を実にバランスさせてくれた。その意味で"本来的ランドスケープ・アーキテクト"と呼んだのである。ここに『ランデ研レポート・1981〜1986』(HOKKAIDO LANDSCAPE DESIGN研究会、1989)という冊子と、手書きの報告書『北の生活文化振興事業研修報告書』(北海道生活文化海外交流事業補助、1984)がある。前者は、30代半ばの斉藤らが集まり5年間50回に及ぶ北海道ランドスケープデザイン研究会の記録であり、後者は斉藤自身が道の助成金を得て3ヵ月にわたる海外研修レポートである。研修先はポートランド、サンフランシスコ、ワシントン、フィラデルフィアなどだが、研修テーマが「コミュニティ活動による地域づくりの組織化」であったことに注目したい。植栽デザインや公園設計論と同時に世界の都市やコミュニティ活動への関心を併せもとうとした経過が認められるからである。アート、デザイン、自然、エコ、社会、文化、経済、経営のいずれの視点をも、対象事業に応じてソフト・ハードを重ね合わせることができることこそ本来的なランドスケープ・アーキテクトの能力というものであろう。

理想の田舎をつくる運動／
NPOアートチャレンジ滝川

アーティストが活躍できる場を用意するのがかつての芸術青年斉藤の方法の一つである。滝川市の公園設計でモニュメント制作を同市出身のアーティスト五十嵐威暢氏に依頼、氏と意気投合して2003年NPO活動を開始。かつて栄えた地方の町を「芸術公園都市」として再生しようというものだ。石造倉庫を改修し、その周辺を(財)都市緑化基金の助成で広場化、ビアガーデン、スイーツバイキングを開催、また五十嵐アート塾、学生向けサマープログラム、商店主らの参加による紙袋ランターンフェスティバルを継続して町の賑わいを取り戻そうとしている。

「芸術や公園」は、①人に安らぎやゆとりを与える心の栄養　②人と人が交流する行動の原点　③まちの景観デザインの基本　④大きな資本や古い歴史がなくても新たに創造できる文化　⑤地域経済を活性化する人や知恵を生み出すもの、と斉藤浩二は考えている。そのとおりだろう。刺激的なアートも、美しい風景も、経済活性化につながる有効なランドスケープ資産であることは間違いない。要は、これを実在化するためのプログラム企画力と実行力次第である。斉藤はNPO法人副理事長として奮闘中。

ニセコを長期滞在型観光地に／
二世古楽座は「カントリー・コンシェルジュ」

北海道の強みといえば「観光」。ニセコミルク工房の高橋守代表と出会い、ニセコの風景にとけ込むゆったりとしたガーデンを実現、やがて「ニセコの未来を考える会」立ち上げを呼びかけて(2007年)、自然と農業を生かした本物の観光地づくりのためのまちづくり会社・二世古楽座を高橋氏らと共同で設立。その設立目的に、①ニセコを本物の観光地にするためのきめ細かく質の高いサービスを提供する　②二地域居住など新たなライフスタイルに対応しニセコ居住者を確保する　③外国資本の進出など新たな開発動向に伴うビジネスチャンスをとらえる　④ニセコ地域の人同士の結びつきをより一層緊密にする活動を進める　⑤ニセコ地域の遊休施設や埋もれている人材や産品の活用を図る、とある。

実際、親切なホテルのコンシェルジュに負けない細かなサービスの提供を目指している。滞在日数に合わせたツアープラン、ペンションやコテージなどの斡旋、アウトドア体験や農業体験の企画、交流ひろばとくらし相談室の運営、農水産物の販売など、もちろん、観光立国のための外客誘致も視野に入っている。斉藤はここではアドバイザー役員として活動中。

北の国の経験を全国に／
十日町雪まつり札幌市民応援隊、
越後妻有大地の芸術祭へ参加

2005年2月新潟県十日町市で開かれた「十日町雪まつり」に、「さっぽろ雪まつり」の札幌市民を率いて応援隊として参加。前年10月の中越地震で危ぶまれていた雪まつりを支援、被災者を勇気づけようというのが斉藤の考え。前年妻有の大地の芸術祭へ出展を準備中の松代城山地区フィールドミュージアム構想での縁がきっかけであった。大地の芸術祭主宰の北川フラム氏とかつて仕事をしたこともあって、ここに公募作家として参加していた斉藤だが、そのボランティア精神と人間大好きという性格が今や全国的に展開し始めたということであろう。ランドスケープ・アーキテクトが果た

斉藤浩二氏の業績

◆ 公職
1989-2000年	北海道 景観アドバイザー
1994-2002年	北海道中山間ふるさと水と土保全対策委員会 特別委員
1995年	環境庁 大雪山国立公園管理計画策定委員会 委員
2000-2001年	北海道 景観条例検討委員会 委員
2000-2002年	札幌市 緑の審議会 委員
2001-2004年	北海道 美しい景観のくにづくりアドバイザー
2002-2007年	北海道 美しい景観のくにづくり審議会 委員

◆ 教職
1985-2006年	北海道東海大学建築学科 非常勤講師
1999年〜	北海道大学工学部 非常勤講師
2007年〜	東京農業大学 客員教授

◆ 受賞
1983年	'83旭川買物公園ストリートファニチャーデザインコンペ 第一席
1991年	札幌市都市景観賞〈しんえい四季のまち〉
1993年	札幌市都市景観賞〈宮部記念緑地〉
1997年	札幌市都市景観賞〈石山緑地〉
1998年	日本造園学会賞〈石山緑地〉
2002年	グッドデザイン大賞〈モエレ沼公園〉(建設に関わった一員として)
2003年	札幌市都市景観賞〈モエレ沼公園〉(〃)
2007年	土木学会デザイン賞2007 最優秀賞〈モエレ沼公園〉(〃) 日本クリエーション大賞 環境アート賞〈モエレ沼公園〉(〃)

久々の再会となった斉藤氏(右)と進士氏(左)
(2009年3月3日札幌・KITABA新事務所にて)

すべき社会的役割とは何か。斉藤浩二はいつでもそれを考えている。新しいKITABAが、これから果たす新しい活動に注目したい。

北川フラム ［Fram Kitagawa］

写真＝ランドスケープデザイン

越後妻有の歴史的風土のうえで、
伝統とモダンアートのコラボレーションが始まった。
先祖伝来の耕やし続けた棚田のなかで、
農民や市民とアーティストやこへび隊が
互いの心を耕す。
閉じられていた農村コミュニティは、
観光客と住民とボランティアの連携交流で開かれた。
里山アート・大地の芸術祭の創出者北川フラムは、
現代を救うソーシャル・プランナーであり、
真のランドスケープ・アーキテクトだ。

18世紀イギリス風景式造園家にランスロット・ブラウンがいる。彼は、その敷地の可能性を引き出そうとして地形の変化を活かし、芝草で野や丘をつくり、自然樹形の繁みをつくり、その間に小川の流れや湖を導入して、周囲の自然と一体化するような自然風景式造園を完成させた。それで彼はみんなからケイパビリティ・ブラウンと呼ばれるようになる。どんな土地や敷地にも Capability（可能性、素質、能力）がある。それを引き出すのが造園家の腕である。北川フラム氏は総合アートディレクターである。しかし氏もまた、どんなアートにも、どこの場所にも、どんな人たちにも、大きな可能性と能力を見出し、信頼を寄せ、それらを組み合わせて、いずれもより大きくより有意の風景へと変身させる凄腕のひとである。北川フラムを、ケイパビリティ・フラムと呼ぼう。日本の、アジアの、そして世界の未来のためには、異質で発展段階の違う、たとえば都市と農村、先進国と途上国のような相異なる地域同士の共生が必要だ。北川が越後妻有アートトリエンナーレで見せた地域共生モデルを世界に広げる第二第三のケイパビリティ・フラムの出現を期待する。

北川フラム
きたがわふらむ

アートディレクター、メディエーター。アートフロントギャラリー代表。1946年新潟県高田市（現・上越市）生まれ。1974年東京芸術大学卒業（仏教彫刻史）。美術、建築、デザイン、音楽、出版など、すべての領域やジャンルを超えてさまざまな展覧会・イベント・活動・まちづくりなどに携わる。「大地の芸術祭 越後妻有アートトリエンナーレ」は2001年の「ふるさとイベント大賞」のグランプリを受賞。2003年フランス共和国政府より芸術文化勲章シュヴァリエ、2006年度芸術選奨文部科学大臣賞（芸術振興部門）、2007年度国際交流奨励賞・文化芸術交流賞を受賞。主な著書に「希望の美術・協働の夢 北川フラムの40年」など

農村の元気にはアートが効く・これからは里山アート

日本は食料自給率40％で、食料の60％を輸入している国なのに、食品廃棄量が世界の途上国への食料援助量の3倍に当たる1,900万tもあるというトンデモナイ国である。

農水省は、自給率アップのための施策をあの手この手で講じるものの捗々しくない。道路整備や農地の大規模化で機械化するなどハードで攻めるが、農村の過疎化と農民の高齢化は止まらない。自給率アップ以前に、所得の向上はもとより本当は農村の魅力と活力、農民の元気といったマンパワーアップのソフト施策の充実が求められている。

その点、北川フラム氏が総合ディレクターを務める「大地の芸術祭 越後妻有アートトリエンナーレ」は、わが国最高最大、抜群の実績を重ねている。

トキやコウノトリと同様に、人間にまでレッドデータブックを適用するかのように"限界集落"の語が日常化している。政治家やマスコミを責めるだけは済まないので、市民の一人ひとりが、都市と農村の地域共生の必要性を自覚し、国土環境の保全を考えなくてはならない。何よりも農村現場に足を運ぶこと、そして交流、連携、協働することが強く求められている。

国土の40％を占める日本の里地里山に、元気を取り戻す力は、ひとえに国民の95％の都市民の行動にかかっているのである。

そこで、北川フラムは思った。農村と農民を元気にしたい。それには、アートが効くはずだ。元来、アートは文明の分かれ目でその役目を果たしてきた。いま都市文明が危うくなり、都市の中の美術館の場も空間のユニバーサル化で均質化し、その理想を失いつつある。都市の美術は終わったのだ。アートをアカデミズムや美術館の権威の軛（くびき）から解放する。その舞台にふさわしいのは、1500年の永きにわたって営農という形で人々が大地と関わってきた農村ではないか。

崩れては積み崩れては積んできた棚田の石積み風景。大自然と闘ってきた人々の生活の表現は、ちょうどアーティストの創作風景と重なる。そうだ里山アートだ。里山でなら、アートが喪いかけている連帯、協働の悦びをきっと再生できるだろう。

上／イリヤ&エミリア・カバコフ「棚田」(大地の芸術祭 越後妻有アートトリエンナーレ2000) 詩と風景、彫刻作品を重ねて望む。農舞台に用意された視点場から眺めると、対岸の棚田に農作業をする人々をかたどった彫刻と、テキストが重なるように見える。Photo:S.Anzai
下／ドミニク・ペロー「バタフライ・パビリオン」。中越大震災で被害のあった下条地区・神明水辺公園に建築家ドミニク・ペローが能舞台としても使用可能なあずま屋を設計。越後妻有トリエンナーレ2006年のキックオフイベントとして、中越大地震復興祈願「妻有観世能」が上演された

スー・ペドレー（オーストラリア）「はぜ」（2006年）地域の民具や着物をモチーフにした模様を
オーストラリアのウールに刺繍し「はぜ」に掛けた作品。Photo：T.Kobayashi

「農」とアートのコラボ・
大地の芸術祭の風景

　日本にガウディー・ブームの端緒を拓いた「ガウディー展」、南ア連邦の黒人差別に対する「アパルトヘイト否! 国際美術展」、パブリックアートを本格展開した「ファーレ立川アート計画」など、ランドスケープ界にも北川フラムの名はよく知られている。

　しかし、氏の美術界への貢献はもとより、社会貢献、地域貢献、文化貢献として私が最大の讃辞を贈りたいのは、すでに4回を数える「大地の芸術祭 越後妻有アートトリエンナーレ」に対してである。

　「大地の芸術祭」とはよく言ったものだ。第一に東京23区の1.2倍もある広域の中山間棚田地帯という大地を舞台に400にも及ぶ数々のアートが展開すること。第二は、制作に当たるアーティストたちは、この地域に滞在して、土地のものを食べ、地域の人々と交流し、地域の歴史や文化を十分に学習、いわば大地からの発想で、その敷地にふさわしい創作にとりかかること、時には、空家、廃校プロジェクトのように大地に根ざした建物を活用することもある。第三に、その実際の制作プロセスにおいてもアーティストと地域住民やボランティアが協働すること。だからこそ、集団による共有感覚や手づくり感が重なり、妻有郷の郷土誌的一体感も醸し出すのだろう。第四にはアーティストが自らのアトリエで工業素材を加工して制作したモノを都心に設置するパブリックアートとはまったく違い、みんなから集めた古着を使ったり村人一人ひとりが刺繍してもらったり、住民みんなの写真や思い出をモチーフにしたり、またそこでのパフォーマンスも地域に伝承される民俗芸能によったりと、モノ、ヒト、材質、意匠、参加、運営にいたるまで、まさに地域らしさ、大地性が全面に押し出されている。

　以上の「大地性」、私のいう「地域性」（地域らしさ）は、実にランドスケープ・アーキテクチュアの思想と方法そのものである。かつて私は『ルーラル・ランドスケープ・デザインの手法』（学芸出版社、1994年）を上梓した。その序でルーラル・ランドスケープ・デザイン（以下RLD）は「百姓のデザイン」といっても良いと述べた。その土地の、地形、地質、植生、水、気候、方位、信仰、歴史、民俗、地理などを踏まえて、地場材料、地方技術を活用してつくりあげた農地、宅地、農村の風景であって、その土地ならではの個性、機能性、耐久性、美観性、生物生息性、地域性、原風景性や感動を与えるランドスケープ・デザインということである。私のRLDは、技術であったが、北川フラムの「大地の芸術祭」はまさにこれを芸術の方法へと昇華している。その最大のポイントは、"感動"であろう。アーティストの全人格と創造力、そしてこれに協働する農民たちの豊かな人間力の継続的コラボレーションが惹起する"芸術的感動"は、強く深くどんな人をも"元気"にすることだろう。

　越後松代の「農舞台」の真正面に、ウクライナ生まれの作家イリヤ＆エミリヤ・カバコフの「棚田」という作品が展開する。この辺りの棚田での一年間の農作業、すなわち4月田んぼの耕作、5月種蒔き、5月田植え、8月除草、9・10月稲刈りをする農民たちの姿をブルーとイエローのF.R.P像で表現している。大地と格闘してきた農民の苦労をしっかり受け止めた作家に共感したこの棚田の所有者は、大地の芸術

上左右／空家プロジェクト：日本大学芸術学部彫刻コース有志「脱皮する家」（2006年）。空き家をアートとして脱皮・再生させた作品。160日以上もの間学生たちはただひたすら民家を彫刻刀で彫り続けた
下左／まつだい雪国農耕文化村センター「農舞台」（2003年、MVRDV設計）松代エリアの総合文化施設。インフォメーションセンターとして機能。Photo:S.Anzai
下右／日比野克彦「明後日新聞社文化事業部・一昨日テレビ局広報宣伝部」（2006年）2003年に廃校した小学校を再生・活用し、会期中毎日明後日新聞を発行。その後作家と地域住民との交流は続いている。Photo:T.Kobayashi

祭にやってくる来訪者のために、高齢を理由に止めようと思っていた耕作を継続したというエピソードもあって「大地の芸術祭」の象徴的作品となっている。

またオーストラリアのスー・ペドレーは、昔からの稲架に真赤な布を下げた「はぜ」を作品化しているが、一枚一枚には村人が民具や植物の模様を刺繍している。日比野克彦は集落の人々の参加を得て、「緑のカーテン」を作品化している。

カバコフのブルーやイエロー、ペドレーの赤などの原色も、圧倒的な自然の緑や大きな青空に包まれるとまったく違和感なく溶け込んでいる。これこそ"大地力"というべきか。

もう一つ、「大地の芸術祭」ランニングに伴う泣かせるエピソードを二つ。

ある民家を舞台にアートが製作されたのだが、そのときの来訪者は12,000人に及んだという。家の当主は律儀に、その全員にお茶菓子を出して接待し続け、お客をもてなした過労のせいかはわからないが、その年の暮に亡くなってしまう。生前「自分の一生のうち、あんなに楽しかったことはない」と述懐、満足して逝ったという。

トリエンナーレだから3年に一度ずつ、約50日間の入り込み数は、第一回（2000年）：162,800人、第二回（2003年）：205,100人、第三回（2006年）：348,997人、第四回（2009年）：（これから）だが、その中間年でさえも約160,000人／年は入る。そこで地元食材と主婦によるレストランがオープン。消費と雇用と賑わいをもたらしているのだが、参画する主婦からこういうことを聴いた。「今まではひっそり。ところが、大地の芸術祭のおかげで、料理の腕も磨き、仲間もでき、東京からの客とも交流できるようになった。本当の生き甲斐というものを初めて知った。もしも芸術祭に出会わなかったら、私たちの一生って一体何だったんでしょうね。」

ところで、これまでの「大地の芸術祭」における第一回から第三回までの実績を数字で見てみよう。1. パスポート等販売実績／第一回：41,939、第二回：43,602、第三回：143,111（千円）。2. 参加アーティスト数／138、157、225（組）。3. こへび隊のべ人数：9,440、（推計）2,000、2,500（人）。4. 寄付協賛金／13,000、9,689、211,400（千円）。5. 経済波及効果／A 建設投資額：10,054、12,810、1,327（百万円）。B 消費支出額：2,704、1,225、4,354（百万円）となっている。（出展：地域創造）関係者の努力や都市民の関心の高まりが目に見えるようだ。

ただ、数字は数字である。ほんとうに大事なことは、地元住民の「私たちの一生って何だったの！」という言葉に真正面から応えた大仕事だったということだろう。地域社会は数字にならない形での多大な貢献にこそ感謝し、評価の眼を向けなければならない。

北川フラム氏は書いている。「私たちが『大地の芸術祭』でやろうとしたことは、ほんのわずか、一人の人間が社会と接するところに、一瞬の笑顔や気持ちの行き来をもたらすことだった。消費者の顔が見える米の生産や、長い辛苦の末の棚田や瀬替えを、都市の若者が驚嘆し、そのいきさつを目を輝かせて聴いてくれること、夏祭りすらできなくなりつつある集落に、いま再びささやかな祭りの予感が膨らむような活動ができればと思う。夜まで続く懇親会や、実に丁寧に教えてくださる農業のあれこれ

アートユニバーシアード「菜の花里美発見展」(2002年、千葉市・市原市・大網白里町)。
写真は東京芸術大学・たほりつこ＋陣内律子「布絵づくり」のワークショップの様子。Photo= Naoki Takeda

の奥に、どれだけの孤絶と諦観があったのだろうか………。」

先史時代の壁画以来、アートは自然と人間のつながり方を示してきたし、また人と人をつないできた。そして空間の記憶は人を豊かにし、時と場所を超えて伝わる。アートを、北川フラムはそう考える。

日大芸術学部の彫刻科の学生たちが、丸二年かけて古民家の床から柱、天井まですべてを彫った「脱皮する家」。この家に入ると農民たちの孤絶と諦観をずっしりと思い知らされる。そして一方で、人々と豪雪の暮らし、人と人のつながり、そして空間の記憶と風景の深さを味合わせてくれる。

越後妻有を訪ねれば誰しもが、都会の美術館では感じられないアートの本質というものを実感できるだろう。これこそ氏が、北川フラムの40年『希望の美術・協働の夢』(角川学芸出版、2005年)のタイトルどおりのことを、実現してみせた証(あかし)であろう。

私はテクノクラート・
北川フラムの生き方

北川フラムは、あの上杉謙信の居城春日山城のある新潟県高田(現・上越市)で、1946年、昭和21年、北川省一、高子の長男として生まれる。フラムは本名で、当時ロアルド・アムンゼンが極地探検に乗船した船名に由来し、ノルウェー語で"前進"の意味だという。父は東大仏文科中退後、農民運動や文化運動に関わり、のち良寛研究に打ち込む。戦後間もない地方都市でフラムとカタカナで命名する勇気ある人物だったのだろう。フラム少年は、生き物を飼い、野球などスポーツを楽しみ、ロマンロラン、トルストイを愛読し、生徒会活動にも活発なさまに文武両道の子であった。県立高田高校卒業後に上京、日韓条約反対などデモとアルバイトに明け暮れ、吉本隆明、谷川雁、ニーチェ、マルクス、カミュ、チェーホフを読む一方、ダダ研究会に参加、美術を志す。こうして東京芸大芸術学科へ入学、日本美術史、仏教彫刻美術史を専攻。そんななか「私の大学でありたい！」が発露で、芸大バリケード封鎖の助け人として加わる。

以上、氏の読書歴や生活歴を見ると、この頃真正面から生きる意味を問い続けた青年の典型例といった感じがする。氏は言う。「私は自分の意志で、こうしたいと計画的に仕組んだことは一度もないんです。いつも人に頼まれて働いてきました。ただそのことを精一杯努力してきました。私はテクノクラートなんです。」

おそらく氏は、今も青年の心のまま、「私の美術でありたい！」「私の国、私の越後妻有、私のふるさとでありたい！」という純な願いのまま今日も世界を、日本を飛び回り情熱的に生き日々前進しているのだろう。

ある時期、「大地の芸術祭」のパブリシティの広告換算費約23億円、経済効果約123億円が話題になったが、カバコフの2008年高松宮殿下記念「世界文化賞」受賞等数々の実績で、いまや世界中のアーティストでECHIGO-TSUMARI ART TRIENNIALの依頼を断る者は誰一人いない。

もともとは新潟県がすすめた合併推進のための「十日町市・津南町地区」広域行政推進プロジェクトの一つとしてスタートしたものを、これまでの世界的プロジェクトに導いたのは、

北川フラムがプロデュースする主なアートプロジェクト

アパルトヘイト否！国際美術展（1988〜90年、全国194ヵ所）
アパルトヘイトに反対して、南アフリカに寄贈されるまで世界中を巡回した展覧会。81人154点の作品を大型トラックで運搬し、日本では入場者総数38万人。作品は現在、南アフリカ国会議事堂内に納められている。

城下町・高田 花ロード（1998年〜、新潟県高田（現・上越市））
北川氏の出身地で開催された中心市街地活性化のためのアートイベント。基盤の目状の町割りが残る商店街に、花のインスタレーションを展開（写真作品＝佐藤賢司＋上越教育大学美術金工ゼミ、1999年）

ファーレ立川（1992〜94年、立川駅北口）
東京・立川市立川駅北口で進められた再開発事業にともない世界中の作家による109点のパブリックアートを設置。（写真作品＝歩行者専用道路に置かれた、サンデー・ジャック・アクパン「見知らぬ人」、1994年）Photo:S.Anzai

代官山インスタレーション（1999年〜、東京都・代官山）
指定された場所に代官山の地域性を活かすことをテーマとした仮設の美術作品を設置する公募展。隔年開催されている。（写真作品＝渋谷真弘、平山俊「地下鉄ヒルサイド駅」、1999年）Photo:S.Anzai

北川フラム氏の業績

◆ 展覧会・地域計画・アートプロジェクト

1977	現代美術のパイオニア展
1978-79	アントニオ・ガウディ展
1980-82	子供のための版画展（全国77の学校を巡回）
1988-90	アパルトヘイト否！国際美術展
1996	さよなら同潤会代官山アパート展
1997	場所の状態：フランス文化省パブリックアートプロジェクトの記録日本展
1998	アントニオ・ガウディ展
1999	高田・花ロード展（以降毎年開催）
1999	ショパン ポーランド・日本展
1999	代官山インスタレーション展（以降隔年開催）
2000	大地の芸術祭 越後妻有アートトリエンナーレ2000
2001	繋がる日本海（表参道・新潟館ネスパス）
2001	日本・ヨーロッパ建築の新潮流展
2001	立川国際芸術祭
2002	中川幸夫「花狂い」（大地の芸術祭2003 プレイベント）
2002	菜の花里美発見展：アートユニバーシアード
2003	第2回大地の芸術祭 越後妻有アートトリエンナーレ2003
2004	東大寺アートプロジェクト ヨーロッパ・アジア・パシフィック建築の新潮流展
2005	日本におけるドイツ年：ドイツデザインプロジェクト 宇宙連詩プロジェクト（2005,2007,2008） 韓国・安養市 パブリックアート・プロジェクト
2006	第3回大地の芸術祭 越後妻有アートトリエンナーレ2006
2007	大阪アートカレイドスコープ2007 上勝町アートプロジェクト

◆ 再開発・パブリックアート事業

1994	ファーレ立川アート計画総合プランニング
1997	クィーンズスクエア横浜
1998	宮城県図書館アートワーク
1999	HAT神戸・灘の浜、脇の浜アートワーク
1999	QFRONT コンテンポラリーアートショーケース 第1回作品プロデュース
2000	渋谷マークシティ遊歩道設計
2000	代官山アドレスアートワーク
2000	釧路シビックコアアート計画
2001	札幌ドームアート計画
2001	愛野駅周辺アート計画
2002	上目黒2丁目再開発事業アート計画
2002	御池通シンボルロードアート空間創生事業
2002	メモリアルロード2002
2003	朱鷺メッセアート計画
2003	札幌駅アート計画
2004	関西電力本社ビルアート計画
2005	中部国際空港アート計画
2008	赤坂サカスアート計画

写真提供＝アート・フロント・ギャラリー、
大地の芸術祭実行委員会事務局

氏の発想力・構想力・組織力・実行力など総合力の成果だといってよい。しかし氏は自分はリーダーではない、あくまで自分はテクノクラートだと語る。

テクノクラートとは、高度の科学的知識や専門的技術をもって社会組織の管理運営に携わり、意志決定や行政執行などに当たる技術官僚のこと。もちろん氏は官僚ではないが、政治家の領分とは一線を画し、アートと農村の元気を実現する基礎(いしずえ)となろうと決めている。ここでの氏の専門的技術こそ、ランドスケープ・プランナーのそれである。実際、北川氏の専門的知識は、アート、食と農、環境、社会へ多方面に及ぶ。たとえば、①現代社会の問題点とコンテンポラリーアートの潮流の関係分析や展望は当然のこととして、②妻有の山々と林相や動物、積雪量、雪国の農業技術、棚田と水循環といった自然への知識、他方③一向一揆と妻有郷の成立、集落の暮らしと祭りや政治、自ら所属する集落への寄与こそ第一という住民の思いなど人文社会への知識など。まさにランドスケープ・アーキテクトに不可欠の①土地・自然を読む能力と、②人間・社会を読む能力とを併せ持つ。その総合力があったから"越後妻有・アートの里"という地域ヴィジョンを紡ぐことができたのである。北川フラムの膨大で幅広い分野の読書量、また自らの深い思惟と著作に基づいた"大地へのまなざし、農民の生きざまと生き方への理解、都市民の寒々しい心の現実と農村が与えられるモノへの洞察力"は尋常ではない。

進士五十八（左）と北川フラム（右）
（2009年4月29日。新潟県十日町・星峠にて）

福川成一 ［Seiichi Fukukawa］

写真=福川成一、ランドスケープデザイン*

わが家へ客を迎え、温かくもてなすこと。
外国人とのビジネス生活のなかで父親が導いた
この根本を、息子は建築で、母親は料理で、
そして孫たちは遊びと体験学習として、
家族ぐるみの40年におよぶ"庭づくり・庭育て"
を実践してきた。
この全プロセスが、「生活哲学」を基軸とする、
「人を喜ばせたい、人の遊び心を満たしたい」を
モットーに生きるユニークなランドスケープ・
アーキテクト福川成一を、この世に贈ることとなった。

「私が最も大切にしている作品は、家族の庭である。私たち家族の守り育てている庭こそ、私たちの生活の証である。」福川が言うのは、美しいガーデンデザインではない。そこでの生活（くらし）のあり方であり、質である。「富士が眺められる御殿場での生活を楽しんでいる。そこに私の家と庭、そして家庭がある。御殿場の庭は40年ほとんど人手を借りずに育ててきたもので、同時に私を造園家にした原点である。私は、造園家、建築家、都市計画家、彫刻家、イベント屋、植物学者、地球環境学者のいろいろな役回りを演じるが、強いていえば"生活"が専門といえるかもしれない。人の生活は、その人の風景そのものといえる。庭はたとえ植木鉢一鉢であったとしても、そこに暮らす人の生活を映し出す。消費的生活を見直し、ストックする生活を意識すべきだ。経験も勉強も、優しさも愛情も思い出もストックされる。自分たち自身のなかに何がストックされているかが、私たち自身の風景づくりに大切なこと。私たちランドスケープ・アーキテクトは、人々のストックを援助し、素晴らしい、生き生きとした魅力ある"生活風景"をつくりあげるのが仕事である。」

以上は、福川語録を勝手につないで要約したもの。福川的生活哲学を実践しつつ、クライアントに対しては生活風景のストックをサポートしながら、自らの人生を遊ぶ、実に格好良くハッピーなキャプテン・アーク福川成一は新しい造園家像である。

福川成一
ふくかわせいいち

1947年鎌倉生まれ。慶應義塾大学工学部管理工学科卒業、會田雄亮（陶作家）に師事。1976年岩城造園にて造園の伝統的手法を学ぶ。1987年㈱アーククルー一級建築士事務所設立。現在も森田と協働してアーククルーを支える。2001～2014年法政大学工学部建築学科、同大学院デザイン工学部研究科建築学専攻兼任講師。同エコ地域デザイン研究所兼任研究員。

*

いかに生きるかが「造園」になる

日本の名園を遡ると、その作者はいわゆる教養人、文化人、有徳のひとであることが多い。小堀遠州などという人も、作事奉行というから、今いう技術者のトップと思ってしまうが、実に幅広い知識教養と数々の経験があって、大切な事業、難しい事業を成功させたければ遠州に頼め！ ということになっただけのことである。

造園とか、ランドスケープというもの。それは、その時代、その土地、その場所、その敷地に一体何が求められているか。そこにはどんな慰めとどんな楽しみ、どんな生活が要望されているか。そこには、どんな造景を人々は期待し、そのためにはどんな空間と景観をつくればよいか。そうすると、それは以後どのように変化し成長して、人々の心に何を与えていくだろうか……、といったようなことを見透さなくてはならない。

植栽や配石の技術だけではない。その前提になる人生観、社会観、自然観、風景観がなくてはだめである。そして、元来こうした前提は、幼少期から大人へ成長する日々の家庭生活、成人して職業を持つとその社会生活の過程で、その基礎を学び思惟を深め、生活のなかで、そして人生のなかで醸成していったものである。

しかし学校教育制度が徹底支配している現代では、これらのことはすべて学校で与えられるものとなってしまった。ところが学校という機関では、植物名と特徴やエコシステムの構造、庭石の形状やデザイン技法は教えられても、人生観や風景観までは教えられない。

こういう時代に、貴重なモデルがいる。人の幸せとは！ 究極は活き活き生きること→より豊かな生活をデザインすること、その「生活哲学」を持つ造園家、ランドスケープ・アーキテクト福川成一氏である。

氏は、仕事と遊びの統合、衣食住生活の一元的充実、といった理想を、自らの人生と現在のライフスタイルのなかで見事に実現し、ランドスケープの実践をエンジョイしている今どき稀な存在である。

国を挙げて「生活大国」といい、「生活者本位」が叫ばれてはいるものの、経済本位、生産本位が優先し、本気で"生活"に価値を置いてはいないのが日本の現状である。わずかに『美しい部屋』、『BISES』などの雑誌が新しいライフスタイルを示唆しようとしてきただけ

上／Auberge Sumi の庭（7月）。建物は高校2年生の時、福川氏が設計
下／プールからバーベキューテラスを望む（6月）。すべて家族とともに手作りした

であった。『My GARDEN』誌（No,8）に、福川氏の"ファミリーガーデンがある暮らし"が特集されている。写真にはまだ高校生だった氏が設計したチロル風の住居と、家族で手作りした庭やプールがあって、まさに「美しいガーデン作品」が見えている。しかし、ここでの大切なテーマは、外国からの友人の多い氏の父親の"もてなし精神"、かの飯田深雪仕込みの母親の生活芸術世界"オーベルジュ スミ"、そしてここ御殿場の豊かな自然を友とし庭仕事を介して育っていく"一男二女の福川ファミリー"の「家族愛、生活愛、人間愛に満ちた生活哲学――人が喜ぶことを、喜ぶ生き方」の実践である。

福川成一のランドスケープ活動には、自らのそうした生活哲学の一環として、求められるままに自らの生活美学、生活哲学をクライアントと共有しながら、人間と自然とそしてその時間と空間と風景の関係をつなぐべく、遊び心がかい間見える。

造園とは、人の生き方の反映であるということを、改めて再確認させられる福川の生き方ではある。

「生活」がメインテーマ、魅力ある生活風景づくりを

福川らの事務所「アーククルー」（1987年設立）は、『箱舟の乗組員』の意。一つのプロジェクトを一回の航海に見立て、その都度、ランドスケープのコンセプトにより、多くの建築家、アーティスト、照明家など最適のスタッフと専門家とコラボレーションしながら航海を乗り切り、航海を終えれば下船するのは自由という考え方からである。

「風景をつくることは、単にデザインすることではない。多様な対象とコミュニケーションし、その風景を見る人々との信頼関係を構築することから始めなければならない。」と氏は言う。そのためにアーククルーのメンバーは、全員が人間大好きで、チームとして仕事をする。

左から進士氏、森田美紀氏、福川家の次女の里沙さん、奥様の佳子さん、福川氏、お母様の澄さん*

だから福川の仕事観は、「われわれは、生活実感をもとに自分たちが楽しいと思うことを伝えるためなら、建築、造園、たとえそれが料理であっても仕事する。」つまり、造園であれ料理であれ"よりよい生活"実現のために意味があるからやっているのだ。それは、氏自身の生活、また人生を広く深く遊んでいるということでもある。氏のキーワードは、生活実感、人間大好き、コミュニケーション、自由、コラボレーション、遊び心である。ここに並んだキーワードは、すべて技術屋イメージからはほど遠い「人間」関連語ばかりである。改めてオルムステッドを持ち出すまでもなく、Landscape Architectureは、人間と自然の調和環境を目指すものだが、人間環境のあり方以前に、人間の生き方、人間生活のあり方や満足が如何なるものであるべきか、それを問わない方がおかしいということだ。

かつて建築学者西山夘三は、「一体われわれの生活のあり方という、もっとも大切な問題が驚くべきことながら、どこにおいても研究されていない。」と指摘、今和次郎の提唱する"生活学"にエールを送っている。

今和次郎の『生活の研究』（1952年）によれば、「生まれてから死ぬまでの行程において、行為し経験させられることのすべてが生活といわれる。乳房にとりつくこと、歩くこと、遊ぶこと、学ぶこと、食べること、着ること、住むこと、恋を求むこと、働くこと、楽しむこと、悲しむこと、眠ること、病床につくこと、子どもを教育すること、他人との交渉のこと、その他生きている限りのこと、すべてが生活といえる。」次いで、「ありとあらゆる学問は、結局われわれの生活研究に出発し、また帰着しているといってもいい。だから生活学は労働と休養、レクリエーションの至当な環境を社会科学的領域のなかで考究すること」としている。

実は現在私は、初代今和次郎会長でスタートした日本生活学会の学会長をお引き受けしている。その席上、つい「私のメインの学会は造園学会でして……云々」と発言、元会長からお叱りを受けてしまった。「すべての学問は生活から」を忘れていたからである。改めて福川成一氏の生き方に、いつでも専門家病に留意しなければいけないことを痛感した次第である。

造園は目的ではない。生活の手段でしかない。目指すべきは、衣食住はもとより家族や社会との関係、生き甲斐や心のあり様までをも含めた"生活の質"（Quality Of Life）である。福川氏はそう考えなければいけない、と言っているのではないか。

福川成一の生き方の師は、叔父・伊東茂平

誰でも、誰かに大きな影響を受けて今日がある。福川成一の場合、日本初の服飾デザイナーの叔父伊東茂平であった。

伊東茂平（1898-1967）は、慶応大学在学中洋服に興味を持ち、戦前虎ノ門、大阪、三田、横浜に洋裁研究所や洋裁学校を設立し、日本の洋服文化の普及に尽力、戦後オリンピック日本選手団の制服のデザインなどでも知られるファッションデザイナーのパイオニアである。まだ誰もやっていない頃、バイク、スポーツカー、スキー、ゴルフなどに親しんでいた好奇心旺盛な自由人でもあった。「僕は、本当は建築家になりたい」と言っていたことが福川の耳に残る。伊東が、福川の生き方の師匠であり続けた三原則がある。

「①デザイナーはこの時代の感覚に対し、最も敏感な神経と、それをデザインとして表す技術を持っていなければならない。②服飾デザインといえども、その社会的経験の場の広さ、深い知性なくしては生まれないのである。③デザイナーは、布地の上のデザインだけではなく、その人の直面している社会や生活をデザインすることから始まるのである。（伊東茂平）」

パイオニア、自由人、デザイナーのこころを福川は継承した。そして、②でいう服飾を、ランドスケープに置き換える。いずれも本当に大切なことがらである。福川の偉いところは、叔父の格好良いところだけに憧れたのではない点だ。慶大生伊東がテーラー職人の仕事を見て覚え、自分の詰襟を全部ほどいて縫い直し、さらに背広に仕立て直す。その一途な努力、訓練に耐える点をもしっかり学んだのである。

氏のブログには、「お坊ちゃまの克服」と「慶応ボーイの植木屋修業」の楽しいエッセイが載る。1947年鎌倉生まれ。由比ヶ浜近く、やがて田園調布に引っ越し、関東ロームの土と緑を知り、ついに富士山麓の御殿場へ。ここで、生活とともにある自然を体験し、農的生活哲学の重要性を自覚。ランドスケープ・アーキテクトの役割と使命を、クルーやクライアント、法政大学建築学科の学生らに伝えようと非常勤講師を務めたり、『LANDSCAPE DESIGN』誌に「福川成一の風景講座」を連載したりもした。この講座には、幅広い教養と後進への愛情

「サッポロビール恵みの庭ーハルニレの丘」。北海道を象徴する一本のハルニレ。この丘をつくるため、7000坪の池を造成した（撮影／フォワードストローク（奥村浩司））

「公立刈田綜合病院リハビリガーデン―回る大地」。「大地が回るくらいですから希望を持って下さい」という福川氏のメッセージが表現されている

いっぱいの珠玉の名言がある。末尾に一部を摘録しよう。

ともあれ、成一少年は叔父の一言もあってかコルビュジェの本を読んで建築家を志望するも叶わず。父の強い希望で慶応大学へ進学、併せて建築の専門学校の夜学にダブルスクール。ところが学校倒産でまた白紙。こうなったら日本一厳しい師匠を見つけ丁稚奉公で自らを鍛えようと陶芸家會田雄亮に弟子入り、4年間でお坊ちゃま克服。次は、慶応ボーイの植木屋修業へ。法政大学の武者英二のアドバイス、建築家と造園家の橋渡しを目指し、同じく大江宏のアドバイスで名門岩城造園のそれも現場の職人修業へ。世界一の職人になれると自負あるも工事中の怪我で撤退を余儀なくされ、1977年福川成一研究室を設立、そして教育現場にも。不思議と、敬愛する叔父と同じ道を歩んでいる福川氏である。

福川成一の造園術・
ランドスケープの役割と使命

福川作品には、サッポロビール北海道三部作がある。伊東豊雄とのコラボ、大胆な人工の丘にハルニレを一本植えた、いかにも北の大地をビジュアルにした「サッポロビール恵みの庭」（1988年）、次いで「サッポロファクトリー」（1992年）、そして「サッポロビール園」（2006年）、ここではリニューアル事業としてのコンセプトをしっかり踏まえている。大胆な人工の丘とは真逆の心遣いがなされている。

「たぶん、ビール園を訪れた人々はランドスケープのほとんどのすべてがつくり直されていることに気付かないと思う。注意深く、残すべきものを残し、除くべきものを除き、統一すべきものを統一した。開拓使醸造所から130年、この地に関わったすべての人々の想いを無為にしないよう心を砕いたが、思い切って排除したもの、伐採した多数の樹木もある。」

まさに、造景、修景、整景、抑景……プロジェクトの性格に応じて、いろいろな対応方法を駆使できてこそ、ランドスケープ・アーキテクトだということを教えている。

芦原太郎、北山恒、堀池秀人とのコラボレーション、宮城県白石市にある「公立刈田綜合病院リハビリガーデン」。

なぜ、あんなにカッコいい贅沢な造園をつくったのか、と市長が槍玉にあがったというが、実は安あがりで予算を建築の方へ回すほどだったという。福川の敷地を読む能力と発想力、そして病人への愛情の賜物である。

「大地が回転するという発想は、この空を見上げ、大きさに感動して生まれた。患者たちは不安で希望を失いかけている。そこでリハビリガーデンのコンセプトは、"動かないと思っていた大地も回転するのです。希望をもって下さい。壁を突き破り、家族の待つ家庭へ戻りましょう"とした。」ただ発想が大胆なだけではない。「車椅子の訓練のためスロープ、横断方向に傾いた道、悪路、踏切などを設け、美しい自然のなかで飽きずにリハビリができるよう」にしている。また地場材の活用やエコロジー、そしてボランティア活動への気配りもなされている。

機能的で、美しく、造形的に面白く、エコで、地域性、社会性、そして患者の精神をも癒す。ランドスケープの正しいあり方を地でゆくよ

その他の主なプロジェクト

サッポロビール園
メインアプローチ。ビール園の思い出を壊さぬよう、幻想のビール園を注意深く再構成された

サッポロファクトリーアトリウム庭園
一大地の詩　※現在は残念ながら手前側が改修されている
（撮影／齊藤さだむ）

新幸橋共同ビルーうねる大地
都市における人工地盤に大地のエネルギーを表現しようと試みられた（撮影／フォワードストローク（奥村浩司））

カトリック御殿場教会
日本文化による教会、祈りの庭、光の階層の表現にこだわっている（設計／金澤良春、監修／福川成一、撮影／北嶋俊治）

福川成一氏の業績〈主な作品と受賞歴〉

1988	サッポロビール北海道工場恵みの庭（北海道）
1990	名護屋城跡交流の森（佐賀県）
1991	(仮称)モビリティーパーク茂木（栃木県）
	札幌東武ホテル外構計画（北海道）
1992	サッポロファクトリーアトリウム庭園（北海道）
	日本建築美術工芸協会AACA　特別賞
	カトリック御殿場教会新築工事（静岡県）
1993	南蔵院外構（東京都）
1994	常光寺外構（東京都）
1995	丹波町須知川河川水辺公園（京都府）
1996	「バラの庭」岐阜県景観賞
	新幸橋共同ビル外構（東京都）
1997	丹波ワインハウス新築工事（京都府）
	聖マリア幼稚園ホール棟新築工事（静岡県）
2001	シマノ本社ビル外構造園計画（大阪）
	中央電視塔住宅寮　外構計画（北京）
2002	公立刈田綜合病院リハビリガーデン（宮城）
	グッドデザイン賞
	グランドヒルズ白金台外構計画（東京）
	Shopping Mall Project 基本構想（西安）
	Chan-River Project 基本構想（中国）
2003	大雁塔 Project 基本構想（西安）
	北九州「あそびのせかい」（福岡県）
2004	「駿東学園くるみ寮」改築工事（静岡県）
	Tan-Shui Luxury Housing Project 基本設計（台湾）
	芙蓉園（Furlong-Yuan）Project 基本構想（西安）
2005	シティタワー松山三番町マンション外構工事（愛媛）
	シティタワー前橋千代田町外構工事（群馬）
	Shin-dian Bitan Scenic Area Villa Project 基本構想（台湾）
2006	シティタワー福島外構計画（福島）
	サッポロビール園リニューアル（北海道）
	聖心インターナショナルスクール園庭計画（東京）
	Art Academy Project 基本構想（西安）
	CEC Dunhua North Rd. Project 基本設計（台湾）
	Nei-Hu District 基本構想（台湾）
2007	Jintai Project 基本設計（台北）
	Xu-Qiang Guan-Yin Villa Project 基本計画（台北）
2008	「駿東学園あんず寮」
	耐震補強大規模修繕工事（静岡県）
	雪谷マンション耐震補強リニューアル工事（東京都）
	Morzart South Project-Club Project 基本計画（台湾）
	Yue Tai Jingmei Housing Project 基本計画（台湾）
2009	(仮称)高輪台プロジェクト外構（東京都）
	あかね保育園 園庭（群馬県）
	室の木幼稚園　園庭（神奈川県）
	Private Garden in Yangmingshan Project（台北）

その他、個人邸及び庭園多数
特に幼児・知的障害者施設を多く手がけ、建築・ランドスケープの垣根を越えて仕事をしている

うな作品といえよう。

福川の構想力は、建築作品にも及ぶ。「カトリック御殿場教会」は、木と紙で光を芸術に高め、完全な日本文化に昇華したユニークな教会建築である。幼い頃から数学が好きで美しいものが好きだったという福川美学が感じられる銘品である。

最後に「福川語録」を。以下すべてはランドスケープ・アーキテクトの役割と使命、あるべき姿を示唆している。

●人々が風景のなかに心を浮遊させたいと思うような空間は、決してデザインで埋め尽くしたランドスケープではない。

●私たちは風景を創造する役割は与えられているが、その風景を全部自分のものとしていいとはいわれていない。やり過ぎてはいけない。

●これまでの経済システムや事業者に迎合することなく、一般の人々より遠い未来を見透かして、事業者の未来の利益のため、人間を幸せにするため、良い環境をつくり、良いコミュニティーをつくり、人々に風景を通じて未来のあるべき姿を見せるため、人知れず努力するのがランドスケープ・アーキテクト。

●ランドスケープの仕事は、天使の仕事ではないだろうか。夢は叶うことを、そして信じることを伝えなければ、人間に何の生きる魅力があるだろうか。つくるものを守り、育てる人々の守護の天使となりたいものだ。

●僕からみると職人は天使に見えた。何の見返りもなしに互いの能力を見て、的確に助け合い、決して楽な仕事ではなく、皆が助かると思う仕事を率先してするのである。

●多くの芸術家は、設計者であり、かつ職人である。芸術はこの２つで成立している。職人とのコミュニケーションがいかに大切かわかるだろう。

●夢や希望を実現するために、自分が未熟であることを知り、より多くの可能性に挑戦する方法を学ぶべきだ。新しい材料を使うときは経験のある人に聞くこと、既に施工された現場があればなるべく見に行くことが大切だ。

●端から順番に並べるのではなく、画面全体を考えてまず大きい石をリズムよく配置し、その後、小さな石をその間に配置すると全体のバランスがとれてよい。

●木はすばらしい。木は自分を愛してくれる人間とそうでない人間とわかるという。どうやら植物は、もっと動物に似たものらしい。ランドスケープ・アーキテクトが、美意識や商業主義と自然の狭間で岐路に立ち自問するとき、木を喜ばせているかどうか考えてはどうだろうか。

以上は、ランドスケープ・アーキテクトの心得として適切なことばかり。私も、ほんとうにその通りだと思う。

白砂伸夫 ［Nobuo Shirasuna］

写真＝ARTFUSION

京都嵯峨野を原風景とし、今もここにアトリエを構え、歴史性と芸術性の融合した景観力を知る。信州大学で園芸農学を、京都大学増田友也研究室で日本の古典芸術と建築を、井上卓之氏から日本庭園精神の刺激を、そして環境事業計画研究所吉村元男氏から造園デザインを学ぶ。生物的自然と建築的造形と、伝統と現代の融合した空間創造に意欲を燃やす。歴史と芸術、自然と芸術、伝統と現代…まさに相対立する多様な物事がアートに融合した環境世界の実現を目指す。ART FUSIONこそ白砂伸夫のランドスケープの目標なのである。

白砂伸夫には、バラのデザイナーというイメージがある。しかし氏は、植物としてのバラに強いだけではない。園芸学を修めたうえに、建築、造園の技術をもち、音楽、芸術、古典にも強い関心をもつランドスケープ・アーキテクトである。氏のガーデンは単なるお花畑ではない。「時間と空間のメタモルフォーズ（変身）としての花のランドスケープ」をデザインしている。だから今、ハウステンボス再生のニューコンセプト、"ボタニカルリゾート"の中心施設「アートガーデン」「フォレストガーデン」「バラの運河」に期待がかかっているのだ。

氏は言う。「その地域、あるいは特定の場所における創造行為。それが私のデザインです。ひとつのデザインスタイルをおし通し、どこにでも同じようなものをつくることではないと思います。100の場所があれば、100の違ったものが出来るべきです。それが建築的であっても、造園的であっても、それがイベントや企業経営へのソフト提案であっても、または地球環境への提案やアースワークであってもよい。その場に、何を創造するか。（または、しないか。）これが最も大切なことです。」そのとおり、これこそ未来のランドスケープ・アーキテクトというものだろう。

白砂伸夫
しらすなのぶお

神戸国際大学教授。1953年京都、嵯峨野生まれ。1976年信州大学農学部卒業。1976～83年京都大学建築学教室故増田友也教授に師事。建築と哲学を学ぶ。増田研究室での思索とデザイントレーニングが作品の方向性を決定づける。1991年株式会社ARTFUSIONを設立、同代表取締役就任。ランドスケープデザインを中心に建築、ガーデニングと幅広いジャンルで創作活動を展開し、そのデザイン性には定評がある。2008年～神戸国際大学経済学部教授。環境をテーマに教鞭をとり、経済と環境の融合をめざすべく実践的な教育活動を行っている。

ハウステンボスを"ボタニカル"で再生
――企画構想力から花と季節の風景デザイン力まで

循環、共生で持続する「千年都市」をテーマに掲げてきたハウステンボスが、いま新たなチャレンジを始めている。

HUIS TEN BOSCHは、「森の家」の意。水、エネルギーなど環境配慮型インフラはもとより、建築、広場、港、緑地、庭園のすべてが、他の薄っぺらなテーマパークと異なるホンモノ志向を貫いた本格派リゾート。1992年のグランドオープンからわずか4年目で、入場者1500万人を突破する勢いで発展したが、情勢の変化で頓挫。新経営陣で、着々と再生が進められている。

そこでのニューコンセプトが、「ボタニカルリゾート」である。パンフレットに曰く、「ボタニカルリゾートへようこそ――植物は私たちにたくさんの恵みと知恵を与えてくれます。土を耕し、木を植え、自然を育て続けてきたハウステンボスは、そこからもう一歩、"暮らし方"の提案を通して、未来につながる豊かさを広げていきたいと考えています。」

ボタニカル（Botanical）は、英語で"植物の"の意味。ハウステンボスは、植物の持つ力を最大限に生かし"衣食住"のすべてにわたって、持続可能なライフスタイルを提案するリゾートとして、自然とともに暮らす喜びを伝えたい――このメッセージは、環境の世紀、緑の時代を信じるランドスケープ界としても大いに共感できるものである。

ハウステンボスにおける具体的展開のひとつが、白砂伸夫の3つのボタニカルプロジェクト。①面積21,000㎡に及ぶ水と花と野のテーマガーデン「アートガーデン」、②滞在型観光客用コテージ周りの「フォレストガーデン」、③ハウステンボス内の水辺を花を賞でながら巡る「バラの運河」の3つである。

空間の骨格を、長さ134mに及ぶまっすぐの水の軸線（ビスタ カナル）と8つのバラのフォーリーで構成し、それを辿り全園を巡るにふさわしい緩やかな曲線回遊路でつなぐ。白砂伸夫のダイナミック・ガーデンデザインはこれから。以上の骨格的空間をベースに櫛の歯のように、4種、各3層のレイヤー（LAYER―重層）を構成して、季節と時間と利用者のレジャーウォークのシークエンスによる変化と味わいを演出しているのである。

ベース（基盤）を成すレイヤーは「風景のレイヤー」で、水の風景、森の風景、野の風景の重層によっ

ハウステンボス「アートガーデン」（長崎県佐世保市 2004 年〜）ハウステンボスは今年で 17 年目を迎え、ボタニカルリゾートとして植物をテーマとしたリゾートへと変革することとなった。そのデザインおよび監修をアドバイザーとして 2004 年から担当している。アートガーデンは、ヨーロッパの伝統的庭園手法を生かしつつ、バラを中心にデザインされた植物群がハウステンボスの新しいコンセプトを表現するランドスケープガーデンである

て醸成され、これは誰にでもよくわかる。

その上に主人公となる「花のレイヤー」がのるのだが、基軸となるのはハウステンボス 3 大フラワーで、春はチューリップ 200 種 80 万本、夏はバラ 700 種 7 千本、秋からはダリア 150 種 3 千株、それに冬はノボタン 2 千本。この他に宿根草、ワイルドフラワーなどたくさんの種類を植栽する。次、花のレイヤーに深い味わいを与えるのが「庭園のレイヤー」だ。噴水、カナール、それにオブジェ、ペーブの違う園路やフォーリーなどによって、ヨーロッパ的庭園空間性であったり、日本庭園的空間性であったり、異なった雰囲気を感じられるようになっている。

この他にも、イベント、コンテスト、物販飲食など「プログラムのレイヤー」も重ねられ、トータルで巧妙に計画されている。

単なるお花畑では、まったくない。水や森や野の風景の景観的多様性を下敷きとしながら、チューリップ、バラ、ダリアによる大きな季節変化と、多様な宿根草とワイルドフラワーの重ね植えによる厚味と深遠さを感じさせる白砂式フラワーランドスケーピング テクニックである。

この白砂式は画期的である。これまでのハウステンボスはチューリップで有名だったが、その維持費に毎年 2 億円もかかっていた。チューリップは 1 年しか保たないからである。白砂は、こうした消費型植栽を極力抑制し、蓄積型植栽に転換したのだ。

バラは毎年成長し、なおかつ豪華になり人気も高く集客力が大きい。宿根草やワイルドフラワーも蓄積型で、なおかつ時間の美も成長する。

「バラには、世界に通じる力強い文化的背景があります。また衣食住に関する多くのコンテンツを有しています。」

白砂伸夫は、美しく成長する植物としてのバラから、宗教、芸術など文化としてのバラ、香りやエディブルフラワーとしての生活におけるバラまで、トータルにデザインし、ランドスケープに高めようとしているのだ。

親しみとやすらぎ感、日常性を演出する「フォレストガーデン」では、トチノキやカエデなど木本とも

上／ハウステンボス「アートガーデン」。ガーデンの主軸を水とバラで演出した
下／「バラの運河」。運河をバラで修景することで運河そのものが一つの庭園になった

調和し、住空間らしい落ち着きを演出すべく、枯枝などで柵を編んだり、摘み取り食べられる野菜を植えたりしている。こういう場所での白砂は、奇をてらうことなく、素直に花と緑のガーデンと生活提案に徹している。

「バラの運河」も同様である。運河の両岸のプロムナードにシンプルかつ素朴で今までバラの愛好者が見向きもしなかったようなバラが垂れるように咲き乱れる。この何気ないやさしさも白砂スタイルである。

バラというと、特別な花でピンと立って有名スターが女王かのようでなければ気が済まない感じがするが、白砂はこれを「花と暮らしのある文化的風景」にもっていく。岐阜の「花フェスタ記念公園・世界一のバラ園」や熱海の「アカオハーブ&ローズガーデン」など皆な白砂は同じ考え方でやってきた。いかにもバラを植えました。花を使っています、というのとは違う。極めてナチュラルに、花々と木や水や風と雲と、そこに遊ぶ人々がひとつの風景にフュージョンしている。白砂伸夫には、デザインを感じさせないデザイン力がある。

10ヵ国大使夫人100人のガーデニング
――経営戦略からコミュニケーション力、そして文化力まで

白砂伸夫は、神戸国際大学経済学部都市環境観光学科のフルタイム教授でもある。この学科はただのデザイナーでは務まらない。マクロな経済から、ミクロな経営センスまで、そして壮大な構想力、緻密な企画力も求められる。

ボタニカルリゾートへの転換はハウステンボスの山本稔氏ら新経営陣の決断によるものだが、「花のある風景」の有効性は白砂氏の経営戦略的発想からのものだ。どこにもある普通の"花"を、大きな"ビジネス"の主役に仕立てあげる技術は、間違いなくデザインと教育のプロのものだ。白砂氏の作品や仕事が、有料のものや遠来の観光客を誘致する商業的施設が多いのも、公共造園を主とする造園家とは異能の持ち主であることの証左である。

その好例が、東京・ホテルオークラで毎年5月の連休に開催するイベント「10ヵ国大使夫人のガーデニング」である。大使夫人はプロではないので、白砂が大使夫人のデザインイメージを聞き取り、ガーデン構想に練り上げる。しかもホテルオークラ最大のレセプションルームである「平安の間」に、10ヵ国分がショウアップされ、次々と効果的に眺められるよう景観のストーリーを構成しなければならない。

屋久島 環境文化研修センター（鹿児島県屋久町 1996年）
上下／世界遺産に登録された屋久島の自然を学ぶための中核施設。現地の豊かな植物相を生かすべく谷部を残すことで、生態系を保全し自然と融合するランドスケープをつくりあげた

六甲山麓の家（兵庫県西宮市 2008年）
建築と庭を「四季を愛でる」というテーマでランドスケープデザインの視点から設計した

10ヵ国大使夫人のガーデニング（東京都港区 2000〜09年）
上下／東京のホテルオークラの「平安の間」で毎年5月の連休に開催される。デザインプロデューサーとして、大使夫人がデザインしたガーデンを作庭し、ショースタイルで公開している

白砂氏自邸（京都府 嵯峨野 2009年）
色ついた水田、背後の山は嵐山という嵯峨野のランドスケープに溶け込む

095

車山高原ビオトープガーデン（長野県茅野市 2005 年）
観光地として知られる車山高原に、駐車場を撤去し元々あった生態が自然再生するビオトープ。ノハナショウブなど湿生植物が花を咲かせる

　それぞれの国には、その国のイメージがある。自然風ガーデンではその国の大自然に入った感動を与えなければならないし、個々の大使夫人の表現したいこと、メッセージを汲み、観客に伝わるよう植物、水、花、小物を工夫し、時に建築的構造物や照明なども活用する。2009 年、早や 10 年目でこれまで延べ 100 人の大使夫人の気持ちを忖度しながら一人で 10 回ものガーデンショウを成功させてきたのである。世界各国の自然と風景に関する情報、インドアに表現する技術的ノウハウはもとより、何よりも夫人らとのコミュニケーション力がなくては、ここまで継続することはできなかったであろう。

　白砂氏のコミュニケーション力は、大使夫人にだけ発揮されるわけではない。屋久島のような大自然、四万十古道のような歴史、京都嵯峨野や能登、福岡といったまったく異なった風土と場所とのコミュニケーション力でもあり、それぞれに違った空間や景観の創出に成功している。自らのアトリエも、町なかにマッシブなコンクリートの箱とカツラ林でつくったかと思うと、今度は山を背に水田を前に木造平屋、瓦葺屋根に芝張りの築山、梅の古木の点植でつくるという具合である。

　自らも昔からチェロを演奏するなど音楽や芸術に惹かれ建築デザインもする白砂氏には、そうした感性に共鳴するクライアントも少なくない。たとえば六甲山麓の風景としての家、林邸。クライアント夫妻はともに企業人であると同時に優れたアーティストで、自邸を飾る絵画、書、陶芸、ステンドグラス、和紙の照明などすべてが自作である。白砂との会話の始まりは、「じゃあ、そのグランドピアノのために家を建てましょう」だったという。林邸の敷地全体はイロハモミジがやさしく包み、秋は燃えるような紅葉が住宅を覆いシンフォニックに響く。リビングルーム前の石組にかかったしだれ桜は一幅の日本画になる。

　京大の増田友也教授の研究生として古典に親しんだこと。『作庭記』『花伝書』『正法眼蔵』『池坊専応口伝』からハイデガーの『芸術的空間のはじまり』までを学んだこと。自然、文化、空間、芸術を考えたこと。それが、白砂伸夫を大きくしてくれたのだろう。

車山高原ビオトープと氷ノ山ストーンサークル
―――自然を理解し美の文化をつくりあげた日本的方法で、地球環境問題に対処したい

　ランドスケープ・アーキテクトは、地域のトータルな環境と景観に責任がある。だから脱温暖化、低炭酸ガス社会へ。また生物多様性など深刻な問題に立ち向かう責任も大きいと白砂は考える。ただ、そのとき科学技術に盲目的に頼るだけでよいか。それでは温暖化以上の破壊的危機を生むかもしれない。「物質文明から心の文明へ、科学技術文明から美の文明へ、パラダイムの転換が求められる」と白砂伸夫は考え、次のように書いている。

　「自然と人間の共生という視点で見たとき、日本ほど自然を理解し、それを糧として、美の文化をつくり上げてきた国が他にあるだろうか。縄文に始まるアニミズムは古代神道となり仏教と習合し、人々の生活の隅々にまで染みわたり美しい日本の風土をつくり上げてきた。四季の変化は生活のリズムとなり食や作法といったしなやかな独自の住まい文化をつくり上げた。日本に形を与えてきた芸術、すなわち文学、絵画、芸術、茶華道、庭園は、実に自然そのものへの帰依であることに気付く。地球環境問

ハウステンボスを取材する進士氏（左）と白砂氏（右）

氷ノ山セミナーハウス（鳥取県若狭町 1998年）
雄大な風景の中のストーンサークルは神が降臨する空間を思わせる

白砂伸夫氏の業績

1991	● 京都産業大学 ランドスケープデザイン（京都） ● 京都西京桂坂近隣公園 基本設計（京都）
1992	● 日仏会館ビラ九条山 庭園設計（京都）
1993	● 出水市鶴の博物館（クレーンパーク出水） 　ランドスケープデザイン（鹿児島） ● 鶴見花ポートブロッサムランドスケープデザイン（大阪）
1994	● ベルギーゲントフローラリー国際庭園コンテスト 　出展（ベルギー） ● 屋久島環境文化村センター 　ランドスケープデザイン（鹿児島） ●「兵庫県景観園芸学校」基本構想（兵庫）
1995	● 桂坂東工区緑道公園基本設計（京都） ● 大正町四万十古道の再生（高知）
1996	● 氷ノ山自然ふれあいの里 基本構想（島根） ● あわじ花と公園のフェスティバル 会場 　ランドスケープデザイン（兵庫）
1997	● 氷ノ山セミナーハウス ランドスケープデザイン（鳥取） ●「ゲントフローラリー」国際庭園コンテスト ● 兵庫出展庭園 設計・施工監理（ベルギー）
1998	● 料亭「河久」新築工事設計（京都） ● スリランカ ピースセンター ランドスケープデザイン 　（スリランカ）
1999	● 淡路花博 屋内展示ホール基本構想（兵庫）
2000	● 熱海市花いっぱい運動基本計画策定業務（静岡）
2000～2009	●「10カ国大使夫人のガーデニング」（東京）
2001	● 熱海 花の博覧会会場 基本構想（静岡）
2002	● 岐阜県 花フェスタ記念公園「世界一のバラ園」 　実施設計及び現場監修（岐阜）
2003	● 京都産業大学グラウンド ランドスケープデザイン（京都） ● ORIBE in NewYork 会場デザイン 　（アメリカ・ニューヨーク）
2004	● 中国瀋陽 花の博覧会ローズパビリオン実施設計 　（中国 瀋陽） ● 京都市歴史文化博物館 旧日本銀行改修計画 　（京都）
2005	● 車山高原 花のビオトープガーデン 実施設計、 　施工監理（長野） ● I Love Sushi インテリアデザイン（アメリカ・シアトル）
2006	● 京都大学 宇治キャンパス黄檗プラザ構想案（京都）
2007	● 学研都市サンタウンプラザ公共空間の利用に関する 　検討業務（奈良） ● 六甲山麓の家新築工事、設計及び施工監理（兵庫）
2008	● ハウステンボス アートガーデン基本計画、 　実施設計施工監修、指導
2009	● レストラン「輪」インテリアデザインデザイン

主な著作

『新世代のランドスケープアーキテクト』（共著、マルモ出版）
『白砂伸夫作品集』（マルモ出版）
『イングリッシュローズ』（共著、講談社）
『ランドスケープワークスセレクション vol.01』（共著、マルモ出版）

題には科学技術で対応するだけでは不十分である。生活からかけ離れてしまった自然を生活そのものの中に再び組み込み、自然を慈しむ心、他の生命を思いやる愛情を育てることが、現在求められる最重要テーマではないか。」

私はいま、2010年10月名古屋市で開かれるCOP10を目指して環境省が進める「SATOYAMAイニシアチブ」検討会の座長を務めている。里山には、日本人の自然との付き合い方、自然と共存する暮らし方の知恵がいっぱいある。こうした知恵は、自然略奪型の西洋文明へのオルタナティブとなる、という考えからだ。この点は、白砂と同じだ。白砂は、そうした日本の精神風土の美の頂点にあるのが"花"だと考え、花による環境意識革命を訴えているのであろう。

信州を代表する観光地、車山高原リゾートの武田旬平氏ら経営陣は、環境時代のリゾート像を求め広大な駐車場を撤去して自然再生を構想。そこで白砂氏は浅い池で水辺の生態系を再現した。クルマユリ、キョウガノコなど高原の自然植生の復活である。ここでは、何も足さず、何も引かず、自然に任せること。ただ、地形に変化を与え、水辺と草原を組み合わせることで環境を多様化し、生物多様性を導く方法を採用した。ただ、ここでも自然の象徴として"花"がやさしく美しく咲いている。

白砂伸夫がランドスケープデザインで心がけていることは、「地霊を信じること。地霊が何を要求しているか、その場所がどのようにありたいのか、大地から発想すること」だという。

車山高原のビオトープガーデンは、ちょっと見に自然のままの美しい湿原である。確かに、この高原で大地から発想すればこうつくるのが自然だ。白砂はアースワークにも関心があるというが、氷ノ山のストーンサークルは異様である。氷ノ山には古代神々がおられた。神が降臨する場にふさわしい岬状地形に拠り所性の強い立石が並ぶ。「古代人が、なぜ環状列石をつくったかが理解できました」と白砂氏は言う。

ビオトープは生物的自然だが、列石は精神的自然ということだろう。

世阿弥に『風姿花伝』がある。さまざまな花に人を重ね、人を感動させるものを花といい、ついに形なき姿に向かい、最後に求めたのは風の姿である。モノからココロへとは、そういうことかもしれない。

中瀬 勲 [Isao Nakase]

写真=中瀬 勲

建設の時代から管理運営の時代へ
工学から農学、生きものと人間学へ
住居から都市、田園、自然、県土国土へ
プロダクトのデザインから環境のマネジメントへ
市民が主体的に参加するコミュニティデザインへ
これらすべてを受けとめて、
緑の環境と美しい景観をマネジメントすること。
それがランドスケープ・アーキテクツ
中瀬 勲らの仕事である。

大阪府立大学農学部に久保貞（1922～1990）が助教授として着任したのは1955年。北海道大学の出身で母親のキリスト教信仰のつながりで宮部金吾（1982～1951）に師事、贈られた『美の理論』からランドスケープ研究に向かう。1964年からは新設された農業工学科に緑地計画工学研究室を立ち上げ、猛烈な勢いで造園学の研究教育を進めたくさんの弟子を輩出した。久保教授に指導を乞う学生に、「君は徹夜できるか？」との一言が飛ぶ。「先生は、指示したことは3日以内に報告すること、しかも一案ではダメで三案以上のオルタナティブを出すこと、他人の真似を厳しく禁められた。」中瀬勲はこう語る。杉本正美、上杉武夫、安部大就、藤田好茂らに続いて研究室に残る。1972年から助手、1986年助教授、1990年兵庫県立自然系博物館設立準備室主任指導主事に転出するまで20有年余を久保の下で、観光レクリエーション、景観、緑地計画を数多く手がけ、場の理論や記号行動論などコンピューターを使った解析で研究論文を、またUCBで影響を受けたG・エクボ、M・ローリーらの翻訳書の刊行に参加、その間九大で農学博士の学位を取得（1980）している。中瀬は大阪府高槻市の農家の長男として1948年に生まれ、森林と渓流を遊び場としておっとりと育つも、機械やコンピューターに興味を持ち府立大に入るとコンピューターのソフト開発に能力を発揮。やがて久保研究室のオン・ザ・ジョブ・トレーニングに応え、研究対象を拡大、持ち前の人間性でヒューマンネットワークを広げ大学人の限界を突破。今では、たくさんの愛すべき人々とともに新しい環境社会のビジョン実現のリーダーとして、文字通り東奔西走の毎日である。

中瀬 勲
なかせ いさお

1948年大阪府生まれ。兵庫県立人と自然の博物館館長、兵庫県立丹波の森公苑長などを兼任。農学博士。大阪府立大学大学院修了後、カリフォルニア大学客員研究員、県立大学大学院（専門職）緑環境景観マネジメント研究科研究科長・教授、兵庫県立淡路景観園芸学校校長、兵庫県立人と自然の博物館副館長・事業推進部長兼務を経て現職。その間、日本造園学会長、人間・植物関係学会副会長等を歴任。財務省独立行政法人評価委員会臨時委員、兵庫県環境審議会、同都市計画地方審議会委員等とともに、阪神グリーンネット事務局長等の震災復興のまちづくりやNPO法人活動等に関わる。日本造園学会賞、兵庫県科学賞等を受賞。

大学教授で「人と自然の博物館」
副館長の見えない活躍

中瀬勲の本籍は兵庫県立大学専門職大学院の教授で、同大学院緑環境景観マネジメント研究科長でもある。（併せて淡路景観園芸学校の校長を兼務）要するに大学の先生である。しかし一方で、研究員38名に及ぶ兵庫県立人と自然の博物館の副館長でもある。

「人と自然の博物館」（略称：ひとはく）は、中瀬が準備室スタッフとして立ち上げ育んできた氏の広範な社会活動の拠点であるが、貝原俊民、井戸敏三の前、現2代の知事の類いまれな思想と構想力と、伊谷純一郎、加藤幹太、河合雅雄、岩槻邦男の4代にわたる一流の学者館長の見識と指導のもと、また県庁内各方面の長期ビジョン実現を目指す協働精神のお陰で、我が国第一の開かれた博物館であり行動する博物館へと成長している。

大学人の役割は、研究、教育、社会活動（社会貢献）の3つといわれる。ましてや人間生活と環境に深く関わる造園学系大学人にとって、社会的役割を果たすことは最も重大な責務である。むしろ社会的役割を果たすための活動のなかでこそ、ランドスケープの研究と教育は深化すると考えるのが正しい。

中瀬勲氏は、これを地で行っており、副館長、教授のほかに、兵庫県立丹波の森公苑長、丹波の森研究所長、丹波の森大学長、たんば共創の森塾長をはじめ、図解してもしきれないほどの信じられない役職責を果たしており、まさにランドスケープ・アーキテクツの活動領域の全体像を一人で体現している。

ところで、ふつう目に見える作品とか空間デザインは誰にもわかるので、この連載でもいわゆる作庭家や造園家、ランドスケープデザイナーの登場が多い。

いわゆるモノづくりには光が当たりやすい。しかし、ランドスケープの理想はさまざまな人々、さまざまな職能（プロ）の協力によって実現するものである。

2009年の政権交代でいわゆる国の役人、官僚たたきが目立つが、我が国公共緑地事業の推進と発展における官僚の働きはじつに大きく、賞讃されるべきものであった。もちろんグリーンニューディールなどこれからの世界的な環境政策の展開には政治家のリーダーシップが不可欠である。また、生物多様性基本法の制定もあって地方政府、すなわち地方自治体の首長や役人のリードと推進力に生物多様性地域戦略の成否はかかっている。

こうした政策立案や科学的な行政運営における大学人、すなわち学識経験者の果たす役割も決して少なくない。施策の根本となる科学的データ、施策の基本方向や取り組みの全体像の立案、具体的実施に向けての効果的で適切なアクションプログラムの策定など、国、地方を問わず学経委員による審議会や委員会での検討内容の水準が施策や事業の効果に大きく影響するからである。

ランドスケープの思想（philosophy）に基づき、その具体化のための政策（policy）、計画（plan）、また市民参加などでの手順（program）、そして最終的なアウトプットである形やデザイン（design）。以上4P1Dの段階を経てランドスケープ活動は実体化する。だが、そのプロセスでは、政治家、行政マン（国、地方の公務員）、専門のプランナー、デザイナー、そして大学人（研究者、学識経験者）、団体、NPO、市民、企業、造園建設業者など多くの人々の協働作業が行われる。

特に、これまでのように公共セクターが予算化して、専門家が計画設計、業者に発注して工事を完成させるといった公園建設とはちがって、これからは単純な図式では進まない、いわば市民の参加と協働が不可欠な、公園運営、自然再生活動、環境保全や環境教育活動の場合は、ほんとうに大勢の人々にアピールしなければならない。

すなわち、建設というハードから運営というソフトへの比重が高まり、ランドスケープデザインからランドスケープマネジメントへ比重が移っていく。いわば、これからはソーシャル・ランドスケープの時代に入っていくのだ。

そこでは「人と自然の博物館」にみられるような、地域を深く知る多彩で行動的な専門家集団の果たす役割がますます大きくなる。そのとき重要なのは、地域の人々と、行政の組織やスタッフと、リーダーシップを発揮する各種専門家や活動家とを、一つに結びつけるオーガナイザー（組織者）の存在である。

中瀬勲氏が、「ひとはく」を拠点とし、兵庫県全域を舞台に展開する環境立県、環境共生社会実現への各種プロジェクトの推進に果たす役割はまさに、そのフィロソファー（思想的主柱）であり、プロジェクトのマネージャー（経営者）であり、プロデューサー（政策責任者）であり、コーディネーター（調整者）でもあることにある。

大学人として専門外、学際領域へと知的世界を広げ得た実力と、天性の人なつっこさなど人間的魅力、何よりもランドスケープ社会実現への強い使命感に裏打ちされた行動力が、氏をして一人四役の八面六臂（はちめんろっぴ）の大活躍を可能にしている。

F.L. オルムステッドがSocial planner（社会計画家）であれ！と叫んだように、Landscape Architecture（造園学）を実現しようと思うならば、大学の研究室に閉じこもっているわけにはいかない。造園研究者よ、都市へ、田園へ、自然へ、そしてフィールドへ、社会へ出よ！である。

里山保全活動から森の文化、そしてまちづくりまで
―――丹波の森の試み

2010年10月名古屋市で生物多様性条約締約国会議（COP10）が開かれる。そこで日本政府は「SATOYAMAイニシアチブ」を世界に発信したいと準備中だ。

日本人の里地里山での継続的な自然との関係術を21世紀地球の対自然モデルとして提案しようとするものだが、兵庫県ではすでに「丹波の森」構想以来20年の実績を積み重ねている。「ホロンピア'88」、署名世帯22,000にのぼる「丹波の森宣言」（1988）から始まるが、「ひとはく」オープン（1992）後の中瀬氏もその運営に深く関わる。「半田真理子さんのが著書『都市に森をつくる―私の公園学』を貝原知事にお見せしたら、そうだ丹波の森もウィーンの森と同じだ！とおっしゃった。」と中瀬氏。

兵庫県は、幕藩時代、播磨国、但馬国、淡路国、西摂、西丹の5つの国に分かれていた。県内をよく知る貝原知事はそれぞれの地域のランドスケープ特性を生かす方向での県土経営をイメージ、丹波では「丹波の森」構想での地域文化おこしを計画。中瀬はそのリード役を与えられた。中瀬らの著書に『もり・人・まちづくり――丹波の森のこころみ』（学芸出版社、1993）がある。丹波では宣言通り①森に寄り添い、自然と伝統と調和する生活、②美しい里、町並み、山並み保全へ行動する市民が増え、NPO団体数、オープンガーデン数共に40、③観光八百屋の賑わい、全国豆サミットなど丹波ブランドを普及し地場産業を振興する、など成果をあげている。その活動は、伝統的な肥料づくり"灰屋"の再建や森の手入れなど地味な活動から、"シューベルティアーデたんば・丹波の森国際音楽祭"など音楽やアートまで幅広い。

県土の緑の環境と景観をマネジメント
―――淡路景観園芸学校は専門職大学院へ・必要なのは専門家とリーダーの養成

気候温暖な淡路島では花づくりが盛んだ。当時の知事貝原俊民はここに学校を構想、その開設に関する調査を日本造園学会に委託（1994）、「淡路景観園芸学校」として1999年4月に開校（学長熊谷洋一）する。

県民の生涯学習要請に応えるのみならず、折から阪神淡路大震災の復興、県土の緑環境景観マネジメントのリーダー養成にも応えるべく、

左上／兵庫県立丹波の森公苑全景。
右上／丹波の森大学専科生が郷土のバイオマス関係を学習し、森公苑内に建設した灰屋。
左下／丹波地域の自生種の植付準備、森公苑

099

震災後ガレキ置き場となった都心の公園

震災復興支援活動
上／震災後の宝塚市仮設住宅でのミニ菜園
左下／震災後、まち協、自治会、NPOが協働で計画・建設した深江駅前花苑
右下／阪神グリーンネットによる公園づくりのワークショップの様子

開学10周年の2009年4月からは「兵庫県立大学の専門職大学院の研究科」（研究科長中瀬勲）へと進化している。

この研究科は、基礎─応用─発展をワンセットに3つの領域で構成されている。たとえば、①保全管理領域：植生景観構造論─里地里山保全論─保全管理実践演習、②活用デザイン領域：緑地活用計画論─景観デザイン論─活用デザイン実践演習、③施策マネジメント領域：緑環境景観政策論─共生地域創成論─施策マネジメント実践演習など。県土全域にここでの修了生が活躍すれば元気な市民と美しい県土、地域らしさ満開となることだろう。

みどりのコミュニティデザイン
──震災調査と復興へのガーデニング

1995年1月、阪神淡路大震災。中瀬らはすぐに震災調査に動く。我が国の公園緑地発達史で関東大震災による調査が大きな役割を果たしたことを知っているからである。関係者に呼びかけボランティア組織をつくり、調査を重ね最終的には(社)日本造園学会阪神淡路大震災調査特別委員会『公園緑地等に関する阪神大震災緊急調査報告書』（1995）としてまとめ、特に公園緑地の防災機能や植栽の役割が改めて検証されたことなど学界でも高く評価された。中瀬は調査に止まらず被災者支援に尽力。被災で精神的にまいっている人々を花と緑で元気づけようとガーデニングによるコミュニティ再建を企画実践、その効果を調査研究、"みどりから始まる参画と協働のまちづくり"のノウハウをまとめ『みどりのコミュニティデザイン』（中瀬勲、林まゆみ著、学芸出版社、2002）として出版、以後この本は中瀬の行動指針ともなる。

21世紀の都市づくりと地域マネジメント
──行動する「ひとはく」から「21世紀兵庫長期ビジョン」「生物多様性ひょうご戦略」へ

当初の計画を下回る入館者数をみた貝原知事は、「ひとはく」の活性化を指示。中瀬はそのキーマンに。人と自然の博物館「新展開」の方針（2000）では、①担い手養成、県民ニーズに応えた学習の場の提供を含めた生涯学習の支援機能と、②自然・環境情報の一元管理、総合的なシンクタンク活動を含めた自然・環境シンクタンク機能の両方を打ち出した。

「入場者を待っているのではなくて、『ひとはく』が県内各地へ出向けばよい。」議論の結論は"行動する博物館"であった。中瀬は振り返る。博物館の新展開をまとめる過程で、「さまざまなしかも自分の専門とはまったく異なった多分野の方々との出会い、議論がどんなに自

コウノトリの郷公園：水田に降り立ったコウノトリ

分にとって有効だったか。世界がほんとうに広くなりました。」

　人間の能力というものは、与えられた立場（責任感に通じる？）や出会った人々（刺激の相乗効果か？）によって、いくらでも大きく花開く。

　中瀬勲の場合も、それだろう。「ひとはく」の地元兵庫県三田市で開催された「21世紀の都市づくり・三田国際会議」は震災後を真剣に考える市民の熱意もあって7つの指針※（P103右）を"人間サイズの都市づくり"に向けた基本認識として示した。

　公園が開園する2年前の1999年「有馬富士公園のパークマネジメント」を進めてきた中瀬はここでも重要な役割を果たし、新しい環境共生都市とコミュニティ形成に取り組む。

　そして井戸敏三知事の下「21世紀兵庫長期ビジョン」（2001）策定にも力を尽し、直近の課題「生物多様性ひょうご戦略」（2009）のとりまとめと推進へ、「ひとはく」の全力を傾注している。

　地域マネジメントで特筆すべきは、「コウノトリの郷公園」（1999）で縁のある豊岡市。今度の中瀬のミッションは「豊岡市環境経済戦

兵庫県立有馬富士公園
左／全景。右／子供の王国、ボランティア集団
ガキッコクラブによる紙芝居風景

ランドスケープ・プランニング

	1966年 (18歳) 大学入学	1990年 (42歳)	1992年 (44歳) ひとはく開館	1995年 (47歳) 阪神・淡路大震災
所属	大阪府立大学農学部緑地計画工学研究室 大学院修了→助手(1972) 講師(1977) 助教授(1986)	兵庫県立自然系博物館設立準備室 主任指導主事(1990) 兵庫県立人と自然の博物館 環境計画研究部長(1992) 兵庫県立姫路工業大学 自然・環境科学研究所教授(1992)		

主な取組み

都市・地域の建設計画

学内外・海外の先達からランドスケープアーキテクチュアの基礎を習得。駅前広場や日本庭園の設計から緑地・河川の景観計画、広域観光レクリエーション構想まで、都市や地域の建設計画に携わる。

オープンスペースの計画・設計
道路や河川の建設計画
広域観光レクリエーションの構想

『アメリカンランドスケープの思想』
(1991、共著)

みどりのコミュニティデザイン
阪神・淡路大震災の復興支援

震災前から取り組む子供の遊び環境や公園のノーマライゼーションを踏まえ、被災調査を通じた安全・安心のまちづくりにおける公園の様々な役割を提唱。復興支援を通じて、市民参加による緑化・公園づくりから、まちづくりの主体となるコミュニティ形成へ参加のデザインを展開。

緑空間のユニバーサルデザインの展開
阪神グリーンネットの取組み

『子どものための遊び環境
—計画・デザイン・運営管理のための全ガイドライン』
(1995、共著)
『みどりのコミュニティデザイン』
(2002、共著)

多自然居住地域の計画
丹波の森の取組み

自然豊かな地域特性と人々の生き生きとした生活をつなげる取り組みを実施。丹波の森では地域のための研究所や大学も設置し、独自の地域資源を生かした自立した地域づくりを実践。

兵庫ビオトーププランの策定
コウノトリの郷公園の取組み
いなみ野ため池ミュージアムの取組み
北はりま田園空間博物館の取組み

『もり 人 まちづくり—丹波の森のこころみ』(1993、共著)

21世紀の都市づくり 三田国際会議

大量生産・消費・廃棄社会からの脱却を目指した「人間サイズのまちづくり」を掲げ、地域の特性を生かした多様なネットワーキングの構築を提言。

21世紀兵庫 長期ビジョン

地域特性や固有文化を活かした個性豊かな将来像づくりを県民主役・地域主導のもと県全域での展開に参画。策定過程そのものをコミュニケーションの手段とし、地域のネットワークづくりにも貢献。

影響を受けた主な人物

大阪府立大学
久保貞
杉本正美
上杉武夫
安部大就
藤田好茂
都田徹
鷲尾金彌

海外
ガレット・エクボ
マイケル・ローリー
ダン・カイリー
ナカムラヒトシ
北山雄脩

学外
三輪雅久
毛利正光
足立孝
紙野桂人

兵庫県知事
貝原俊民

兵庫県
辻井博
神田栄治

人と自然の博物館
伊谷純一郎
加藤幹太
河合雅雄
岩槻邦男
服部保

館外
鳴海邦碩
勝野武彦

略」(2005)の策定である。コウノトリの野生復帰が、農業の在り方をオーガニックに転換し、環境教育を盛んにし、ついにエコロジーにエコノミー(経済)を重ねようという新しいチャレンジである。

地域の原風景——コウノトリの舞う空、エサをついばむ水辺の風景——が、どんなに人の心をなごませるか。何も言わずに写真を見るだけで伝わってくるだろう。人々を幸せにするために、ランドスケープマネジメントがどんなに有効かを教えてくれる風景である。

以上、氏が関わってきたプロジェクトの一部を概観してきたが、中瀬勲の研究と活動は3つに整理できる。①流域を基礎にした緑地計画(日本造園学会賞受賞)にビオトーププランなど生物生息空間・生物多様性に配慮した計画論の概念を加えた統合的環境計画、②都市から農村までに分布する多様な緑を媒介としたコミュニティ形成システム、③計画からマネジメントまでのプロセスに住民参加をも包括した地域トータルプランニング手法の3つ。

ランドスケープ・マネジメント

2000年（52歳）　2005年（57歳）　2010年（62歳）

兵庫県立人と自然の博物館副館長（2000）

兵庫県立丹波の森公苑長（2005）

兵庫県立大学大学院緑環境景観マネジメント研究科長（2009）
兵庫県立淡路景観園芸学校校長（2009）

人と自然の博物館の新展開

博物館の存続をかけた運営改革。経営、市場調査、組織運営、芸術・文化、独立行政法人、PFI、博物館学などの多様な専門分野の学習・意識改革を通じたマネジメント理論の確立。生涯学習とシンクタンクを博物館の重要な役割と位置づけ、県内各地域でのアウトリーチ活動を展開。

新展開の方針
1. 生涯学習の支援
   - 担い手の養成
   - 実践フィールドの充実
2. 自然・環境シンクタンク機能の充実
   - 自然・環境情報の一元管理
   - 地域づくりに関するシンクタンク活動の推進

博物館の新展開 アドバイザリーグループ

根本祐二　山口一史　橋爪紳也
弘本由香里　鳴海邦碩　貴多野乃武次
澤木昌典　川端直志　加藤恵正
中根孝司　河内厚郎　笠井良平
角野幸博　宮崎秀紀

パークマネジメント
有馬富士公園のマネジメント

新展開におけるマネジメントの視点を踏まえ、国・県・市の様々な公園でパークマネジメントに取り組む。特に有馬富士公園では、新展開での議論を反映させ、県民の参画と協働による生涯学習・地域づくりのフィールドとしてパークマネジメントを実践。

- 国営明石海峡公園（神戸地区）の取組み
- 尼崎21世紀の森の取組み
- 丹波並木道中央公園の取組み
- 神戸市の公園マネジメント計画の策定

地域のマネジメント

これまでの多自然居住地域での取組みを踏まえ、市民、NPO、企業、行政との協働のもとで、生物多様性、環境と経済の統合などをテーマに地域マネジメントへ展開。あわせて、丹波の森や震災復興などのこれまでの取組みの評価・検証から新たなフィードバックを提言。

- 豊岡市環境経済戦略の策定
- 生物多様性ひょうご戦略の策定
- 丹波の森構想の評価・検証
- 阪神・淡路大震災復興10年の検証・提言

兵庫県知事　井戸敏三
兵庫県　畑正夫
館外　上野祐子　田中雅人　高崎邦子　赤井伸郎
海外　スーザン・M・ゴルツマン

※「21世紀の都市（まち）づくり 三田国際会議」—'98 兵庫三田宣言（抜粋）

1. 都市づくりは、人びとが助け合い、分かち合う、生き生きとした生活を支えるコミュニティづくりを基本としながら、互いの役割を認識しつつ、市民・企業・行政が連携することによって進められなければならない。このようなパートナーシップが成立していくためには、市民が主体となった活動を支えていく、自律性のある市民組織の育成が必要である。

2. 市民やコミュニティのニーズを経済活動に結びつけることによって、地域経済を活性化すると同時に、そこから新たな産業を生み出す試みに挑戦しなければならない。とりわけ、コミュニティを主体にして、すべての市民の生活ニーズに対応したビジネスを展開していくなど、「コミュニティ経済」の仕組みづくりが必要である。

3. 緑や水の自然環境を都市づくりの中に生かすことを通じて、自然の営みを尊重し、また限りある資源を大切にすることが、持続可能な都市づくりの源であることを認識しなければならない。その一環として、新たな代替エネルギー技術の導入や、環境にやさしい交通システムを造り上げていくことが必要である。

4. 高齢者や障害を持つ人たちも安心して生活できる、安全で暮らしやすい都市づくりに取り組まなければならない。そのためには、ユニバーサル・デザインによる環境づくりはもちろん、利用しやすい生活施設の整備や人にやさしい交通システムの確立などに取り組む一方、人びとが相互に支援しあえる「人間」環境づくりが必要である。

5. 都市が賑わいや魅力を持つためには、さまざまな機能が共存することが求められ、とりわけ、人びとが気軽に集い、さまざまなことを享受できる、「まちの顔」となるような、愛着のもてる場所が必要である。また、次代を担う子供たちのために、人と人が交流でき、自然や環境の仕組みやさまざまな仕事を、経験し学ぶことのできる場が準備されなければならない。

6. 地域にとってかけがえのない文化や風土を基礎に、新しい生活文化や価値観と融合した、人びとの顔の見えるような都市づくりを進めることが、人びとに感動や安らぎを与え、持続的な発展の基本となることを認識しなければならない。このようなまちや地域が連携することによって、共に成長していく地域社会が形成されるものと確信する。

7. この会議において得られた成果は、国際的な情報交流と、それに基づく討論によってもたらされたものである。この成果をふまえ、世界に発信することのできるような、都市づくりにおける新しい「参加」の仕組みを構築することへの挑戦が、この地において展開されることに期待する。

それらの活動が評価され2009年「兵庫県科学賞」を贈られた。それは「生態学から社会学までを統合したランドスケープ計画論」に対してであり、そこで氏が目指した目的は"環境優先社会における人と自然の共生関係の構築"にあったのだ。

中瀬氏ら「ひとはく」集団の活動図（上図、作図：武田重昭／同館研究員）はその中間報告のようなものである。これからますます活発になろう。今後の展開が楽しみである。

有賀一郎 [Ichiro Ariga]

写真=有賀一郎

板橋サンシティで、都市の森づくり
町山ボランティア活動を、30余年にわたりリード。
一方、東京ディズニーランドの建設から景観管理まで、
独自の技術開発で数千億円の収益と入園者の倍増を実現。
サンシティではエコロジカルマネージメントを体現、
ディズニーではランドスケープマネジメントと
コマーシャリズムを体得。
大規模組織事務所にありながら
全人的にランドスケープ思想を全うした男、有賀一郎。

有賀一郎ほど、生まれながらの、または育ちながらのナチュラリスト、ヒューマニスト、テクノロジストはいないと思う。造園家人生を歩むべくして歩んできた男。口先だけの有名造園家と違い、生き物へ、樹木へ、場所へ、そして人間への愛情は、まさに全人的でホンモノである。有賀一郎は、私の後輩であり教え子であり、仲人も私がした男だ。だからここにとりあげたわけではない。彼の実力とキャリア、その仕事の量質、社会活動での貢献のすべてにおいてわが国を代表する造園家の一人と思えるからだ。彼は大規模組織のコンサルタンツ事務所のスタッフであるので、彼の業績は組織の陰に隠れ業界内部に埋没し広い社会からは見えにくい。大組織といえども、結局は仕事を担う人次第。組織人ならではの仕事もしっかり評価したいものである。有賀一郎、彼が30有余年間で手がけた仕事の総件数は500件におよぶ。東京ディズニーランドや船橋ららぽーと、横浜海の公園など、たくさんの人々に親しまれているランドスケープ空間も少なくない。学会賞はじめ数々の受賞は彼の独創性と研究心、仕事にかける情熱の証しだが、これからは一人の樹木医有賀一郎として、自然共生社会実現に向けていまひとたびの大般若と活躍を祈る。

有賀一郎
ありがいちろう

1949年横浜市生まれ。68年青山学院大学高等部卒業。73年東京農業大学農学部造園学科卒業、同年サンコーコンサルタント(株)入社。80〜88年(株)オリエンタルランド出向。東京ディズニーランドの計画設計・開園運営に携わる。98年サンコーコンサルタント(株)地域環境部長就任。現在技師長。東京農業大学客員教授、樹木医学会元副会長現理事、街路樹診断協会理事、NPO自然環境復元協会理事などを兼任。主な著書に『ルーラルランドスケープデザインの手法』(学芸出版)、『ランドスケープのしごと』(彰国社)など多数。

進学先は東京農大造園学科しかない

有賀一郎の父は、日本鋼管に勤めていた鉄骨建築家、その父の父は東芝のエンジニアで家電の工業デザイナー。母は書家で、指人形づくりや園芸趣味も、母の父は潜水艦の動力関係の設計研究者で東芝の役員待遇、東京菊の会の会長、さまざまな小鳥を飼いランや観葉植物を育てていた。母の母は江戸小紋の染め物屋の出。アーキテクト、エンジニア、デザイナー、アーティスト、クラフツマン、サイエンティスト、ナチュラリスト、職人など、実に多様で多面的なDNAが有賀一郎には受け継がれたようだ。

一郎は、戦後復興のまっただ中、昭和24年横浜に生まれる。幼年期には、自筆のスケッチのようにヨシやガマが生え、アメリカザリガニ、ヤゴ、ガムシなど水生昆虫がいるビオトープ(水たまり)で終日を過ごし4,5歳でいっぱしの生き物ハンターになっていた。ただ捕まえたものはほとんど逃がすというやさしい心の少年だった。

「この頃の私は生き物の考えていることがわかった。彼らのルールの中に入ってしまえば彼らと一体になれる。自分の望むことを生き物に要求するのではなく、生き物の望む事を自分がやってあげればよい。」

ナチュラリスト有賀一郎は、このときすでに誕生していたようである。

大きくなったら動物園の園長さんか、探検隊の隊長さんと、即答するほど生き物が大好きで、小学校入学前からハチ、メダカ、金魚の観察記録をつけ、一方で絵を描き工作も巧みであったという。これでサイエンティスト、アーティストもクリアだ。

小学3年のとき、海近い鶴見区の埋立地から、雑木林に囲まれた南区大岡の浅間山斜面の300坪に引っ越す。ここで、家族総出でにぎやかに庭づくりが始まる。鶴見から、祖父の家から、周りの山から、そして植木屋からのさまざ

幼年期に親しんだ京浜工業地帯にも、空き地には水たまりがあり、生き物の棲む空間があった

まな樹木が植え込まれていく。小学生の一郎にはこのときすでに造園分野へ進学の下地ができていたとの自覚がある。青山学院の中等部に進んで生物部での観察にますます熱中、黙々と花壇を手入れする有賀少年に同級生たちは「百姓」というあだ名をつける。それは一郎に、誇りと自信を与えるものだった。自転車にも夢中で鎌倉、城ヶ島まで遠出し、走り苦しみ抜く楽しみを覚えさせ、高等部にすすむとバスケット部に入り体力づくりに励む。高一のとき、進学先は東京農業大学造園学科と決めた。
「生き物が好きで、デザインが好きで、樹木の手入れが好きな子が、どうして造園学科以外に行けようか！」という思いであった。

サンコー有賀での
リーク・スルーと仕事運

朝日新聞のザ・グローブが、ある人物のリーク・スルー（突破する力）を評価している。そこには10種類の資質が示されている。
1 持久力、2 体力、3 行動力、4 運、5 語学力、6 決断力、7 集中力、8 協調性、9 独創性、10 分析力。長年、大学にいて学生の様子をウォッチングし、評価を業としてきた私としては、前掲の10項はなかなかいい線だ。しかし、この10項をバランスよく満たす者はそうはいない。

ところが、有賀一郎の原風景レポートと自作の振り返り文、学生時代から今日までを読むと、彼こそ自然とともに育ち、暖かな家庭で素直に育ち、文武両道で自らを鍛え、強い目的と高い目標をもって、まっすぐに努力を重ねて生きてきたように思う。

有賀一郎は、当時、私たちの研究室でやっていた「自然公園の収容力研究」のチームメンバーとして、人間と自然の調和共存関係の在り方を考察、卒業後は三井鉱山系のシンクタンク、サンコーコンサルタント株式会社に入社し、地域計画室に配属。三井不動産のビックプロジェクト板橋サンシティのコンペに彼のアイデアが直ちに採用され、以下、西武不動産の松ヶ丘住宅地計画コンペ、西武球場の計画とアセス、三井不動産の船橋ららぽーとの環境デザインとインドアグリーンのアイデアなど自ら「新人絶頂期」と誌すほど仕事運に恵まれる。入社9年目には東京ディズニーランドを建設運営する三井系企業のオリエンタルランドへ出向、世界に知られるファミリーエンターテイメント、ディズニーランドの新設に際し、敷地計画（サイトプランニング）とランドスケープ計画の責任者として約10年、新しいチャレンジを続け、初めての経験を積み重ねる。彼はこの滅多にないチャンスと難題を、ランドスケープ・アーキテクト持ち前の分析力と独創性で問題解決して運に変える行動力を発揮した。そしてサンコーコンサルタントに戻ってからの約10年間、バブル経済の下、数々の企業プロジェクトや公共事業で大きな仕事をこなす一方で、徐々に環境の時代に向かう社会的要請であった彼本来のやりたい仕事、自然復元、自然再生、自然共生型プロジェクトを大車輪で実現してゆく。

エコロジーも、エコノミーも、その両方を調和させながら、生き物を大切にしつつ、事業者の要求をも充足する。まさに組織事務所らしい仕事を十分にこなし、サンコーコンサルタントの地域開発部長、地域環境部長、地域都市計画部長、そして技術統括部や地球環境部の技師長へと進む。まさにジェネラルにである。

東京ディズニーランドの
エリアデベロップメントと
ランドスケープコーディネーター

東京ディズニーランドの建設において有賀は、まだ若かったがオリエンタルランド株式会社土木部主任技師として、外構工事やファニチュア工事などランドスケープ部門を担当。建設時のサイトプランニングから10年後の将来計画、ランドスケープデザイン、建設のコーディネーターなどの重い責任を果たす。

ディズニーランドの理念は、ファミリーエンターテイメント――あらゆる世代を越えて、家族・友人・先生・生徒が共通の体験を通し、ともに笑い、驚き、発見し、楽しむというもの。来園者（ゲスト）はすべてVIP、従業員は出演者（キャスト）と考える。パークは大空のステージ、遊園地ではなくて劇場と考える。したがって、植栽を含めて造園もアーティフィシャル（人工的）な舞台装置（ショーセット）であり、緑には、空間を囲い、区分し、バックスクリーンで見せたくないものを隠す役割が期待される。当然、開園時には完成した緑でなければならないから9年前から試験植栽もされている。

ここで有賀は、ランドスケープ建設全般の進行管理調整の総括責任者として責務を果たしたほかに、開園後は各ゾーンの在園者の定点観測調査と理論的な収容力の計算にもとづく改修計画によって、利用密度の平準化をすすめ利用満足度を維持しながら、4年目で1.6倍の収容力アップを実現、高い評価を得た。これは学生時代の収容力研究を発展させたもので、彼の分析力の確かさが立証されたようなものである。

もう一つ彼は、外周ホテルの景観影響対策の責任者としてビジュアル・インツルージョン（Visual intrusion：視覚的侵害）対策を成功させている。ディズニーランドの周辺用地にホテルを誘致し土地の価値を高めたいが、パークの中から外周ホテルの建物が見えるようなことは避けなければならない。いったん完成したパークに、植栽の巧みな再配置でゲストの視線を遮り、外周のホテルが内部どこからでも見えないようにするのである。外周ホテルの立地は数千億円の経済価値があるから大変な収益を

東京ディズニーランド：イメージスケッチ（有賀一郎作）

サンシティ
東京都板橋区、12.4ha、人口約6200人の集合住宅地。野鳥がさえずる樹海の中に中高層住棟がそびえる。
左／1980年竣工時、既存樹の移植樹と植樹祭で植えた木しか見えない
中／2000年20年後、表土復元した中央林は、成長が早く10〜20年で大森林になったが、移植樹のソメイヨシノが自然林ではない
右／2009年30年後、中高層マンションが樹海に飲み込まれていく。落葉樹林は季節変化で人の心を惹き付ける

もたらしたことになる。ビジュアル・インツルージョンは景観対策技術であり、収容力アップの改善とともにまさにランドスケープ・アーキテクト有賀一郎の面目躍如である。

彼の能力の高さと広さは、実にここにある。特定の作風や意匠で独自性を発揮しようとするこれまでの作庭家や造園家とは違って、そのときその場での社会的経済的要請に対し、適切な問題解決法を柔軟に提示できるランドスケープ・ジェネラリストなのである。これも有賀一郎の血につながる多才なDNAのお陰かもしれない。

コミュニティ・ランドスケープ計画から持続的ボランティア
板橋サンシティの森づくり、
里山ではなく町山の育成活動

有賀一郎は平成12年度日本造園学会賞を受賞した。「板橋サンシティのコミュニティ・ランドスケープの計画と育成」に対してである。

比高15mの段丘斜面、約13ha、住戸1900戸の14の高中低層住棟の中央に森を再生する計画だ。有賀は、その調査・計画・設計・工事・入居・育成・管理のすべてのステージで、ここの緑と住民たちの30余年におよぶ緑育てのボランティア活動とつき合ってきた。

有賀は入社間もなくサンシティのプロジェクトに参加する。かなりのボリュームのある開発であったが、有賀は大学4年間、造園学研究室、造園観光研究会、環境問題研究会でフルに自然と人間の調和共存環境の在り方を議論してきたので、その思想を計画的に展開する形で提案したところ、そのせいで開発許可が容易におり、上司の信頼を得る。プロジェクト3年目オイルショックで板橋サンシティ見直しコンペが行われ、有賀の案が本格採用される。新入社員で異例だが「広場会議」という計画決定機関の常任委員になってしまった。

こうして有賀は、現在まで30有余年、都市の中につくられた里山、いや町山の成長と管理を、また森を中心とする緑のふるさとづくりのホームドクターとして住民とともに汗をかいてきた。この中で、保全を中心として何もしてはいけない里山ではなく、都市の中ではガーデニングのように何をしてもいい「町山」というコンセプトもできた。

彼らの活動は読売新聞社の「緑の都市賞」をはじめ数々の受賞、マスコミ取材を受け、住民ボランティアに大きなプライドを与えてきた。私の研究室の修士論文「緑豊かな板橋サンシティの不動産売買価格の一考察」（東京農業大学大学院造園学専攻長谷川素子、2005）では、緑のふるさとづくりが結果的にマンションの財産価値を高めていることを結論している。

板橋サンシティのコミュニティ・ランドスケープは、「緑の保全回復」と「コミュニティの創出」による都会のなかでの「ふるさとづくり」へのチャレンジとして、最高の評価が与えられる成功プロジェクトであった。

と同時に、有賀一郎のデビュー作にして、出世作、代表作でもあった。分業化社会で一人の専門家が、しかも組織事務所の一員でありながら一つのプロジェクトに数十年関わり続けている点で、生涯作とでも呼ぶべきか。生涯作と言ったのは、有賀一郎にとっては、後述するように彼が生まれてから育つプロセスの半生の体験と、そこから得た彼の自然や生活への思い

のすべてを盛り込んだ仕事だったからである。原風景や原体験のままに、また研究室で武装した人間と自然の関係理論を、ひたすら関係者に納得させ、誠意をもってデザイン実践を尽くせばよい。それが、時代と人々の求めるものと見事に合致し、共感を得たのだ。

さて、計画だが、既存林の保全と武蔵野林の復元の空間を生み出し斜面緑地の連続性を担保するために、住棟と車道は外周部に配置。人の領分と緑の領分をきちんと棲み分けること。その上で緑は多様多層構造で持続性を担保する。この考え方は、日本の造園学発祥といわれる明治神宮の杜づくりの手法で本多静六先生らのものだが、これに住民の生活と結合する仕掛けを加えたのは、有賀一郎のオリジナリティである。中央緑地、その林内にアメニティから

竣工した当時のサンシティ：左側が武蔵野台地、右側が荒川低地、平坦な台地も低地も開発され、境目の河岸段丘のみに斜面緑地が残る

新しいふるさとづくり：サンシティでは、30年前ここに住み着いたサラリーマン家庭は、現在70代を超え、すでに次世代に交代しつつある。樹木と共に加齢したコミュニティはゆっくりと福祉に向かい豊かになり、新たな次世代への礎となって「ふるさと」は再生し続けている。

海の公園：水中部は、海洋生物が生息できるように多孔質な自然石を捨て石や景石として大量に投入している

エコロジーへと段階的にコミュニティ施設を配置し人々と森を近づけたのだ。入居者の記念植樹、ガーデンエリアの確保はもとより、地形保全、表土復元、野鳥など生き物保全、バードサンクチュアリの設置も。武蔵野林の萌芽更新で出る伐倒木で炭焼きを始め木炭竹炭一度に100キロ、またシイタケ栽培も始め秋に100キロ、モウソウ竹も再生し、タケノコの収穫も。森の手入れで出る落葉は堆肥化しカブトムシの養殖にも成功、また幹枝は粗朶にして土留めに、そこを「虫のお宿」と名付けてビオトープ化も……。

たくさんのこうしたイベントは、住民参加が不可欠だが、10周年でサンシティ緑の会、後のサンシティ グリーン・ボランティアが活発に活動している。約90名が登録、週一回20～30名が入れ替わりながら参加、メンバーにはデザイン、パソコン、ガーデニング、野菜づくり、樹木マニア、機械整備、植林など多彩な達人がおり、住民の楽しみと生きがい活動へと発展している。もちろんその裏には有賀らプロが、森の管理マニュアル、参加者を増やすイベントづくり、助成金のとり方、意識昂揚への講演会や表彰など。それにボランティアグループを管理組合環境部会の実行組織に位置付けることで弁当代や道具代を提供できるといった、持続可能な条件を整備すべく知恵をしぼっている。もっともこれも彼が学生時代、観研や環問研の幹事長としてサークル活動をリードしたスキルを発揮されるだけで済んだだろう。

横浜海の公園半島部、羽生水郷公園など
自然共生社会へ、樹木医有賀一郎へ

平成に入るとバブル経済の剰余資金のおかげもあって、自然共生、環境共生に配慮した公共事業が活発化する。サンコーの受注も有賀の仕事もエコシフトする。エコロジカルデザインこそ有賀一郎の本領発揮の大舞台で、横浜市の金沢海の公園の環境共生護岸や景観デザイン、菊名池公園のカモの飛来を配慮した多自然型プール、神代植物公園の湿生植物園設計、広域避難地ながら生物生息空間の創出のため多様多孔質な水際線設計とした彩の森入間公園、ムジナ藻自生地の保全と環境教育フィールドとしての羽生水郷公園、千葉県東金道路でのトウキョウサンショウウオの生息環境再生のためのミティゲーションなどなど枚挙の暇がない。

たとえば金沢地先埋立事業の一環として海の公園の一角には、まさに陸域から水域に移行する海のエコトーンの在り方がデザインされている。陸上部では利用者が完璧に水に親しめるよう人工階段護岸とするが、従来のとは違いゆったりとした曲線でしかも水辺まで車椅子で近づけるスロープのある海洋性親水護岸を我が国で初めて実現した。一方水中部は海洋生物が生息できるよう多孔質の自然石を大量に活用して、景観としてもいかにもナチュラルな自然海岸、荒磯の景を構成している。難しい条件をクリアしつつ干満の激しい海の公園としての安全性と歴史ある金沢八景の海岸美、まさに「用と景」の調和を図っている。

公園事業は公共性が高く、住民の要求も多様

菊名池公園プール：夏の2ヶ月間はプールサイドだが、残りの10ヶ月は広場。内側は、カモの着水できる水深に水没し修景池。冬はカモと市民との交流の場になる。

である。防災など機能的なだけではすまない。環境時代のいま、生物生息、いわばビオトープなど、エコロジカルでなければ納得されない。一方でのどかな入間の田園性、美しい金沢八景の海岸性などそれぞれの地域性、場所性が十分に生かされてこそのランドスケープである。ところが、こうした安全性、機能性、自然性、景観性への配慮はそれぞれ別々に表頭され、全体として一つの風景に統合されて立派な作品といえるような例は、公共事業ではごく殊である。

一般論だが、大規模な事務所では建築・土木・造園・設備などたくさんの専門家集団に分業化が進んでいて、全体を統括する力は弱い。どの専門から見ても一応の水準はクリアし機能的に用は足しているが、それ以上でも以下でもない、といったことになってしまいやすいのである。

有賀一郎の場合、ディズニーランドでの経験も生きていてか、また強く明快なコンセプトを有賀自身が持っているためか、多様な専門家とのコラボレーションを前提に仕事をしてきたが、最初にランドスケープ・アーキテクト有賀が全体像を描き、その上で協働がはたらいて、最終的に統合されたトータルランドスケープを生み出し得たといえよう。

ところで、いま有賀一郎は、自然環境復元協会、樹木医学会、街路樹診断協会などの役員として社会活動に全力投球である。先日には日本統治時代に日本人が植えた台湾阿里山のサクラの診断治療をボランティアで行い、台湾のテレビ新聞で大きく取り上げられ国際貢献したという。本人独自の数々の手法やシステムなど面白い提案も次々ヒットさせている。しかし本人が一番興がのっている理由は「自然保護で飯が喰える！」時代が、目前に見えてきたことの愉快さからであろう。燃えるような仲間たちと学生時代から語りあってきた自然共生社会の到来を、より本物にすべく有賀一郎らの楽しいチャレンジはこれからも続く。

2009.01.04（大日本農会にて）

有賀一郎氏の業績〈主な作品と受賞歴〉

年	業績
1976	板橋サンシティ計画コンペ採用（現在まで関わる）
1977	松ヶ丘住宅地 コンペ採用 埼玉第1号アセス
1979	西武ライオンズ球場 計画設計・アセスメント
1981	船橋ららぽーと 日本初インドア街路樹の提案
1981	第23回建築業協会賞「サンシティ」
1981-1988	東京ディズニーランドに関する一連の業務
1983	第3回緑の都市賞 建設大臣賞「サンシティ」
1987	東京都新庁舎 周辺・人工地盤緑地計画
1990	一之江境川親水公園 生物共生親水 コンペ採用
1991	海の公園半島部 環境共生護岸 （1996 造園学会作品）
1991	菊名池公園 多自然型プール （1998 造園学会作品）
1994	豊橋総合動植物公園コンペ採用 （1998 造園学会作品）
1994	東金道路ミチゲーション設計（サンショウウオ移植）
1995	渋川市ファミリーパーク 計画設計 事業運営計
1995	彩の森入間公園 景観計画設計 （2000 造園学会作品）
1995-2010	羽生水郷公園 計画設計（現在も継続中）
1996	東京農業大学 造園大賞 「海の公園・サンシティ等」
1997	八丈島八重根港 港湾景観整備設計
1999	第19回緑の都市賞 建設大臣賞「サンシティ」
1999-2000	彩の国大水族館 展示計画 事業運営計画
1999	東京都1建 初回街路樹診断 （外観診断・精密診断）
2000	CLA協会賞 最優秀賞「サンシティ」
2001	日本水大賞 環境大臣賞
2001	横浜水研「帷子川ヨシ」
2001	日本造園学会賞「板橋サンシティ・計画と育成」
1998-2001	群馬多々良沼公園 計画設計ワークショップ
2002	埼玉県 公園建設感謝表彰「稲荷山公園」
2003	CLA協会優秀賞「神奈川街路樹診断倒木危険判定」
2003-2004	東京汐留地区歩道・中央分離帯植栽景観設計
2003	埼玉子供動物自然公園 活性化・事業運営計画
2003-2006	行幸通りイチョウ診断・保全・モニタリング
2004	厚木緑の基本計画
	名木古木・緑地保全地区調査
2004	神奈川塚山公園
	千本サクラ樹木診断 住民協働
2004	六本木再開発 室内緑化計画「東京ミッドタウン」
2004	新横浜ハナミズキ診断治療 イベントの企画運営
	鎌倉広町緑地 計画設計
2005	桜古木協働診断治療
2005	神奈川葉山城ヶ島 マツノザイセンチュウ診断
2005-2006	神奈川街路樹計画ワークショップその1-3
2005	ランドスケープコンサルタンツ協会 功労者表彰
2006	樹木医学会ポスター賞「樹木アセットマネジメント」
2006-2008	国交省 巨樹・老樹の保全対策の研究その1-3
2006-2009	大阪安威川ダム 環境整備計画設計 住民合意
2006	国交省海の中道・公園緑地協 公園活性化事業設計
2007-2010	横浜金沢西柴桜診断・更新・管理・住民参加
2007	東京公園協会公益事業推進3ヵ年計画
2007	UR「団地の植物管理のあり方」検討委員会委員
2007-2010	東京日比谷公園樹木診断 森づくり計画策定
2008-2009	空間設計韓国サムスン・エバーランド改修計画
2009	国交省 国営明石海峡公園 神戸地区里山広場設計
2009	姫路市 名古山霊園改修設計
2010	国交省 国営アルプス安曇野公園 環境調査
2010	国交省 大井川牛尾山開削業務 景観アドバイザー

森 稔 [Minoru Mori]

写真＝森ビル株式会社

3つの古都、京都・奈良・鎌倉の豊かな自然と文化のなかで少年期を体験し、青年期には文学を志し、その夢を自らの事業のなかでふくらませ都市づくりで社会貢献を果した人物。

知識情報社会にふさわしい人の暮らし方や企業のニーズに対応した文化都心をデザインし世界をリードできる21世紀型の都市創造を実現した人物。それが、森ビル株式会社社長の森稔氏である。

氏は、緑とオープンスペースを基調とする「垂直庭園都市・ヴァーティカル・ガーデンシティ」を構想し実現したビルダーであり、同時にこの街を舞台に暮らす人々のニューアーバンライフを提唱しているフィロソファーにして、都市未来のトータルプランナーでもある。

エベネザー・ハワードの「ガーデンシティ論」から100年、ル・コルビュジエの『輝ける都市』(1934)を超えた21世紀型理想都市モデルが、いま構想され実現し成長し続けている。

森稔氏と森氏率いる森ビル株式会社の50年に及ぶ都市再開発実践歴の成果・「垂直庭園都市」(Vertical Garden City)である。その代表作「上海環球金融中心(Shanghai World Financial Center,2008)」や「六本木ヒルズ(2003)」は、世界をリードする都市モデルとして注目を集める。

ヴァーティカル・ガーデンシティは、職・住・遊・学・交・食・泊・医・憩など多彩な都市機能と、文化・芸術・エンターテイメントなどを立体的に集約したコンパクトシティである。

森氏は、自らの信念、「都市再開発は決して自然の破壊ではない。むしろ新しい自然の創造になる。細分化された土地を再統合し、建ぺい率を低く抑えながら超高層建物に集約すれば、地表の大部分を人と緑に開放できる。都市空間、自由空間、選択肢、安全性そして緑とオープンスペースを倍増できる」を、ついに人々の眼前に具現化して見せたのである。

森氏は、それが環境の世紀、世界の都市間競争をクリアし、知識情報社会にふさわしいQOL(クオリティ・オブ・ライフ)を提供できる新しい都市のかたちだと考える。森稔氏は、緑とオープンスペースが何よりも重要かつ基本であることを認識している。

森稔氏のコンセプトと指揮の下、たくさんのアーキテクト、ランドスケープアーキテクト、デザイナー、アーティストが統合的に協働し、ハイクオリティタウン・垂直庭園都市は実現した。その意味で、森稔は最強のコンダクターであり、最高のトータルプランナーである。

森 稔
もりみのる

1934年京都府生まれ。東京大学教育学部卒。59年森ビル株式会社設立と同時に取締役。93年より同代表取締役。97年経済戦略会議委員、2001年総合規制改革会議委員等を歴任。日本経済団体連合会理事、東京商工会議所議員。首都大学東京客員教授。スウェーデン北極星勲章、イタリア共和国連帯の星勲章名誉大英勲章KBE等を受勲。2012年3月8日逝去。享年77歳。

世界の都市間競争、GPCI

森ビル株式会社は、名前とちがって単なる貸ビル業でも不動産業でもない。

森氏は謙遜するが、政治家以上に国を思い東京を愛し、デザイナー以上に環境や景観、人々のライフスタイルを思索し、より好ましくより美しくより豊かなものを追求しようとしている。

新聞や雑誌を度々賑わすオピニオンリーダーでもあるが、『中央公論』誌2010年3月号では「都市再生こそ、日本経済再建の鍵」の論考を展開している。

「経済不況のときこそ、都市投資を積極的に」というアーバン・ニューデール政策の提唱だ。都市再生は、総合産業で、あらゆる業態に内需拡大、雇用増大など波及効果をもたらし、結果として税収が増え財政を潤すと、氏は考える。

このように森氏の視野には、政治、経済、文化、生活、環境、芸術のすべてが入っている。それも、しっかりしたデータを持って、東京からアジア、そして世界へと広がっている。

21世紀の地球社会で日本は？ 東京は？ 果たしてどうなるのか。森氏は、発展する中国、そのスピード感を日本の社会が自覚していないのではないか、と心配する。未来都市像を明確に持ち、これを実現する知恵も技術も経験をも、十分に持っている森氏としては歯がゆい思いであろう。

(財)森記念財団都市戦略研究所による「世界の都市総合ランキング(GPCI,Global Power City Index)」を見ると東京の抱える課題が見えてくる。

GPCIは、①経済、②研究・開発、③文化・交流、④居住、⑤環境、⑥交通・アクセスの分野別評価と、その総合スコアでランキングされている。

その2009年版を見てみよう。総合スコアでは、1位ニューヨーク、2位ロンドン、3位パリ、4位東京、5位シンガポールで、中国の上海市は21位となっている。

　①経済分野では、1位ニューヨーク、2位東京で、上海は8位。

　②研究・開発分野では、1位ニューヨーク、2位東京で、上海は22位。

　③文化・交流分野では、1位ロンドン、2位ニューヨーク、3位パリ、4位ベルリン、5位シンガポール、6位東京で、上海は12位。

　④居住分野では、1位パリ、2位ベルリン、3位バンクーバー、4位チューリッヒ……19位東京で、上海は13位。

　⑤環境分野では、1位ジュネーブ、2位チューリッヒ、3位ウィーン、4位東京で、上海は31位。

　⑥交通・アクセス分野では、1位パリ、2位ロンドン、3位アムステルダム、4位ニューヨーク……11位東京で、上海は26位。

　森稔氏の使命感にも似た「アーバン・ニューデール政策提言」の背景には、GPCIにみる東京の居住と交通・アクセスの劣位をなんとかしなくてはとの思いがある。森ビル（株）最新のプロジェクト「環状第二号線新橋・虎ノ門地区第二種市街地再開発事業（Ⅲ街区）」はその突破口を目指すものだ。

　森氏が気になるのは、スピード感の違いである。上海ワールドフィナンシャルセンターは、2008年竣工、地上101階、高さ492M、シャープなタワーの設計はアメリカのコーン・ペダーセン・フォックス・アソシエイツ、施工は中国建築工程総公司と上海建工集団総公司連合体による。

　森ビルは上海の浦東地区、D1街区約10,000㎡、Z4街区約30,000㎡の2地区を50年間の土地使用権を得て計画を始めたのだが、期限内に敷地を更地にする約束があまりにも早く果たされたり、中央緑地公園もあっという間に完成させたことに森氏は驚くと同時に、「上海スピードで、新都市が建設されるのを目の当たりにし、東京のリードタイムはわずかしかないと実感した」という。数々の既成概念と制約をクリアする闘いを続けてきた森氏にとって日本の現在への危機感は強い。最悪を避けるための法規制が、最良をつくる妨げになっては困る。まちづくりの成功は、関係者すべてのビジョンの共有が条件だからである。

上／写真左が地上101階、高さ492mの「上海環球金融中心（上海ワールドフィナンシャルセンター）」。上海の人々は「天に駆け上がる龍（上海）に、とうとう眼が入った」と完成を喜んだ。下／中国上海市の浦東新区金融貿易地区の変遷。写真左が1994年、右が2007年。中央の広大な公園も一年で完成した。「上海スピード」で新都市が建設されていくさまを目の当たりに

ラフォーレ原宿（1978年）：原宿の文化発信拠点として若者に支持されているファッションビル。大木のイチョウが街のシンボルに

アークヒルズ（1986年）：ここでの屋上ガーデンへの取り組みは「垂直庭園都市」構想の起点となった

表参道ヒルズ（2006年）：建物の高さをケヤキ並木に合わせて地下を有効活用した

森ビル50年史は不可能への挑戦

おだやかな顔と語り口、子どもの頃病弱であったという森稔氏。そのどこに、都市づくりへの情熱と使命感に近い強靭さが秘んでいるのか不思議なくらいである。

コーン・ペンダーセン・フォックス・アソシエイツの共同創設者でハーバード大学大学院のユージーン・コーン教授は、森稔氏を「人々の営み第一のまちづくり」いわばユーザー本位のひと、「市況や収益性よりもビジョンを優先する」また「正しいと思うことは、リスクとしない」いわば理想追求の人だという。

森ビルといえば、東京・港区のナンバービル「第○森ビル」で有名だが、その始まりは貸家業の祖父の家業を守るかたちで父泰吉郎氏が虎ノ門に看板を掲げた「森不動産」（1955年設立）である。そしてちょうど50年前の1959年、横浜市立大学の教授で商学部長だった泰吉郎氏と、東大在学中で小説家志望だった稔氏の共同経営によって「森ビル株式会社」が設立される。森稔氏のいう「ゼロからのイノベーション」、すなわち「共同建築方式」など合理的で近代的な工夫でスタート。その後は、創造性と理想を追い求める高い思想性に加え、実践可能な構想力、そして持続的な経営力で顧客の信頼を得て大きく成長する。近代的合理性は『輝ける都市』などル・コルビュジエに学んだと森氏は振り返るが、今や森ビルは、実現性や現代性においてコルビュジエを遥かに超えている。「職・住・遊を分けるのではなく、ひとつにまとめる」とか「経済活動に文化は必要ない、との考え方を破って森タワー最頂部に美術館やアカデミーヒルズを置く」とか、「道路上空を公園やアートと親しめる場にする」など、既成概念を乗り越えたコンセプトと新しい具体的技術で「垂直庭園都市」を実現してきた。まさに「森ビルの歴史は不可能への挑戦の歴史であり、われわれのレゾンデートル（存在意義）もそこにあります。」という氏の言葉通りである。

森ビルの仕事のすごいところは、アークヒルズでも六本木ヒルズでも上海環球金融中心でも、構想から実現までに十数年かかっているということである。

「欧米の投資家と私たちのちがいは、その時代、その国、その地域にとって、もっともふさわしい街をどう実現するか、それを第一に考えてビルをつくっているかどうかだ」と森社長は書いている。時間がかかれば金利がかさみ、利益率が下がる。それを素晴らしい街を創造するためには、地元とも話し合い続け、行政とも交渉を続ける。納得できる仕事、真の社会貢献を目指そうとするからだ。また、都市づくりの思想は継承しても、同じものはつくらない。社会状況もテクノロジーも日進月歩。次の街は一歩も二

森氏が描いた「垂直庭園都市」の理想像

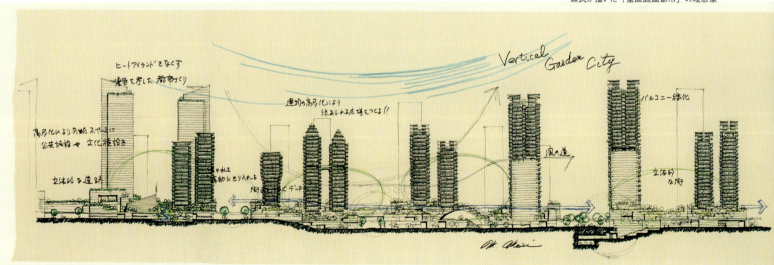

六本木ヒルズ全景。バブルとバブル崩壊という激動の時代を越えて六本木ヒルズは誕生した。敷地面積 11.6ha、延べ床面積 759,100 ㎡の職住近接の「垂直庭園都市」は、これまでの職住分離の都市構造に対するアンチテーゼである

六本木ヒルズ森タワーの足元。円と曲線を幾層にも重ねた町が広がる。写真の左下に見えるように、人工地盤の下を幹線道路（環状 3 号線）が通過し、人工地盤上には人と緑に開放して新しいスタイルの「路地」や「たまり」をつくり出した

六本木ヒルズの 66 プラザでは、都会の喧噪を消すかのように、清々しい水音が人々に潤いを与えている（撮影＝瀧浦秀雄）

歩も先を目指さなければならない。既存の街も、絶えず進化しなければ鮮度を失う。だから「変化する仕組み」を組み込むし、「タウンマネージメント組織」をつくって運営をサポートする。「森ビルは、街をつくるだけでなく、街を育てることに長けている」と、森社長は強調する。

それまで修学旅行生しか行かなかった場所が「ラフォーレ原宿（1978）」で若者のメッカとなったし、サントリーホールの屋上を庭園にした「アークヒルズ（1986）」はイベントばかりか都市型緑地生活を定着させたし、安藤忠雄を設計に起用したことで表参道のケヤキ並木と同潤会の歴史性をテーマにした大人の街を「表参道ヒルズ（2006）」で実現した。森社長は、斬新な企画力で東京中の心をつかみ、話題を世界に発信してきた。

**都市再開発事業、
森氏の理想主義と現実主義**

森稔著『ヒルズ 挑戦する都市』（朝日新書）が2009年に出版された。森ビル創立以来50年の闘いの記録だが、見事な「創造的かつ実学的ランドスケープ論」のテキストとなっている。

この本とインタビューから、森稔氏は創業者的実業家独特の理想主義者で信念の人だと感じた。強い使命感の下、高い思想でグランドデザインを描き、安易に妥協せず時間をかけて我慢づよく交渉を続け目標を達成するのだ。

著書のはじめに、「日本では、私の考え"垂直の庭園都市"やヒルズスタイルは、まだ異質であり、異端に属します。森稔は気に食わん、森ビルも六本木ヒルズも嫌いだ、という方もいらっしゃるでしょう。むしろ、そういう方に読んでいただき、私の挑戦の目的と意義を少しでも知っていただければ、という望みを託してこの本を書き進めました」とある。

私などは、自分の考え方に賛成して欲しいので本を書くのに、森氏は「賛成でも反対でもかまいません。都市のあるべき姿について議論が起こることが最大の望みです」という。この姿勢は単なポーズではない。著書のなかにも「本来、再開発というのは、そこに住んでいる人に、いままでの生活や人生とちがう生活や人生を押し付ける。社会的に意義があったとしても、そうした面は否めない。大変な共同作業だとつくづく思う」と正直に述懐している。

実際、「赤坂六本木地区再開発（アークヒルズ）」では、土地所有者約150人、借地権者80人、借家権者220人、合計450件。また、「六本木六丁目地区（六本木ヒルズ）」ではアーク

六本木ヒルズけやき坂コンプレックス屋上の田んぼで、生まれて初めて田植えに挑戦する都会の子どもたち。泥の感触に驚きながらも、かよわい苗を1本1本大切に植えてくれた。伝統をつなぎ、人をつなぎ、都会と地方をつなぐ田んぼである

森タワー52階の展望台「東京シティビュー」。49階から53階に美術館、展望台、ギャラリー、会員制クラブ、社会人教育機関、会員制図書館などがある。経済の上に文化を置くことで、「文化都心」の象徴とした

上／六本木ヒルズアリーナで開催されるイベント。下左／六本木ヒルズのけやき坂通りのストリートファニチャー（鳳コンサルタント）。長さ約400mの通りの両側には、国内外の10人のアーティストの「座れる」アートが配置されている。下右／森タワー53階にある美術館では、子どもたちのためのアート案内「こどもツアー」を開催。幅広い年齢層にアートを身近に感じてもらうためのプログラムの一つ

ヒルズの約2倍にあたる11ha、地権者400件超、借家人300件を相手に交渉を続け合意を得なければならなかった。事実、森氏は再開発反対派の矢面に立ってきたし、だからこそ反対派も納得したのだろう。

ここに都市再開発の社会的意義を、教科書で学ぶだけではわからない社会の現実がある。「森稔の体験的都市計画論」である前掲書は、プランナーやデザイナー志望の若者にとって必携の書だと思う。絵を描くだけでは街はできないし、だからこそ逆に、そうしたたくさんの人々の人生と生活をかけ得るだけの素晴らしい街、豊かな生活を生み出さなければならない。そういう覚悟で事に当たってきたからこそ森氏は信用されてきたのだろう。

垂直庭園都市、
基本は緑とオープンスペース

激しい都市間競争の真ただ中を駆け続けている森さんだが、意外にその対極の生き物系の豊かな原体験と原風景をお持ちである。いや、だからこそ環境世紀をリードできる都市構想を発想できたのかもしれない。

1934年洛北、等持院近くで誕生、京都郊外の歴史と自然に親しみつつ衣笠小学校に通う。戦中は奈良の三輪山に疎開、ここでは泥田、川遊び、家畜の牛の世話までも体験。次いで父親の関係で鎌倉、鵠沼海岸に引っ越し湘南学園に入学、仲間たちと同人誌を始める。鵠沼での稔少年は地引き網、潮干狩りなど海に遊ぶ一方、家中庭中にウサギ、ニワトリなどいろんな生き物、ついには蛇までも飼ったりした。餌をやって可愛がっていたシラサギは、樹木の枝から枝に止まりながら、またネコは垣根の間を隠れかくれしながら中学校から帰ってくる稔少年を迎えにきたという。後、WWFの評議員を引き受けたり、アークヒルズに実のなる木を植えて皇居の野鳥の行動範囲をひろげてやろうとしたり、何よりも緑とオープンスペースを基本とした「垂直庭園都市・六本木ヒルズ」の発想には、そういう森さんの生き物系人間性が効いているのではなかろうか。

六本木ヒルズは、全体地区面積が11haを超え、その中心の森タワーは地上54階、高さ238m、1フロア約5400㎡、延床面積380,000㎡に及ぶ世界最大級の立体都市だ。来訪者は年間4000万人超、また"経済の上に文化を置く"という森氏の「文化都心」の象徴としてタワートップにある森美術館と展望台だけでも年間来館者は150万人を数える。100万あれば立派に観光地と呼ばれることを思うと、如何に誘客力にすぐれているかわかる。ここで六本木ヒルズの魅力を整理したい。

第一の魅力は「緑」。「都市に自然を創出する開発方法もある」、これが森さんの永年のテーマだからだ。緑被率26％と、量はもとより、緑の質、その生活へのとり込みに力を入れている。だから日本人の感性に合う緑、たとえばソメイヨシノや山桜などのさまざまな桜花、毛利庭園という日本庭園、日本人の原風景の田んぼや「農」の風景の再現、住宅棟ではブドウや野菜を栽培するなど四季折々に表情を変え、さらにコミュニティーの創生にもつながる自然にこだわっている。

第二の魅力は、社会生活の多様な要求に応えられること。すなわち「職住から医憩、芸術まで」。多様な暮らし方を保証する仕掛けにはこと欠かない。いろんな人のいろんなニーズを充たせる街だ。

第三の魅力は「景観」の豊かさだ。計画的開発は往々にして機能的で整然としてはいるものの、無機的になりやすい。見た目にもオフィス街は非人間的に見える。森氏は豊かで飽きない街づくりのために景観の多様性に大変な気配りをしている。街区も建物の外観を揃えたりしない。むしろ迷路のようで、新しい発見ができるようにしていることは一度でも訪ねた人は経験しているだろう。景観配慮の典型例は、森タワー。高層棟はシャープで遠景のランドマーク性を第一に、一方中景の低層棟はぬくもり感と界隈性で親しみやすさを第一に、まったく異質のデザイナーに協働させている。このほか、近景の広場、街路のファニチャーやアートなどディテールのつくり込みは、もちろん第一級のランドスケープデザインだ。

以上、六本木ヒルズの魅力は、21世紀の都市づくりに不可欠と私が考えている"3つの多様性"を森さんがしっかりと意識して計画しているからだろう。すなわちそれは、①バイオダイバーシティに代表される「環境」、②ライフスタイルダイバーシティに代表される「社会」、③ランドスケープ ダイバーシティに代表される「文化」。その3つ、「環境と社会と文化の多様性」によって街の持続性は担保されるのだ。

森 稔氏の業績

1950年	神奈川県私立湘南学園中等部卒業
1953年	神奈川県立湘南高等学校卒業
1959年	3月に東京大学教育学部卒業、6月に森ビル設立とともに取締役に就任。西新橋3森ビル竣工
1963年	虎ノ門8森ビル竣工
1964年	常務に就任
1966年	虎ノ門10森ビル竣工
1969年	専務に昇格
1978年	ラフォーレ原宿竣工
1986年	アークヒルズ竣工、虎ノ門45森ビル（最後のナンバービル）竣工
1987年	森ビル開発代表取締役社長に就任
1993年	森ビル代表取締役社長に就任
1994年	6月にスウェーデン王国から北極星勲章を受章。
1998年	上海森茂国際大廈（現 HSBCタワー）
1999年	"アーバンニューディール政策"発表 ヴィーナスフォート（お台場）竣工
2002年	元麻布ヒルズ竣工
2003年	六本木ヒルズ竣工 2月に名誉大英勲章 CBE を受章
2005年	首都大学東京大学院都市科学研究科客員教授就任
2006年	表参道ヒルズ竣工
2008年	上海環球金融中心竣工 イタリア共和国連帯の星勲章「グランデ・ウッフィチャーレ」章受章
2009年	環状2号線Ⅲ街区特定建築者に選定 名誉大英勲章 KBE を受章

団体役員歴

1993年～	社不動産協会 理事
1995年～	財世界自然保護基金ジャパン 評議員
1998年～	経済戦略会議委員（2000年まで）
1999年～	東京の問題を考える懇談会 委員
2000年～	社日本経済団体連合会 理事 東京商工会議所 議員
2001年～	総合規制改革会議 委員（2004年まで）国土交通省社会資本整備審議会 臨時委員
2008年～	社東京ビルヂング協会 常任理事
2009年～	社日本ビルヂング協会連合会 常任理事

佐野藤右衛門 [Toemon Sano]

写真＝植藤造園、編集部＊

京都、嵯峨の広沢池畔の植木と桜の畑
大地に根付いた家業の営みと伝統が
ひとを育て、花を守り、庭を世界に広げ
日本文化に奥行きと深みを醸成した
桜守3代、植藤5代、佐野藤右衛門16代
不世出の植木屋庭師職人の物語

16代、佐野藤右衛門。桜守（さくらもり）として文学や芸能の世界でも広く知られている超有名人である。昭和3年（1928）生まれだから、すでに80歳を超えておられるが、いまも現役で、2005年に竣工した国の京都迎賓館庭園工事では、棟梁として後世に残る平成の名園づくりを指揮した。

「日本の文化、日本の庭園は、ほんとうに奥深いですね。建築、造園だけでなく、さまざまな業種がみんな集まって最高の職人技を競った現場ですさかい。昔から一緒に仕事をした仲間たちと心を一つにできました。」

世界的な彫刻家イサム・ノグチに頼られて、パリのユネスコ本部の庭園の施工管理を数十年にわたり手がけ、ユネスコから「ピカソ・メダル」（1997年）を受章するなど、世界各地十数ヵ国に足跡を残している藤右衛門さんだが、地元京都の造園界を率いて、他の伝統産業の長年の職人仲間たちと共に果たしたナショナルプロジェクトは、思い出おおき仕事だったようである。

ここでは、不世出の職人・京都山越の植木屋、植藤5代目を育てた自然風土、戦時下の青年期、イサム・ノグチとの友誼、造園家・桜守としての活躍、そして佐野さんからの若き後続者たちへのメッセージを伝えたい。

佐野藤右衛門
さのとうえもん

1928年京都市生まれ。桜守。植藤造園会長。藤右衛門を襲名し当代で16代目となる。イサム・ノグチとの仕事、パリのユネスコ本部の日本庭園を手始めに、世界各国の日本庭園造築にかかわる。14代目から3代にわたって全国の桜を調査した成果を『さくら大観』『京の桜』（いずれも紫紅社刊）にまとめる。著書に『桜のいのち庭のこころ』（草思社）、『櫻よ』（集英社）などがある。

伝統庭芸、職人芸の継承には、
家業システムが有効

ランドスケープ技術者のなかでも、庭の景や間などが緻密に構成され庭芸と呼ぶにふさわしい質の高さ、日本文化の粋といわれる伝統の技や納まりを体現できるひとは限られている。

いわゆる職人芸とか名人芸といわれるものは、どこかの学校で教わって出来るといったものではない。歌舞伎の名優が世襲で生まれているのと同じで、家業がひとを育てるのだ。

現代社会は、何事をも分業化し、教育は学校の分担ということにしてしまったが、家庭や地域によってひとが育てられるということを忘れてはならない。

"家業"とは、代々親の生き方、仕事ぶりを、子や孫が学び継承し発展させていくライフシステムといってよい。当事者は、自らの職業選択の自由を奪われるとの葛藤もあるだろうが、高度な技倆を継承し、専門的感性を育むには合理的で有効な人材育成システムであることは間違いない。いまこそ、家業の意義を再評価すべきだろう。

日本各地に、家業として植木屋、造園屋を営む家は少なくないが、その代表格はなんといっても京都だ。庭園都市古都は、数々の名刹名園も多く、植治のような庭師が京都市内に居を構え御所や寺社に出入りしていた。郊外には農業の傍、植木を育て作庭現場に運び込む植木屋も増えていく。やがて技術を覚え、町家の庭づくりを引き受け、造園屋、そして〇〇造園という会社組織に変わっていく。

ここでご登場願った第16代佐野藤右衛門さんは、その歴史といい、人格といい、その見識といい、京都造園界の伝統を代表する人物であり、一方でおじいさんから数えられる"桜守"の3代目として全国的に知られる著名人でもある。

もっともご本人は、「桜守という言葉を使ったのは、おじいさんやないです。人が勝手にいうているだけ。わし、あんなこといわれるの好きやないですな。たまたま桜が好きでかかわっているだけですわ。」

ご本人は、「造園といいますか、植木や庭をいじるのを専門の生業としたのは、わしで5代目。京都山越の植木屋、植藤の5代目ですわ」とおっしゃる。

植藤造園のすぐ近くには、京都でも有数の観光地、広沢池が広がる。のどかな自然風景の中で藤右衛門氏は育った（写真／幡知也）

左上／イサム・ノグチ氏との初のコラボレーションとなったパリ・ユネスコ本部日本庭園。移民労働者が主な施工に関わった。右／竣工時のユネスコ本部日本庭園。これ以降、イサム・ノグチ氏との海外での仕事が連続していった。左下／佐野氏の功績をたたえ、1997年ピカソ・メダルが贈呈された。表裏には、ピカソとマティスの刻印が押されている*

平安時代嵯峨院の別業であった広沢池に隣接する山越は、旧仁和寺領。広沢池の西は大覚寺領、南は太秦領。佐野家も御室の仁和寺領の百姓で、田畑、お茶や苗木をつくっており、一方仁和寺の庭仕事にも携わっていて、祖父は烏丸通りの大丸百貨店創設者、下村邸に戸野琢磨先生が設計した京都初の洋式庭園づくりも手伝っている。桜守と西洋庭園。何事もチャレンジ、という精神も代々佐野家のDNAのようだ。

「一軒の家に3代おりますと、この家には200年という時間があるわけですわ。毎日70年のことが凝縮した会話になります。昔からのやり方や暮らし方は残っとります。こういうふうに何世代かが一緒に暮らして、順に仕事を継いできますと、何かを教えてもらうことはまずないですわな。自然に覚えていく。それをずっとやっているだけですわ。」

日々の暮らしの中で、仕事も、生き方も、付き合い方も、価値観も、そして人間としての成長も、すべてがワンセットで営まれる。これこそ、真のひとづくりには家業システムが一番有効だという証である。

やんちゃ、賢く判断力もある
輝一青年とイサム・ノグチ

藤右衛門襲名前の本名は、輝一。昭和3年（1928）生まれ。弟妹8人の長男。当時の佐野家も、親子3代はもとより叔父、伯母や住み込み、女衆もいて全部で14,5人の大家族。親は仕事に忙しく孫は祖父母に育てられる。御室尋常高等小学校を卒業すると、京都府立農林学校園芸科に進み、戦後は京都大学附属摂津農場研究生を経て1946年からは家業の植藤造園に従事、造園の仕事や段取りは叔父さんに教わりながらの修業であった。

多くの職人と一緒のところに放り込まれて、その中で先輩らのやり方を目で見、言葉を耳にして仕事を覚えていくのである。こうしていろいろな経験を経て、ようやく「庭づくりを思いきり楽しんでやれるようになったのは、60歳くらいからでっしゃろか！」という心境にいたる。

三代続いた桜守と家業のなかで育ってさえも、さらにプラス60年。なかなか伝統庭芸の奥は深い。しかも、である。ただ長い間修業すれば、そうなるというものではない。藤右衛門さんの場合の資質、キーワードは"やんちゃ"にあるように思える。

ご本人のお言葉だと、次のとおり。「農林学校4年のとき、朝礼の時間、4人ほど呼ばれて、お前らは何月何日何時何分に京都駅に集まれ、ということでした。当時は満州に義勇軍とか開拓団とかが行ってたんですが、それを守るゲリラの小隊長として訓練を受けよということです。昭和20年1月のことです。わしは、そのころ、やんちゃでね。体力はそこそこあるし、ずば抜けて賢いこともなかったけどアホでもない。ただ判断力があることで選ばれたんですわ。訓練は、水戸の手前の内原。軍事訓練と百姓らしいことを、もうそれは大変でした。数えの18で小隊長やからね。」

藤右衛門さんのねじりはちまき姿の笑顔を見れば、誰もがわかるだろう。これまで私はいろんな場面で佐野さんの言動を見聞きし、その機敏な反応と、状況を踏まえた適切な話題展開、しかも深い思想や厳しい言い分を軽やかにユーモアで包んで納得させたり、時にその場を

やわらげ、人々をもてなす人間的スケールの大きさに打たれることしきりであった。あの笑顔は、万年青年、永遠のやんちゃ者。賢く判断力を働かせながらも、好奇心とチャレンジ精神を失わない、最高最良のやんちゃな造園人の肖像画ではないか。

内原でのゲリラ小隊長訓練を終え満州に向かう直前、当時命取りといわれた急性肺炎で生死の境を彷徨う。「ものすごうきれいなお花畑がある、向こうに虹がぱあっと見えてね。」藤右衛門さんは、あの世の庭園をのぞいてきた貴重な造園家でもある。

輝一30歳、息子晋一（現、株式会社植藤造園社長）が生まれた頃、世界的に知られるようになっていた彫刻家イサム・ノグチがパリのユネスコ本部に日本庭園をつくることになり、当時イサムと親交のあった重森三玲氏に頼まれて桜の植栽と作庭現場を任された。

イサム・ノグチは当時50代くらい、父親は日本人だったがアメリカ人。日本ブームでもあったので、世界各地で日本庭園をイサムに注文するが、イサムはあくまで彫刻家。彼にとっては庭園も彫刻という考え方。何人か、イサムの相手をした職人は皆な喧嘩別れしてしまっていた。ところが佐野さんはちがった。そうか、イサムは彫刻屋やな。それなら、そう思って彼のやりたいことを推察し、サポートしてやれば

京都迎賓館(敷地面積約20,000m²)。建設にあたって京都を代表する伝統技能者の技を集められ、造園技術の粋が注ぎ込まれた(2002年完成)。(写真／福岡将之)

いい。そう考える能力が、本物のやんちゃの真骨頂。こうして、イサムは植栽のときは必ず相談し、また行き詰まると相談し、ついに佐野さんを頼るようになる。
「ちょい、ちょいと石を叩いて、それでちょっとした作品をつくってしまう。何時、こういうことを考えるんや？ と言いましたら、自分が若い頃、考えたこと、つくりたかったことを今やっているだけだ、というんです。」

それから「どうすれば、こんな形やアイデアが生まれるのか、と聞いたら、女性とつき合うことだ。男は、男の発想しかできない。まったく違う考え方やアイデアは、女性からのインスピレーションしかない」というので、「わしも、若い頃から遊んでおかなけりゃいかんし、祇園(ぎおん)へも通わにゃならんと思うんですわ(笑)」とか。ともあれイサム・ノグチと佐野さんは彼が亡くなるまで一緒で、世界各地にたくさんの仕事を協働している。賢く、状況判断ができるやんちゃ精神の佐野さんだから持続したのだろう。

「もとから考えよ」。
佐野藤右衛門からのメッセージ

京都、嵯峨野、広沢の池の畔の清涼の地。京の中心を遠望する清雅な土地に16代にわたって住居する距離感が、俗に塗(ま)れず、本質を見ようとする佐野藤右衛門の思想を形づくったように思う。世界十数ヵ国でたくさんの庭をつくり、いろいろな文化に触れ、イサム・ノグチをはじめたくさんのアーティスト、たくさんの交友を介して人間を知り、社会を見て、ほんとうのコト、ほんとうのモノをつくるにはどうすればよいのか！ それをいつも考えて生きてきた。そして、それへの答えは「もとから考える」ことではないか、という一点に結論された。佐野さんはまず2句を紹介する。

　鮎は瀬に住む　鳥は木に宿る
　人は情の蔭で住む

　絵にかきし　餅は食われず　世の中は、
　　真でなければ　間に合わぬぞ

まさに、自然や道理という大元、基本から考えなければならないのだ、ということだろう。基本は気候風土、日本は南北に長く各地の多様な気候風土を無視することはできない。気候風土が衣食住、生活文化のリズムを形づくってい

るからで、それを考えればその土地のこと、その地域の暮らし方、家や庭のあるべき姿もよく理解できる。一方、その土地の自然、動植物、河か川か、山岳性か海洋性か、特に土質、風向、地下水など全部を踏まえなければいけない。

ところが現在、これらを無視して、現場を知らず現場調査もマニュアル通りで済ませ、元から考えることをしないひとが多い。ほんとうの自然のなかで生活をしたことがない人間に、ほんとうのものづくり、庭づくりは出来るはずがない。

以上が、佐野さんのメモを私なりに意訳したものである。さてそこで、もう少し佐野さんの「もとから考える」を「造園」に援用してみよう。

日本では「和魂洋才」、中国では「中体西用」、韓国では「東道西器」という言い方で二項対立を調和させてきた。また、「造園」では昔から「用と景の調和」とも言ってきた。

これを私流にアレンジすると「植木屋魂、庭師才」、そして「用・生・美の調和」ということになる。以下、少し解説しよう。

佐野さんは植木業や造園業というものの根本を書いている。
「この仕事は自然や季節を相手に、木々や草花を育てることです。世の中は機械化がすすみ住む家や環境も大きく変わったようですが、自然を相手にする仕事ではそう変わるものではありませんし、変えようがないのです。もしかしたら、変えるということ自体が滅びるというこ

京都迎賓館の施工段階の様子。藤右衛門氏は80歳を超える今もなお現場に立ち、後進の職人の育成にも励む(写真提供／京都迎賓館)

上2点／海外の代表例：ドイツ・ベルリンマルツァーン日本庭園。マルツァーン保養公園内に日本庭園（敷地面積約2,700m²）の造園工事（2002年完成）。下2点／国内の代表例：広島県・旧児玉希望邸茶室の移設に伴った植栽造園工事（敷地面積約1925m²）（2002年完成）

とかもしれないと思っております。」（『桜のいのち、庭のこころ』草思社、1998）

植木屋といい桜守といい、その言葉には、自然や季節、生命、生き物第一の精神が込められていると私は考える。

また佐野さんは、庭づくりのポイントを次のように書いている。

「庭の主木は、松ですわね。常磐木で、幹や枝ぶりに風格をもっておりますし。京都の山にはアカマツが多かったのですけれど、庭に入れるのはクロマツのほうが多いですよ。強い庭の主木はクロマツ。柔らこうつくる場合、園内を回遊する場合はアカマツです。」また「紅葉は、着物でいうたら襦袢みたいなものですわ。あまり表に出ずにちゃんと用をなしている隠れたおしゃれというのか、紅葉はどちらかというたら、山の感覚です。陰樹やから日の当たらんほうが、きれいに、ようできよる。」と。

このように作庭の完成度を目指す庭師の造園に期待されるのは、植物など材料、それらが生み出す空間の雰囲気、すなわち、場所や庭の感性やイメージ創出が第一ということであろうと私は考える。

以上の意味合いをこめて「植木屋の魂と庭師の才」と言いたかったのだが、前者は生き物愛、後者は人間愛と言い換えてもよい。

また、「用生美」は、使い勝手がよく、生き物をいきいき活用し、なおかつ美しく感動する空間と景観をつくるのが造園の根本ということ。すなわち、用：職人、生：植木屋、美：庭師にそれぞれ対応する。佐野さんは、その三者をかねたトータルバランスを持つ人物である点で、特筆できるとしたいのである。

ところでここに、植藤造園の社員が記録した「京都迎賓館の施工記録ノート」がある。このなかの"佐野語録"で、私の目に止まったフレーズを羅列しておく。読者に、何か感じてほしいからである。

- けがと弁当と道具は自分もち
- 昔は建物より先に庭をつくったもんやがなあ。
- 左官、水道、電気、ガス、それら全部ができんと造園屋はできんからなあ。
- 名所というのは、自分が決めるもんと違うて、他人が決めるもんなん。
- 樹木も生きるために自分のエリアを確保しとるのに、元をきちっとしないで形ばっかり整えようとしとるからあかんのや。
- 飛石は5寸5寸で据えていく。5寸というのはほんま歩きやすうてな。着物の女性でもまたいで歩ける幅なんや。
- 京都の植木屋はうるさそうに見えて、実はその場に応じて臨機応変に対応できる。
- 1,2,3、言うたら味ないけど、ひふみ言うたら味があるわい。
- もうちょいというのは、そのままでもいいけれど、気持ちの上でもうちょっとという風なもの。
- サクラにナラタケが入るちゅうことは、だいたい寿命がきたんですわ。
- 建築のほうはあと何cm……云々と書くけど、庭はもう"模様を変える"くらいしか言えへんねん。それでいいと思うねん。
- 日本人は何を彫っても地蔵。女神にはならない。日本の庭は生きた庭。西洋の庭は死んだ庭。だからモニュメントを置いてごまかしている、と西洋人が言う。
- 日本庭園ちゅうのはデザインちゃう。感性でしかないねん。体に染み込んだものを全部出して全部つくっとんねん。
- 京都はあかり、よそは光。
- やっぱりアラカシと山石ちゅうのはええもんやねえ、京の庭いうのは。
- 1000年後、建物はつぶれても、庭は残る。
- 女のパンツはチラッと見えるからいいもんなんや。いいもんはチラッと見えたほうがいい。
- 人間の都合で考えるか、サクラの都合で考えるかどっちかや。
- 一服といっても、体は休めてもいいが、頭は常に働かしとかなあかん。
- 一、二、三、が大事。だから四の五の言うな、いうねん。日本間は、日本語に合うように、ちゃんと理屈が合うようになっとる。
- 日本の美しさは、隠すことにより見せることだ。
- 機械に振り回される時代、絶対に忘れてはいけないものは、方言と味と祭り。
- 安全を教えるのではなく、危険を教えるべき。
- 日本の文化をすべて集めた上でイサム流にする。あいつの偉かったところは、自分が行き詰まったときに「日本ならどうする？」とちゃんと聞くところ。
- 1,000円もらって1,000円の仕事をするなら誰でもできる。500円もらって1,000円の仕事がしたい。
- こだわってこだわらんように、こだわらずにこだわれ！
- 道にあればただの石、使いこなしてはじめて

- 庭石になる。
- 石も3年に一回汗をかく。石も生きとんのや。みんな生き物。灯篭も生き物を生かしとる。
- 「思い出さずに忘れずに、夢に見るようじゃ思いが浅い」といって、常に同じ状態を保つことが大事なんや。
- 若者へ。「そうじをする」ということが一番大切。ほうきと○○○は立てて使わんと間に合わん。
- 最近の若者は、マニュアルに頼りすぎるさかい、マニュアル外のことが起こったら対処できひん。
- 庭づくりというのは、始めがあって終わりがない。宇宙と一緒や。

以上……ほんとうは、もっと紹介したいのだが紙数がない。本物の技術屋魂の一端を感じてもらえると嬉しい。

最後に、佐野さんといえば「桜守」なので、その3代の仕事ぶりを要約し紹介しておきたい。

桜守1代の祖父14代藤右衛門氏は明治7年生まれ。各地の名桜の子孫を残そうと、全国行脚し、接ぎ穂、種子採取。植木畑の一角に桜畑をつくる。仕事を息子に任せられてからの大正以後は、本願寺門主大谷光瑞の応援を得て、北は樺太、南は九州を回り、ついに180種のサクラを残した。

桜守2代の父15代藤右衛門氏は1900年生まれ。祖父の遺志を継いで、250種、本数にして数十万本を手がけた。175種の桜花を画家に描かせて『桜図譜』(1961)を刊行、そのために山をひとつ売った。また大谷門主の要請で、シベリア鉄道沿いにサクラを植え日中露の親善友好を図ろうと10万本の苗木をつくるも、戦争中の食糧増産に土地を提供するため伐採焼却するという悲しい思いをした。

桜守3代、すなわち当代輝一氏昭和3年生まれ。先代にくらべて云々と言われないよう気張る。全国各地への桜行脚、保護活動、栽培本数、著作のすべてに多きを数え、さらには桜関係文物のコレクションや花器などの造形へ発展。また日本さくらの会副会長を永年つとめ桜花章受章、花の万博記念賞など数多くの表彰を受けている。特に、『さくら大観』(紫紅社、1990)、『京の桜』(紫紅社、1993)、『桜のいのち・庭のこころ』(草思社、1998)、『木と語る』(小学館、1999)、『櫻よ』(集英社、2001)などの著作は必見の価値あり。

佐野藤右衛門氏の業績〈年号は完成年〉

主な海外業務

1955年	フランス パリ市 UNESCO日本庭園工事
1961年	アメリカ ニューヨーク州ブルックリン植物園 龍安寺石庭工事
1968年	イタリア フィレンツェ市 桜植栽工事
1972年	西ドイツ ハンブルグ市世界園芸博覧会 日本庭園(池泉廻遊式庭園)
1993年	カナダ バンクーバー市新渡戸記念庭園改修工事
1995年	カナダ オタワ市 国立人類学博物館庭園工事
2002年	ドイツ ベルリンマルツァーン日本庭園
2007年	香港 九龍湾オフィスビル造園工事

主な国内業務

1986年	京都府 ㈱都ホテル宴会場増築に伴う造園工事
1988年	京都府 府民ホール(仮称)建設工事[造園工事]
1989年	京都府 京都市美術館庭園整備工事
1990年	大阪府 ㈶国際花と緑の博覧会外国庭園 B-1ブロック(イタリア)整備工事
1994年	京都府 梅小路公園修景施設整備工事
1996年	京都府 宮内庁桂離宮庭園基本整備第2回工事
1996年	愛媛県 今治国際ホテル新築に伴う造園工事
1997年	京都府 ガーデンハウス桂・御陵坂第3造園工事
1998年	東京都 新麹町会館造園工事
1998年	京都府 日本中央競馬会京都競馬場構内緑化工事
1999年	京都府 ㈻明治東洋医学院明治鍼灸大学グランド造成工事及び新体育館建設に伴う修景植栽工事
2000年	東京都 曹洞宗高円寺参道整備工事但し植栽工事
2000年	神奈川県 三溪園日本庭造園外構工事
2000年	山梨県 中央自動車道(改築)談合坂SA(上り線)駐車場造園工事
2000年	東京都 セルリアンタワー東急ホテル外構造園工事
2001年	京都府 明治鍼灸大学新学部棟建設工事植栽工事
2002年	福岡県 第108工区(百道浜)河岸緑地復旧工事
2002年	広島県 旧児玉邸内茶室移設工事庭園植栽工事
2003年	京都府 京都大学桂団地 基幹・環境整備(植栽等)工事
2004年	兵庫県 淡路地区桜植栽工事
2005年	京都府 内閣府京都迎賓館庭園工事
2005年	東京都 外務本省改修(04)建築工事 中庭整備関連工事
2007年	北海道 小樽銀鱗荘中庭工事
2007年	東京都 首都圏中央連絡自動車道 上川地区造園工事
2007年	京都府 京都市太秦安井公園整備(1)(2)工事
2007年	神奈川県 寒川神社神嶽山周辺整備工事
2008年	東京都 お茶の水女子大学ベニヤエシダレザクラ植栽他(多目的広場整備)工事
2008年	京都府 京都府嵐山公園 公共都市公園施設整備工事
2009年	京都府 環境省平成20年度京都御苑水路石積等改修工事
2009年	神奈川県 寒川神社茶室・収蔵庫工事
2009年	京都府 国交省 平成20年度淀川河川公園(山崎管内)施設整備工事
2010年	京都府 京都市壬生櫓公園再整備(1)(2)工事
2010年	京都府 宮内庁桂離宮池泉周辺整備工事

進士氏(左)と佐野氏(右)。背後に映るのは藤右衛門氏の自宅。古き良き文化を生活面でも継承している(2010.05.06)＊

小出兼久 ［Kanehisa Koide］

写真＝小出兼久、LANDSCAPE DESIGN ＊

何んでも見てやろう！

小田実スピリッツに乗って

フランス、ベルギー、イタリア、スペイン、

イスラエルにモダンアートの旅の途上、

「地面に絵をかいてみないか！」の誘いが、

ランドスケープとの出会いであった。

大地、自然、生命、ネイティブランド……

気持ちのいい場所も、美しい世界も、

しかもサスティナブル都市も、

だから、これからはリッド、ゼリスケープ。

常盤座の小出兼久は地球ウォッチャー。

信濃大町・常盤座を訪ねる。新宿駅から特急あずさ9号で松本駅へ、ここで大糸線に乗り換え、さらに1時間で信濃大町駅に着く。そしてタクシーで10分、常盤に着く。ASLAメンバー、ランドスケープ・アーキテクト小出兼久氏のアトリエ兼ゼリスケープ実験圃場・常盤座、約3000坪の風景が広がる。背後に鍬ノ峰、遠くに北アルプスの山並みを望む静かな田園に、少し突出するアートのある風景でもある。「常盤の白州次郎と言われているんですよ」と笑う不思議な風貌のアメリカンな男、小出兼久には、大町にベンツを乗り回すわからない人の趣きがある。一体この人は、何を考え何をやろうとしているのか。いままで、どんな道を歩いてきたのか、何をやってきたのか。常盤の白州次郎はいま、世界のランドスケープを、この信濃大町の静かな田園ランドスケープに身を置きながら、冷静にウォッチしている。小出兼久の世界・常盤座に足を踏み入れてみよう。どうもここは、単なる田舎暮らしでも、単なるガーデンデザイン作品でもないらしい。地球の異常気象、異常渇水、異常豪雨と真正面から向き合う「ゼリスケープ」またその発展形「L.I.D. 低影響開発」についてそのコンセプトと手法の、科学とランドスケープの融合を目指そうとする小出兼久の社会実験室のようである。

小出兼久
こいでかねひさ

ランドスケープアーキテクト (ASLA, EWRI, RLA,RLSs) 一級造園施工管理技士。NPO法人日本ゼリスケープデザイン研究協会（JXDA）代表理事。1951年東京生まれ。ジョス・ワイベルグ建築事務所（ベルギー）、バーガーパートナーシップ（米国）を経て帰国。日本ゼリスケープデザイン研究協会を設立し、2003年第3回世界水フォーラム分科会にてランドスケープアーキテクチャーと水保全の統合を日本で初めて提言。以来、日本における低影響開発の第一人者として、LID JAPANの設立に向け、雨の庭™のモデルガーデンの設計を中心にLIDの普及に務めている。

新宿十二社総番長からアーティスト、そしてランドスケープ・アーキテクトへ

ランドスケープの達人は、必ずしも学校で、造園学、ランドスケープデザインなど専門を勉強した人とは限らない。

美術、建築、園芸、地理など他の専門から、時には、政治、経済、文化、宗教などまったくの文系からの人もいる。

それができる点がランドスケープ・アーキテクチュアの面白い一面で、ランドスケープの総合性とも、造園の雑学性ともいっていい。

小出兼久氏も、そんな一人である。

1951年（昭和26）6月4日東京都世田谷区生まれ。父親は染職人で、母親は呉服の仕事のため、幼稚園までは京都の北白川で遊ぶ。まもなく渋谷区初台、幡代小学校に通うが、湧水池や明治神宮の森が主な遊び場になった。

代々木中学に入ると演劇、美術、文学に興味を持ち、代々木高校2年のとき近所に住居したトップ屋竹中労や、ベ平連運動のリーダー小田実に出会う。

学校には行かず、美術論、演劇論、文芸論に酔い、デモに参加する日々。当時、早熟で社会に目覚めた都会育ちの青年に共通する傾向だったろう。少年から青年へ、小出兼久は、この頃熊野神社、新宿十二社一帯で一目置かれた総番長にもなっていた。

左にも右にも、心も揺れ動き、身が定まらないなか、哲学、西洋史、古典に興味を持ち、多摩美術大学油絵科に入学、新鋭現代美術展に応募、銀賞を受賞し、「一枚の絵」（画廊）と契約するも、すぐに挫折、大学を中途退学してしまう。

高校生のとき出会った小田実の「世界を何でも見てやろう」精神がムクムクと湧いてきて、ソルボンヌ大学パリ第一区に入学、現代美術の巨匠セザールのアトリエに入り、アルバイトをしながらベルギーのオステンド国際美術展に出展入賞、その会場で建築家ジョス・ワイベルグに出会う。

ワイベルグは日本庭園への関心から、京都大学に留学したこともある。小出に「地面に絵を描いてみないか！」と誘ってくれた。

小出兼久は、ベルギーの地で初めて「ランドスケープ・アーキテクチュア」に出会ったのだ。こうしてベルギー王立美術学校へ編入、卒業と

同時にワイベルグ事務所に入所して、建築とランドスケープ、現代美術と街並保存など歴史的ランドスケープの融合に関心を持ち続けいくつかのデザイン賞を受賞するほどになっていた。

ベルギー滞在は、7年に及ぶ。その間、イタリア、スペイン、イスラエルなど各地を訪れ、いろんな人と出会い、その中でいろんな仕事に参加する。

元つくば大学副学長でイスラエル史研究者石田友雄氏との出会いが、ランドスケープ作品、「バッハの森」（1984年）、著書『聖書の庭』（NTT出版、1998年）を、また建築家納賀雄嗣氏との出会いが、「スーパーハウス」（1992年）ほか60以上のプロジェクトへの参加につながる。

シアトル市、バーガー・パートナー事務所でビル・ゲイツ邸のランドスケープも

ベルギーから日本に帰った小出兼久のすぐれたアーティスト感覚に魅せられた一流の実業家との出会いが、ABCハウジング千里住宅公園（1987年）、イオングループ本社ビル（1993年）、資生堂舞鶴工場緑化プロジェクト（1995年）、那須伊王野ゴルフ倶楽部総合環境デザイン（1996年）などビッグプロジェクトを成功させる。

ただ、小出兼久は日本の造園界の閉鎖性、ランドスケープ・アーキテクトへの日本社会の評価の低さに我慢ならず日本を飛び出しアメリカ、シアトル市のバーガー・パートナー事務所を本拠地に仕事をするようになっていた。1986年以降のことである。

マイクロソフト社の創業者ビル・ゲイツ邸のランドスケーププロジェクトもバーガー事務所での仕事の一つ。シアトル市郊外ワシントン湖畔の傾斜地が敷地。400台もの駐車場上は盛土され5年以上かけて雑木林を復元した。ワシントン湖への眺望を最大限に活かすようにゲストハウスや個人邸を配置した。

「私たちが提供したのは、流行を飾る庭ではない。長い年月を経ても変わらぬクライアントに心地よい空間、豊かな暮らし方を提供したのである。私たちランドスケープ・アーキテクトの仕事は、植生や周囲の景観など生態系を十分に踏え、自然というパレットをつかいながら表現することにある。」

別にビル・ゲイツ邸ばかりではないが、小出が何時も考えていることである。

常盤座のゲート。ゲートに限らず、ここではすべて、石などの既存資材とリサイクル材（再生材）を組み合わせて用いている。庭園は回遊式。植物は地域の気候に合うことを前提に、都市での実験も兼ねて様々な種類のものを植えている。並木はイギリスナラ'ファスティギアータ'*

バーガー・パートナー事務所では、この他にも音楽家のケニーG邸のランドスケープや、環境教育施設として好評を博したマーサー・アイランド島の計画など大規模プロジェクトにも参画した。1998年には、アメリカの著名なランドスケープ・アーキテクト、トマス・チャーチが残した建物を社屋とする雑誌『サンセット・マガジン』社との縁でノースウエスト フラワー＆ガーデン ショウ'99に日本人で初めて出展、AvantGarden金賞と出品者が選ぶ最高賞を受賞した。ショウは厳寒の2月のシアトルで行われるため、その時期でも育つ植物を揃えるなど丸1年間をかけて準備された。小出としては、いま現在のアメリカン・ランドスケープの思想を表現したいと考えた。作品名は「私のネイティブ・ランド」。そのコンセプトは、小出の次のメッセージに込められている。

——眠りから覚めた大地は、ある日地上に現れた。長い月日が刻まれた何層もの大地は、膨大な記憶を呼び戻し始め、その姿を現し、地上

米国・シアトル。1986-88年。庭からレイクユニオンを経てクルーザーにて外洋に出られるバックヤードを活用している。いかに自然と近代空間の融合を図るべきか、全てにおいて景観はバランスの中に配慮される

米国・シアトル。1999年。ノースウェストフラワー&ガーデンショウに参加したガーデンの一部（照明）YKKAP株式会社の協力のもと、小出兼久設計。日本にてオリジナル制作された。ソリッド鉄のビス型デザインである。この照明器具は様々なところで、プロダクトデザインとして評価を受けた

米国・シアトル。1986-88年。100人が集まる屋外パーティ空間をバックヤードに配置。クライアントの希望と全体計画の融合の中で、すべてが機能的に活用されるべき空間がある

米国・シアトル。1983-93年。メダイナ・プロジェクト。シアトルの自然に深く抱かれた空間となった

21世紀のガーデンアート展（日本 オリエ・ギャラリー）2001年。小出兼久の25年におよぶ庭の創作やアートの世界の仕事に関する個展が、ギャラリーとのコラボレーション（ギャラリー初）で開催された

日本・六麓荘。1998年。阪神淡路大震災により露出した石を建物の基礎材として一部使用しながら石の組み合わせにおけるモニュメントとしてダイナミックに利用し、配置した

米国・シアトル。1986-88年。ビルの谷間の商業施設へと、ヘリコプターにて樹齢100年、樹高10mのノースウェストの自生種を輸送。米国の仕事は面白いことが出来た

と同化する。

　過去・現代・未来と、地中深く眠り続けていた大地は語り続け、地上には聖なる水が大地を横切る。

　我々人間のみならず、草木、家畜や作物、鳥や虫達にいたるまで、自然界の存在すべてにとっての記憶を呼び戻している。

　それは、すべての生命あるものに伝えられる未来の地上の楽園でもある。

　1999年、私のネイティブ・ランド。

　気持ちのいい場所が生まれた。──

（『My GARDEN』no,10より抜粋）

　いくつかの地層を擬岩で表現し、時間の経過を記憶として表すため大地のすべてに錆びを施した。人為による人工的な力が、大地や自然を締めつけている様子を、特別にデザインした鉄のボルトの形状をしたオブジェやスツール、ライトで表現した。いま大町の常盤座園地のアプローチに移されているが、とてもユニークでショウで評判だったことが推測される。

　常盤座のアプローチを抜け、アトリエ・オフィスとして使われる主屋に入ると、どの壁面にも床から天井まで膨大な蔵書が埋め尽くされている。小出兼久が稀有の読書家であることがわかる。この作品のコンセプトにも、詩人のようなメッセージにも、読書家小出の幅と深さがよく滲でいる。地球レベルの環境問題にも、国家民族など文化人類学にも、個々の草木に及ぶ植物学、園芸社会学にも、他方で地球を蹂躙する人間と文明の圧力をボルトで締め付ける造形表現力にも、そのすべてに過不足なく、小出兼久の経験と読書と学びが生きている。

世界の各都市に「ゼリスケープ」と「リッド」の重要性訴え、自ら実験実践へ

　いつの時代でも造園界には2派が共存してきた。デザイン・オリエンテッドとソーシャル・オリエンテッドの2派である。自己の思想世界を造形（造景）として表現することを主目標とする人と、社会的に要請されている福祉とか環境とか時代の要請に応えるような造園活動に使命感を燃やす人である。

　もちろん、この2つの側面はウェイトのちがいはあれ、本来のランドスケープ・アーキテクチュアならともに目標とすべき性格であるので、どちらか一方だけに特化している場合これをランドスケープとは言うべきではないかもしれない。

　いずれにせよ、小出兼久は2003年京都で開催された第3回世界水フォーラムにアメリカでの友人ウィリアム（ビル）・ウェンク（FASLA）と共同で「都市における集中豪雨（ストームウォーター）のランドスケープ管理」についての分科会の立ち上げと研究発表を実施した。

　小出は、コロラド大学教授のビルのランドスケープにおける情熱、理論、技術、デザイン、また国や行政への施策推進への積極的説得力に惚れ込んでおり、共感していたからである。美に敏感なデザイナーは、地球自然の異常にも敏感で、近年の地球環境問題の深刻化に対してランドスケープ・アーキテクトとして何らかの使命を果たしたいと感じてもいたからである。

　彼らのテーマは、「リッド」（L.I.D, Low Impact Development 低影響開発）と、その具体化への取り組みの一つ「ゼリスケープ」（XERISCAPE DESIGN）である。

　ハードに舗装され、建物で覆われた都市開発では、雨水を地中に浸透させずに無駄に海へ流し去ってしまった。その結果水不足や都市の砂漠化をもたらし、台風や豪雨で都市型洪水を頻出させ、その際に地表の汚染物質を給水源や海の生物生息域に流入させ、人の健康と海の健康を脅かすことになる。

　都市の砂漠化・温暖化・洪水・環境汚染、そして、その対策費の増大の連鎖を断ち切るためには、水循環・水収支のバランスを第一に考えた低影響型開発手法（L.I.D）を普及しなければならない。リッドは、従来型の開発手法を改良するものだが、本当は先人たちと大自然が長い間実践してきた模倣にすぎない。すなわち、①既存植生の移植または保護、②道路、駐車場、屋根のような不浸透地表の縮小、③バイオレメディエーション（Bioremediation）、④透水性舗装のようなミニスケール降水制御装置の利用、⑤降水が自然の排水パターンを描くように住宅などの敷地内の建物を密集させる……

上・下／常盤の庭。ゆるやかなアンジュレーションのある芝生と、鉄錆オブジェを要所要所で組み合わせている

などにより降水を管理しつつ、他方で地域に多くの緑をもたらし美観を提供し、経費の節減を計ることになる。

なお、ゼリスケープは、乾燥を意味するギリシャ語の「ゼロス」と景観、修景の意のランドスケープの合成語で、アメリカのコロラド州が度重なる干ばつと水不足から水利用の適正化を工夫した植物管理、修景手法の意味で使われるようになった。

地球温暖化、砂漠化など異常気象の地球社会の改善にランドスケープ分野からの貢献策として今後重要なテーマとなろう。

信濃大町の小出兼久常盤座は、各種樹種の生長と水収支、マイクロクライメイト（微気象）の実験圃場で、複雑な計器が各所に配置され、刻々の変化を観測している。

2005年、巨大都市東京を離れて信濃大町に移住。現在は中国、アメリカ等各地を取材し、信州の山々、好きな植物と釣りを楽しみ、冷静に社会を見つめ「小出兼久の常盤座から世界が見える」とWebで発信中である。小出が大好きなオービス社の60年代のハンドメイドの釣り竿がアトリエ常盤座の太い梁に掲げられている。

アイザック ウォルトンの『釣魚大全』にある「魚を釣るのではなく、風景を釣る」のが小出兼久の生き方なのだ。

小出兼久氏の業績

代表作品 外構・造園設計
84年　財団法人バッハの森
85年　筑波科学博覧会「政府テーマ館・未来都市」
　　　緑のプロジェクト
87年　ABCハウジング千里住宅公園
87年　千葉ニュータウン印西
88〜93年　メダイナプロジェクト（ゲイツ邸）
92年　米国木造3階建共同住宅スーパーハウス
93年　イオングループ本社ビル、アトリウム&テラリューム
95年　資生堂舞鶴工場
96年　マーベルスター那須伊王野ゴルフ倶楽部
　　　総合環境デザイン
02年　清水白百合幼稚園
その他、日米の個人住宅多数。

講師歴
ワシントン大学ランドスケープ学部、都市園芸部。法政大学エクステンションセンター。東京都緑と水の市民カレッジ。リビングデザインセンターOZONEガーデンデザイン講座。HDC神戸ガーデンデザイン講座。中国泰州大学非常勤講師。私塾：ランドスケープデザイン塾（東京・大阪）

国際会議等
99年　庭から世界が見える　紀伊国屋サザンシアター議長
03年　第3回世界水フォーラム京都会議・分科会主催
03年　第10回ゼリスケープ会議（ニューメキシコ）
　　　日本より初参加
03年　低影響開発国際会議（シアトル）
　　　日本より初参加 他、公開講座、講演多数。
10年　生物多様性（名古屋国際会議）
　　　出展及びセミナー企画（予定）。

著書
『SMALL GARDEN DESIGN』三井ホーム㈱ 1990年
『世界のガーデンデザイン』トーソー出版 1992年
『小さな庭』朝日新聞社 1993年
『欧米の小庭』家の光協会 1994年
（『欧美小庭園』中国工人出版社 2001年翻訳版）
『小さな庭づくり12ヶ月』世界文化社 1995年
『新坪庭考』共著 INAX出版 1997年
『ガーデンデザインLESSON』主婦の友社 1998年
『ガーデンスタイル考』ベネッセコーポレーション 1998年
『聖書の庭』NTT出版 1998年
『撫育草』都市文化社 2000年
『資源エネルギーとランドスケーピング』学芸出版社 2002年
『庭はパレット』マルモ出版 2002年
『住環境のバリアフリーデザインブック』共著 彰国社 2003年

受賞歴
オステンド国際美術展入選、現代洋画精鋭選抜展銅賞、米国ランドスケープアーキテクト・デザイン優秀賞、栃木県マロニエ建築賞、東京都建築賞、ノースウェストフラワー&ガーデンショー Avant Garden金賞および出品者が選ぶ最高賞 他、雑誌賞等。

メディア出演
ETV8（NHK）、おしゃれ工房（NHK教育）、TBSニュースの森、朝日新聞「対論」全国版、朝日家庭便利帳連載、『室内』（工作社）特集、環境緑化新聞連載（09年）『ラスト・ウォーター』、他多数。

小出兼久の蔵書。日本の書籍も文学から哲学、科学、造園の専門書まで幅広く収集している

長野県小出氏のアトリエ「常盤座」にて対談が行われた。右は小出氏（2010年7月3日）

伊藤 滋 [Shigeru Ito]

写真= LANDSCAPE DESIGN

作家と歌人のDNAの文学的感性で、

地図からの想像力と

地域や場所への愛と構想と、

地形や地質、

山林や大地の自然への関心と、

何よりも、人と空間、

都市への夢を実現しようと

自らの見識と人間的魅力による

コーディネート力で、

日本の美しい都市と風景を実現した人物。

アメリカ造園家協会（ASLA）の会長だったJ.O.サイモンズの著書LANDSCAPE ARCHITECTUREの第4版（2006、日本語訳都田徹ら2010）冒頭にこうある。「風景の建築家であるランドスケープ・アーキテクトの任務とは、生命ある地球、すなわち土地が本来あるべき姿としての地球と、人間、建築、人間の活動、そして人々のコミュニティとの間に調和のとれた関係を築くことである。」であれば私たちはエコロジー、人文社会学、建築学、都市計画学、などを併せた総合計画家であり、トータルデザイナーでもなければならない。伊藤滋先生は東大林学科、建築学科で学部時代を過ごし、大学院工学系研究科修了で工学博士取得、ハーバード大学の客員研究員を経て、1962年新設の東大都市工学科の助教授（1965年から）、教授（1981年から）、名誉教授（1992年から）、そして慶大、早大教授を経て2002年早大特命教授として研究者、教育者、都市計画家で多大な業績を重ねた。その間政府の国土・都市・防災関連の計画や諸政策の審議、とりまとめの大役を先生の包容力あふれる人間性と広汎な人的ネットワークによってすべてを成功に導いた。特に小泉内閣の都市再生戦略チームの座長として"稚内から石垣まで"を標榜、市民参加のまちづくりの全国展開をリードしたことの意義は大きい。当に、サイモンズのいうランドスケープ・アーキテクト元来の任務を地で行くプランナー人生を歩んでこられたといえる。先生へのインタビューで、都市や地域の土地、社会、住民、コミュニティへの深い理解と愛情こそが都市計画学の根本であることを、私自身も学ばせていただいた。

伊藤 滋
いとう しげる

都市計画家。伊藤滋都市計画事務所主宰。1931年東京都生まれ。専門分野は都市防災論、国土及び都市計画。1955年東京大学農学部林学科卒業。1957年東京大学工学部建築学科卒業。1962年東京大学大学院工学系研究科博士課程建築学専攻修了。現在、早稲田大学教授、慶應義塾大学大学院客員教授、東京大学名誉教授。工学博士。

伊藤滋らしさ
——ディレッタント、インターフェイス

経歴のとおり、伊藤滋先生は大先生である。専門の防災計画論、都市計画、国土計画分野の重鎮であるのはもちろんだが、国、自治体、民間のたくさんの施策、事業、プロジェクトをプロデュースしてこられた。私自身ずいぶん昔から先生の仕事の一部を手伝わせてもらっている。

そして、そのときずっと感じてきたのは、明るく豊かな人間味である。誰にも、何事にも、やさしく、わかりやすく、しかも相手を包み込むように暖かに接してくださる。この委員会には日程をやりくりしてでも必ず出よう。そう思わせる。おおよそ東大教授とは思えない庶民性と人間的魅力に富む稀有の先生である。

私はその度に思ったものである。文学者の家に生まれた方は違うなあと。ただの学者は、自らの実験や調査結果の範囲でしか議論しないが、伊藤先生の議論は広く深い。知識、情報の広がりはもとより、政治、経済、社会、文化、

中野町西町。伊藤氏の生家（昭和6年）

芸術、それに人間と自然への深い洞察がある。しかも相手の話をよく聴く、そして議論を厭わない。参加者みんなが納得し、大団円となる。これぞ大仕事を成し遂げるに必要な才能であり、人間力というものではないか。これぞ、ランドスケープ・アーキテクツが学ぶべき理想の人間像ではないだろうか。

先生のお話の中でよく出る言葉に、ディレッタメントとインターフェイスがある。伊藤滋ら

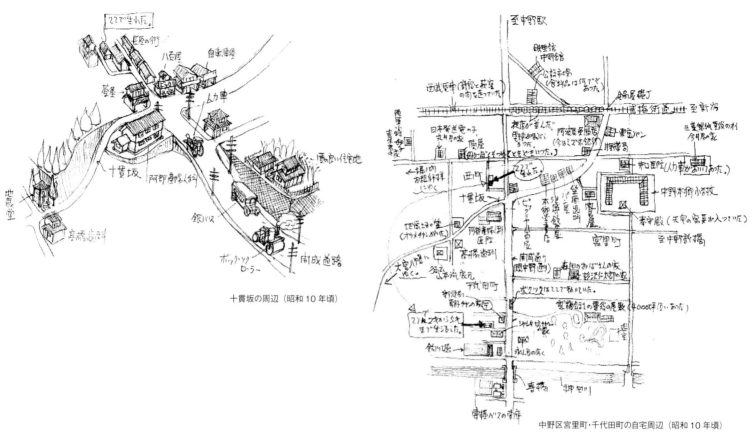

十貫坂の周辺（昭和10年頃）

中野区宮里町・千代田町の自宅周辺（昭和10年頃）

4点イラスト＝出典『面影の街・追憶の家』
（三井不動産株式会社 S&E 総合研究所、2005）

しさのキーワードと推理した。dilettante：学問・芸術を慰み半分、趣味本位でやるひと、好事家、と「広辞苑」にある。先生ご自身、ディレッタントというわけではないが、恩師の加藤誠平、高山英華、井上孝らの人間像に重ね合わせて、積極的にこの言葉を肯定し、やや憧憬の念をもって言葉づかいをされておられるようであった。もうひとつ interface：他分野との境界をつなぐこと。先生ご自身が地理学、林学、建築学、交通計画、都市計画、防災計画、そしてまちづくり全般から社会改革までを縦横に往き来し、他の土木、造園、芸術家などとも広く人的ネットワークを構築され、広汎な地域計画を指揮してこられた。まさに伊藤滋は、インターフェイス、インターディスプリナリ、インターナショナルな行動家である。その所以は、何よりも伊藤先生の誕生から今日にいたる育ち方、学び方、生き方に由来する人間性にあると思うのである。

伊藤滋の原風景――文芸家のDNA、地図、地理へ

伊藤先生の両親は、文学青年と文学少女であった。父伊藤整は小樽生まれで、小林多喜二と一緒に文学活動をし、18歳で『雪あかりの路』を処女出版、また後年『チャタレー夫人の恋人』裁判で広く知られた詩人、作家、文芸評論家。母の貞子は和歌を詠む女流歌人。先生は文学的才能は弟妹にこそ引継がれたと謙遜されるが、やはり血は争われない。先生の著作はまちづくりに関するものでたくさんあるが、いずれも読みやすく一気に読み進めさせる美事な文芸作品になっている。

先生は昭和6年、正確には7月20日に東京府豊玉郡中野町西町、いまの中野区本町6丁目に生まれ、7回転居、現在の杉並区久我山5丁目に落ち着く。その間の約25年間を先生は『昭和のまちの物語――伊藤滋の追憶の「山の手」』（ぎょうせい、2006、244P）にまとめられている。

3歳の頃の記憶、開成道路の工事、中野区の社会階層、半年間の北海道生活、杉並区和田本町の家と土地柄、新開地の文化生活、ぼくの行動半径、文士のイメージ、農民的人生、父が土地にこだわり続けた理由……など先生の原風景の記述と、はや都市計画家の片鱗かと思えるような土地柄や地域性についての言及が続く。同書には、7回の移転歴がご自身のスケッチと地図つきで添えられている。（スケッチの一部：同書より）なんと、地図好きは小学校時代に始まるのだ。そして、すでにその頃から地図で空間を読む片鱗も見られる。また、次の文章にある想像癖とは、まちづくりにおける構想力と読みかえることもできる。

「小学校のとき、ぼくは咳がひどく、三年生くらいまでは、よく学校を休んで布団の中にい

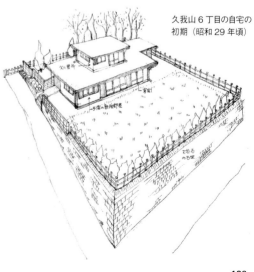

久我山6丁目の自宅の初期（昭和29年頃）

豊洲から都心方向を望む

ることが多くありました。そのとき、ぼくの寝ている枕元に、父親が地図帳を置いてゆきました。小学校三年生のときに見たそれは、とても面白いものでした。毎日毎日その地図を見ていました。明治38年、日露戦争のとき二〇三高地に赴いた祖父が、軍隊で持っていた日本の国内地図帳です。暇さえあれば地図を見て、こういう町じゃないかなと頭で想像するわけです。ぼくには想像癖があったのではないでしょうか。」

地図好きの少年は、やがて地理学に目覚め成蹊学園では地理研究部に入り顧問の伊藤隆吉先生について地形地質の現場調査の楽しさを知る。そのとき出合ったのが、東大の地理学教授辻村太郎のエッセイ。「彼は山歩きや武蔵野の風景描写が実にうまいし、人文地理的な記述をしながら、地形学のことを語っていて、非常に読みやすいものでした。それを読んでいて、"なるほど、おれは辻村太郎みたいになりたいんだ"と思ってしまったのです。」こうして東大理科Ⅱ類へ入学、ただ"地理では飯は食えない"と父にいわれ、山歩きも植物も好きだし就職もありそうだと東大農学部林学科へ進む。そこでディレッタント、加藤誠平先生に出会い、建築学科編入を勧められることになる。

前掲書は、原風景、自分史を通した「都市生活学」、都市と人生の関わりとは何かを美事に描いた本だ。併せて中身たっぷりで人生や進路に悩む諸君へのオススメ青春指南書ともなっているので、ご参考まで。

伊藤滋──誰よりも東京を熟知し愛し将来を描ける人物

先生の著書に、東京3部作がある。『東京のグランドデザイン』（慶應義塾大学出版会、2000）『東京育ちの東京論』（PHP研究所、2002）『東京、きのう今日あした』（NTT出版、2008）である。前出『昭和のまちの物語』（ぎょうせい、2006）も東京人伊藤滋の山の手論なので東京4部作といってもいい。いずれにしても、とにかく面白い。東京の発展の背景、それぞれの土地柄が実に具体的に描かれる。庶民感覚で、すとんと納得できる。これからの変化、将来のあるべき姿についても、ちゃんとしたデータを踏まえて描かれている。

いわゆる都市計画の本というのは、都市計画の歴史、思想、立案と実施、土地利用計画、交通計画、緑地、環境計画、再開発計画、地域地区など法律や手続きが並ぶ。無味乾燥で、まちづくりに燃えるワクワク感も、本当に人々が暮らす場だというシミジミ感もない。伊藤滋の東京4部作は、真の都市計画テキストだ。東京中を駆け巡り、いろいろの東京を発見した先生だから書けるリアルな都市計画論である。地形と歴史、先人の生活習慣がつくりあげた"土地柄"を読み、生かすホンモノの計画書だ。先生の本の面白さは、読んでもらうしかないが、ほんの一例を目次からとり出してみよう。

たとえば「東と西の文化が共生する都市」として東京を読むPHP新書では、家康がつくった西優位の構造／北日本は自省的・南日本は開放的／京浜東北線と総武線で東京を4分割／西北の大学はアジア的で民族主義的／西南地域は舶来崇拝／維新勝者の駅が新橋・敗者の駅が上野／東海道・横須賀線に住むエリート／野暮天の新宿・伊達男の銀座／新宿渋谷池袋は若者ベンチャーの街／汐留品川秋葉原がおもしろい／東京は南進する……等々と続く。西北の大学は東京、早稲田、西南の大学は慶應のこと、3つの大学教授を歴任された先生というのも珍しい。

もうひとつNTT本の「おわりに」には、先生が長年書きたかった話題、①国際都市比較から横丁文化まで、②固い統計数値の解釈から柔らかい風俗っぽい話まで、③昭和から平成まで

【水・みどり・オープンスペース】構想図

「2030年の東京都心市街地像研究会」
●座長／伊藤滋（早稲田大学特命教授）●主旨／都市開発の主要民間プレーヤーの叡智を集め、2030年東京都心の未来像（土地利用、アーバンインフラ、低炭素化、都市計画手法など）を提案●研究会参加企業（下記11社）／不動産大手4社（三菱地所、三井、住友、森ビル）、ゼネコン大手5社（清水、鹿島、大成、大林、竹中）、東京ガス、東京電力

凡例
- 公園・大学・その他大規模緑地
- 斜面緑地等の既存の緑
- 開発により創出される緑
- 寺社境内
- 水と緑の道回廊
- 公園道路

【参考資料】
- 東京都の公園緑地マップ2009（東京都）
- みどりの総合基礎情報（東京都）
- 歴史と文化の散歩道（東京都）
- デジタル標高地図「東京都区部」（国土地理院）

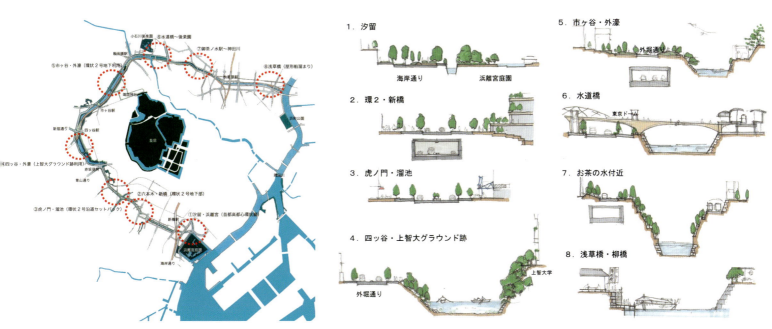

左図／水・緑の環状軸（環状2号を中心）構想図
右図／左図の各ポイント断面図（三点図版提供：（株）都市計画設計研究所）

「長崎水辺の森公園」を長崎港から望む(写真提供=長崎県長崎土木事務所長崎港湾漁港事務所)

80年の時間変化、をまとめた本だと述べられ「私は都市計画家ですから、最終的に東京の空間的将来像を提示するのが使命」という。

本書では、まず人口密度や増加率、容積率など指標分析を通じて23区の開発傾向の過去と今後を論じ将来を想定する。たとえば、江戸川区は一番若々しい区になる可能性大／品川区は流通と情報の都市／港区はブランド力で国際競争力のある文化都市／渋谷区は21世紀ビジネス、流行を発信するスマートな区／荒川台東墨田の各区は家庭的な地域社会が残る庶民の街で、したたかに成長／中野区は山の手の下町庶民区／杉並区は典型的中産階級の住宅区／練馬区は田園区／板橋区は下町庶民の山の手区……。

その上で、先生は期待を込めて20年後の東京の将来都市像を4つあげる。①緑園都市：河川、運河沿いの両岸を緑化するとともに、河畔には緑道のネットワークで緑道網をつくる、②文化都市：庶民が買い物をする武蔵小山や東十条のアジア的商業文化、表参道や六本木の国際商業ファッション現代アートと文化、下北沢や高円寺の若者文化、おばあちゃんの原宿文化、谷根千の人間くさい文化、など多様な文化の共存する魅力を育てる、③外国人と共存する都市、④ウォーターフロントのリゾート都市。そしてさらに具体的な伊藤プロジェクト4つを提案する。①東京6特別市構想(税収のバランスがとれるように23区を千代田市、城東市、城南市、渋谷市、新宿市、池袋市の6つにくくる)、②東京に大きな森の島(東京湾にニューヨークのセントラルパークの1.5倍の森)をつくる、③江戸城の復元(江戸東京文化の象徴として)、④高速道路の地下化で、東京に水と空を取り戻す……をあげ、その一部、日本橋の場合は先生のリードで地元のアクションが活性化した。また東京全体の場合は別掲のように先生を座長に企業の参加も得て「2030年の東京都心市街地像研究会」として具体的イメージが図化されるところへとすすんでいる。

いまランドスケープ界でも、「東京セントラルパーク構想」(亀山・石川ら)や「東京三権の丘構想」(岡田・進士ら)が議論されているが、伊藤先生のそれは都市計画家としての使命感と、心底東京を愛しむ愛情の発露である点で特筆される。先生の愛情は、前出NTT本の末尾に列記された東京の特色と言うやさしい言い方によく表れている。

東京は、

①街の構造は平凡であるけれど、何事もなく暮らせる安心感がある。
②文化は二流だが、その文化を楽しむ場所がたくさんある。
③自動車都市ではないが、鉄道都市である。
④醜い街が多いが、街全体が清潔である。
⑤都市設備は複雑きわまりないが、その維持管理はすぐれている。
⑥きわめて良質な住宅地はないが、スラムもない。
⑦外国人には使いにくいが、日本人には使いやすい。
⑧公共の力が弱く、地主の権利が強い。
⑨街なかの再開発はすすまないが、個別の建物の更新はすすむ。
⑩世界の物真似都市であるが、東京人は世界から尊敬される都市にしたいと思っている。

さいたま新都心を望む中央はさいたまアリーナ(写真提供=埼玉県)

以上、東京の特色10項目は、やさしい言い方だが俯瞰の目をもつ達人でないと言えない本質的指摘となっている。

伊藤滋の守破離――インターフェイス・コラボで、さいたま新都心、環長崎港地域アーバンデザインなど

　東京ばかりではない。全国各地のビックプロジェクトでコーディネート役を依頼されたことが多い。先生には、大きな理想と豊かな発想がある。それぞれ人々のプロフェッショナルを認め、生かそうという包容力がある。関係者の利害や意見の相違をくみ上げ、納得させる説得力と調整力もある。

　旧国鉄大宮操車場跡地を活用した「さいたま新都心」計画のチーフプロデューサー。この計画は、恩師高山英華先生と同期の畑和元知事に続く土屋知事からの依頼で、首都機能の移転と、国際コンペによる埼玉アリーナ、ピーターウォーカーと佐々木葉二のランドスケープ コンビの人工地盤ケヤキ広場など話題満載の仕事であった。

　土木出身の景観工学、篠原修をサブに、先生がスーパープロデューサーとして、進行中の「環長崎港地域アーバンデザイン専門家会議」（座長伊藤滋）では、交通面で4つに分断された平凡な埋立地を6つのコンセプトで非凡な名所に変身させた。ここは、金子原二郎知事の厚い信頼の下、ランドスケープ・デザイナー上山良子などとのコラボで「長崎水辺の森公園」に結実している。

　昔から「守・破・離」ということがある。学問研究の仕方も、人の生き方についてもある。守：読み書きそろばん、基礎を学び基本の型に忠実に、破：自らの思いや考えを主張、時に型を破ることで個性がでる、他と違うアイデンティティを得る、離：それらを離れて自由に振る舞い、おおらかに生きる。

　「林学科では北海道の演習林に行く費用を工面するため、父のコネで川喜多かしこさんの東和映画からチャップリン作品を借りて五月祭で映画会を企画したりしてモラトリアムを楽しみましたが、建築学科へ編入してからはしっかり勉強しました。卒業制作では小田急の箱根湯本のコンペの計画を、造園の助手だった前野淳一郎さんのアドバイスやエクボの図面を参照してがんばり、2等賞をもらいました。大学院の修了式では優が一番多いというので工学系研究科の総代になりました。博士論文『都市計画における発生交通量に関する方法論的研究』（日本都市計画学会賞受賞）のためには、嫌いな数学も勉強しましたよ。（談）」先生にも守の時代があったのだ。

　「当時の防災は、ともかく不燃化。向島の防災拠点などは、"アメリカならば刑務所だ"と言われたりして。僕は、お金を渡して郊外とか田舎で暮らしてもらう方向で、木賃過密市街地を緑地に換えてはどうか、と代案を出した、ハードからソフトへですね。（談）」先生は、政府の中央防災会議を指揮してこられたが、厳しい課題にも常に柔軟な発想を忘れないで、まさに破の時代で大活躍された。また2004年の景観法を受けて、日本の都市景観が酷いのは、自分たちの世代の責任という考えで同志を集め「美しい景観を創る会」を2005年に立ち上げ、華々しく活動、その後は時限を決めて2007年直ちに終了するという展開をしたのも伊藤先生らしい破の美学。そしていまでは、（財）日本相撲協会理事（2008年就任）として一連の不祥事に関する特別調査委員会の座長で凄腕をみせる。すでにこれは、離の心に到ることの証だ。

　都心の一等地、丸の内の歴史的建造物、「工業倶楽部」の保存問題、日本の建築界の巨匠たちが設計した六本木鳥居坂の「国際文化会館」の立て替えと庭匠植治の庭園の保存問題、また湯島の「岩崎家（三菱）茅町本邸のコンドル設計洋館と西洋式芝生庭園」の拡張に係る財務省「国有財産の活用に関する有識者会議」座長など伊藤滋裁定によって保存へと好転した文化的ランドスケープ遺産も少なくない。

　デザイナーのように形を創ることとは違い、人々の目に触れないところで社会貢献を果たすソーシャルプランナーの意義を改めて知っておいてほしいと思う。

伊藤 滋氏の業績

略歴

昭和38～40年	MIT・ハーバード大学共同都市研究所客員研究員
昭和40年11月	東京大学工学部都市工学科助教授
昭和56年7月	東京大学工学部都市工学科教授
平成4年4月	慶應義塾大学環境情報学部教授
平成4年5月	東京大学名誉教授
平成6年4月	慶應義塾大学大学院政策・メディア研究科教授
平成12年4月	慶應義塾大学大学院政策・メディア研究科客員教授
平成13年4月	早稲田大学理工学部教授
平成14年4月	早稲田大学特命教授

社会活動

アジア防災センター センター長
財務省 国有財産の活用に関する有識者会議 座長
日本相撲協会 理事
元（NPO）日本都市計画家協会 会長
元内閣官房 都市再生戦略チーム 座長

主な設計

昭和38年　千里ニュータウン中央地区センター設計

計画

昭和42年　山形市都市基本計画（三浦記念賞受賞）
昭和53年　浦安地区住宅地基本設計

主な著書

「提言・都市創造」平成8年 晶文社
「人間・都市・未来を考える」平成9年 PHP研究所
「市民参加の都市計画」平成9年 早稲田大学出版会
「東京のグランドデザイン」平成12年 慶應大学出版会
「東京育ちの東京論」平成14年 PHP研究所
「昭和のまちの物語」平成18年 ぎょうせい
「東京、きのう今日あした」平成20年 NTT出版

対談は渋谷の伊藤滋都市計画事務所にて行われた（2010.9.10）

石川幹子 [Mikiko Ishikawa]

写真=石川幹子

太平洋にそそぐ阿武隈川の悠久の流れ、

里山に咲くカタクリ、スミレ、オキナグサ、

大きく広い原風景を鋭く感じ賢く育つ。

ハーバードのキャンパスで愛と使命感を育む、

理想は、社会正義と公正、平等。

石川幹子が目指すのは、

歴史、市民、そして

大地に学ぶ「生命を支えるランドスケープ」。

東京大学教授石川幹子。学者であり、プランナーであり、デザイナーであり、そして何よりも緑のまちづくり活動に邁進する環境市民への力強い応援団長である。

私たちは、日本学術会議会員でともに環境学委員会の正副委員長として協力し、超少数派ランドスケープ研究者の存在意義をわかってもらおうと奮闘しているが、石川幹子さんの使命感と行動力には、すべての会員が脱帽。このインタビューで、その強い使命感の根源がわかった気がする。

それは28歳でハーバード大学経済学部の准教授、まもなく東京大学に戻り、激務に51歳で帰らぬ人となった石川経夫氏の存在であった。石川経夫教授は何よりも社会正義と公平、平等を大切にした日本を代表する経済学者であった。

ふつうの夫婦であった石川幹子さんは、3人の子どもを育て、両親を支えつつ、経夫氏との約束である一生一作の緑地学研究を大成、最も権威ある「みどりの学術賞」を受賞するまでの研究者としてはもとより、ランドスケープ・アーキテクトとして十数回もの表彰を受けている岐阜県各務原市のパークシステムを完成させ、数多いランドスケープデザインでは市民との協働による独自の日本自然風景式を作品化している。

そして今やエコロジカル・プランニングと市民の味方の石川幹子教授の「生命を支えるランドスケープ」への期待の高まりは世界各地で広がっている。

石川幹子
いしかわみきこ

宮城県生まれ。1972年東京大学農学部卒業。76年ハーバード大学デザイン学部大学院卒業。78〜91年（株）東京ランドスケープ研究所勤務。94年東京大学大学院農学系研究科博士課程修了。農学博士、技術士（建設部門、都市および地方計画）。工学院大学建築学科、慶應義塾大学環境情報学部教授、東京大学大学院工学系研究科教授を経て、現在中央大学理工学部教授。日本学術会議連携会員。全国及び世界の約200の都市の水と緑の計画・設計に携わる。著書に『都市と緑地』（岩波書店）、『流域圏プランニングの時代―自然共生型流域圏・都市の再生』（技報堂出版・共著）など。みどりの学術賞（2008年）、日本都市計画学会論文賞（2001年）、日本都市計画学会計画設計賞（2008年）、日本都市計画学会石川賞（2015年）、土木学会環境デザイン最優秀賞（2008年）等。

歴史に学べ――一生一作の緑地学研究の大著『都市と緑地』

世界を飛び回り、市民とひざをつきあわせ、歴史に学ぼう、みんなで話し合おう、地域の将来を考えよう、と声をかけ、手を動かすプロフェッサー デザイナー。東京大学教授石川幹子の生き方、考え方のすべての根底にはいまは亡き夫、石川経夫（1947-1998年）がいる。

師宇沢弘文をして、「既成の新古典派経済学を超えて、社会正義、公正、平等の視点から経済学の展開を主導してきた日本を代表する経済学者のひとり」と言わせた。また弟子の玄田有史に「お金や雇用も大切ですが、ロマンとか希望とか、そういったことも馬鹿にできない存在だということがわかりました」と言わせるに到る師でもあったのが、石川経夫である。

ハーバード大学大学院ランドスケープ・アーキテクチュア学科へ留学して約半年の幹子。すでに同大准教授として経済学研究の最先端にいた石川経夫と出会い、会って7日目で結婚の意志を固め、30日目で婚約、3ヵ月後には結婚式を挙げた最速最良のカップルであった。

ところが突然の別れが。若くして東大教授に抜擢され労働経済学、分配問題に情熱を燃やしつつ激務をこなすなか職場で倒れ意識回復のないまま他界してしまう。3人の子どもを育て、年老いた両親を守り「夫との約束を果たそう」との思いだけを胸に、石川幹子の闘いが始まったのだ。

阿武隈川が太平洋に注ぐ宮城県名取郡岩沼町（現岩沼市）、千貫丘陵という里山のすぐ近く、政治家であった祖父が丹精こめた盆栽と樹齢百年を超えたビャクシンやグミの老木のある庭、これとは対照的な明るい薔薇苑のある裏庭。そして屋敷外れの小川まで続く野菜畑に植えられたのは女児誕生の記念樹、桐の木であった。後、仙台のミッションスクールの中学で、日・英・ラテン語で聖書を講じる先生に学問の魅力を学び、生物部ではアメリカシロヒトリの生態観察で生きものへのいとおしさを知る昆虫少女。その誕生は1948年10月であった。

しかし高校3年のとき幹子の父は40代で早逝。彼女の緑豊かな原風景も、国の施策新産業都市構想の下、製紙工場建設のブルドーザーに押しつぶされ、青い海は真茶色に変わる。こうした国土の自然破壊へ義憤を感じていたかはともかく、好きな植物を大切にする応用分野を学ぼうと東京大学農学部農業生物学科へ進学、園芸第2研究室を訪ねる。そこで井手久登先生（当時助手、現名誉教授）と出会う。「緑地学研究」のスタートである。井手先生はドイツから学んだ応用植物社会学の方法で科学的な立地判断手法を研究中で、フィールドの重要性を徹底的に教えた。学部卒業後、デベロッパーに就

学びの森（各務原市、2009年撮影）

職、公園の設計施工に従事するも仕事に自信が持てず、一念発起留学を決意、1974年ハーバード大学大学院に進む。ここで結婚、そしてF. L. オルムステッド研究の第一人者A. ファイン教授から、世界のランドスケープ史、アメリカのセントラルパークやパークシステム計画史の魅力と方法論をしっかり学ぶ。帰国後、子育てと東京ランドスケープ研究所設計室での実務を併走させながら、研究心止みがたく末っ子が小学校入学を果たした40歳のとき、今度はドクターの取得目指して東大大学院緑地学専攻へ進学、井手教授の下「パークシステムの成立と展開に関する歴史的研究」（1994年）で農学博士となる。以後、工学院、慶應義塾大学教授を経て、2007年から東京大学大学院工学系研究科都市工学専攻の環境デザイン教授として現在にいたる。

この間一貫して石川教授が考究しつづけたのは、近代都市計画における公園やパークシステム、地域計画とグリーンベルトなど緑地計画の欧・米・日の歴史的展開と、そこでの原理原則、思想と方法の解明である。

そこには、夫である経夫氏の人間愛、社会正義の精神が基底に流れる。また経夫氏の社会的共通資本（としての緑地）という考え方も色濃く存在するように思われる。その成果は、まさに石川幹子一生一作の大著『都市と緑地』（岩波書店、2001）に集大成され高い評価を受けている。本書を主業績として権威ある国の表彰「第二回みどりの学術賞」（2008年）も贈られている。本書は400頁近い大著だが、その中に世界各都市の公園や風景写真がある。うち十数枚には撮影者石川経夫とある。お互いに相手の仕事を理解しあっていた最良の学者夫婦であったことが垣間見れて微笑ましい。

ともあれ、ハーバード留学でアメリカンランドスケープを学んできた石川教授だが、具体的に取り組んでいる内外のランドスケープ活動にアメリカ色はない。第一に、その土地の自然風土や歴史をしっかり踏査し、その地域のランドスケープ文脈に沿ったプランを提案するのが基本だとの信念からである。石川幹子の強さは、本格的に歴史を研究したランドスケープ・アーキテクトだということだ。

市民に学べ――『各務原市水と緑の回廊計画』（1999-2010～未来）の実践とジャパニーズ・ランドスケープ・スタイルの確立

私たちが教科書で教わったのは、ボストン、ミネアポリス、カンザスシティのパークシステム（公園系統）である。

しかしこれからの学生たちは、各務原市を学ぶことになるだろう。ハーバード大学の巨匠

瞑想の森（各務原市、2008年撮影）。建築家・伊東豊雄氏と共同（写真＝福岡将之）

河跡湖公園：水際には巨木のアカメヤナギが残されている（各務原市、2010年撮影）（写真＝永妻亜矢子）

カール・スタイニッツ教授もここを訪れて絶賛、世界のパークシステムの系譜のなかに位置づけ、その周辺と都市への影響にまで言及している。

一つひとつの公園緑地や広場がつながって、都市全体をつつみ、すべての市民の環境福祉の舞台となること。そのためには山から野や里、町から川へと、オープンスペースとエコロジカルなビオトープはネットワークされなければならない。水と緑のコリドー（回廊）とかパークシステム（公園系統）の重要性は、ランドスケープ学の基本中の基本である。しかしほとんどの自治体で基本は理解されていない。古典を学び、理想を目指そうという志を高く上げ、実現に向け一歩一歩前進しようというリーダーがいないからである。ところが、各務原市はちがう。

岐阜県各務原市、木曽川に面し国営木曽三川公園を含む人口約15万の地方都市である。岐阜県は梶原知事の時代、花や緑などを暮らしの中で生かす活発な園芸市民の県民性を培った土地柄でもある。首長森真氏の、強力なリーダーシップと健全な財政運営よろしきを得て、そして何よりも多様多彩な市民の参画を得て、見事10年を経て全国区の公園都市を実現したのである。

1997年「公園都市」ビジョンの策定に始まり、1999年からは市民参加ワークショップ方式により「水と緑の回廊計画」を策定（第二次計画も同様の方法で2005年から策定開始）。そこでは、森の回廊、川の回廊、まちの回廊の「3つの回廊」と、各務野自然遺産の森、各務の森、空の森、学びの森、それに木曽川のランドスケープ、田園のランドスケープ、また伊木山・犬山城の「7大拠点」が配置され、さらには水と緑の「保全・整備・育成」の3つの計画施策が細かに用意されている。

計画は策定されても、実現は容易でないというのが普通である。にもかかわらず各務原市ではなぜ実現できたのだろうか。

「水と緑に恵まれた美しいまちは、"なんとなく"では決して実現しません。市民と企業、行政が協力してまちづくりにとりくむことが大切です。そのためには、目標像"グランドデザイン"を共有することが必要です。この計画は、私たちが子どもへ、そして孫へ、100年かけてまちを育てていく、21世紀まちづくりの目標となります。」

この壮大なプロジェクトのキーマンは、もちろん石川幹子教授。その志が上述されている。なんとなくでは駄目だという覚悟、明解な目標・グランドデザインを共有して、時間かけて着実に歩むこと。言うは易く行うは難しい。各務原市の計画は、マスター・ランドスケープ・アーキテクト石川幹子の強い使命感と、プロの戦略戦術やデザイン力、氏の呼びかけに真摯に反応した多様な市民の実行力と熱意によって成功したのである。

その評価の高さは、表彰の多さで説明される。蘇二小全国ビオトープコンクール優秀賞（2003年）、緑の都市賞内閣総理大臣賞（2005年）、リブコムアワード銀賞（2007年）、日本都市計画学会賞（2008年）、土木学会デザイン賞最優秀賞（学びの森、2008年）、環境設備デザイン賞最優秀賞（瞑想の森、2009年）、リブコムアワード銀賞（世界第3位、2009年）、都市公園コンクール国土交通大臣賞（河跡湖公園、2010年）、土木学会デザイン賞優秀賞（各務野自然遺産の森、2010年）……と続く。応募の理由は、公園は税を使ってつくられるため外部評価が重要なこと、市民の誇りと自信につながるからという。国際コンペなど連続受賞で慣れっこの石川教授の仕事だから評価される空間が出来て当たり前とは思うが、これだけ受賞できたのは、10年前のスタート時、12グループ241名が、今では59グループ1860名に伸びているパークレンジャーをはじめとして、里山再生ボランティア、市民参加による植栽、自然体験塾、夏休み公園めぐりツアー等々、市民本位の緑のまちづくり運動でなければ成功しないとの石川教授の信念があらゆるイベント運営の関係者に貫徹されているからであろう。

もう一つ付言しておきたいのは、写真で一目瞭然だが石川教授のランドスケープデザインである。日本の古典、伝統様式でもないし、西洋式でも、アメリカンランドスケープでもない。ごく自然な、まさに日本の、岐阜の、各務原のランドスケープ・スタイルが出来上がっているということである。石川幹子は、市民との協働の中で市民が共感するジャパニーズ・ランドスケープ・スタイルを完成させ、学びの森に集う多勢の市民のパワーを緑地生活に結集してみせたのである。

大地に学べ──エコロジカル・プランニングによる地域再生プロジェクトで国際貢献

石川幹子は子どもの頃、地図大好き少女であった。なかでもシルクロードは、いつか歩いてみたい夢の世界であった。だからアジアの都市研究会には必ず出席したという。

そんなアジアの仲間たちがさまざまな依頼や情報を持ち込む。世界を駆けるランドスケープ・アーキテクトのはじまりは、友人への親切、頼まれると断れない性分からのようである。

パラオの友人からお願いされたのは2007年。戦前、日本軍がボーキサイトを採った場所。植生が貧弱なまま道路建設がすすみ、土壌崩壊を惹き起こし、青い海のサンゴ礁が死滅、どうすればいいの。大学院生が、旧日本軍が詳細に測量した軍事機密の集落図を、国会図書館で発見。そこで現況を調査、比較することで、戦前から持続している集落を抽出。小流域のエコ・マネジメント手法を確立。アグロフォレストリーなどを駆使するなど「パラオ共和国の国土

左上／整備前の荒廃した河跡湖の風景（2005年撮影）。右上／市民によるワークショップ。右下／自然体験プログラムの様子（撮影＝各務原市）。左下／保存された河畔林、湿性植物群落

上／ハン川公園水辺護岸の整備（中国、2008年）。右上／工事前のコンクリートの護岸（2006年撮影）。右下／護岸工事中の様子（2007年撮影）。構想から実現まで驚異的スピードで実施された

管理方針」の策定に発展している。
「パラオには、日本時代の言葉が残っているんですよ。里山保全をみんなでやるときキンロウホウシ（勤労奉仕）、そこへ出ない人にはバッキン（罰金）。面白いでしょ。」
　中央アジア、バシュコルトスタン共和国の友人経由で、首都ウファのパークシステム計画を策定（2008年）。どこへ行く時も、学生をつれていく。若い人にとって、掛けがえのない体験になると、確信している。
「大草原の彼方に、まっさかさまに夕陽が沈んでいくんです。」
　スペインのマドリッド。建築家の伊東豊雄氏と一緒に出した国際コンペ1位入賞（2003年）のプランで、整備が進められている。EU環境基金の主催、テーマは"21世紀の公園"。マドリッド郊外の残土捨て場の、貧しい人たちの地域再生プロジェクト。テーマは、"ウォーターツリー（水の木）"。元々、ここにガビア川が流れていたことを古老から聞き、スペイン公文書館に通い、古図からその存在を確認。都市に無尽蔵に生まれる下水処理水を土壌浄化、礫間浄化し、ガビア川再生の水源とし、100年の森をつくろうというもの。
「水循環と緑の回復を目指したのです。自然の営みをデザインするのが、ランドスケープの仕事だと思います。」
　中国、瀋陽市の中心を流れるハン川の再生国際コンペ優勝（2005年）。石川教授の尊敬する大先輩でもあり、日本の公園緑地界の指導者でもあった佐藤昌先生、さらにその先輩であった折下吉延先生らが戦前、当時奉天市と呼ばれていた時代に日本人技術者により本格的に都市計画を推進した場所で、また佐藤先生らが公園として整備すべきとした舎利塔公園を委嘱されるなど不思議な縁を痛感したプロジェクト。
「折下、佐藤両先生らが策定した"奉天都邑計画図"を古本屋で入手したんですよ。私は歴史資料はオリジナルを見ないと納得出来ないんです。奉天市の緑地区（1938年）すなわちグリーンベルト計画は、大ロンドン計画のP.アーバークロンビー案よりも10年も早く実現していました。すごいですね。"都邑計画"は、文字通りタウン・アンド・カントリー・プラン。今の日本の都市と農村が別々という計画制度は問題ですよね。」話は、どんどん発展するが紙面が足りないので……残念だが、まるで"歴史に学べ"の石川教授には、大先輩たちの思想が乗り移っているようだ。
　ともあれ人口750万を数える今の瀋陽市にとって市中央を流れるハン川は貴重なオープンスペース、これをエコロジカルに再生する点で、石川プランは採用された。経済界の要請を考えて、高密なアーバンスペースをつくる他の提案とは違う。いま、石川幹子を待つ地域が世界中にある。それは亡き夫経夫同様、無私の人だからであろう。
「場所に行き地面に座り、土地の声をきく。心を開けば必ず地面がこたえてくれる。かっこよくとか、私心はもたない。いわゆるデザインらしいデザインはしない。自然の営みをデザインするのです。」
　その公共心は、阪神淡路大震災のときも、10

左／パラオ共和国の現地調査（2009年）。中央に石川教授。中／バシュコルトスタン共和国、首都ウファのパークシステム計画を提案（ロシア、2008年）。右／ガビア公園（マドリッド、2010年）残土捨て場をガビア川の再生によって、水の公園へ転換（写真＝Luis Tejero）

左上／中国四川省・都江堰市。被災直後の市街地。左下／現地住民へヒアリングする石川氏（左）。世界各国から提案された復興計画マスタープラン策定に東大・慶應案が大きく貢献（2008年）

石川幹子氏の業績
＜調査・計画・設計＞
1977年「仙台市緑のマスタープラン策定調査」（仙台市）
1982年「長崎市中島川河川激甚災害特別対策事業設計」（長崎県）
1986年「長崎市グラバー園再整備計画」（長崎市）
1987年「放射5号線の築造に伴う新宿御苑復旧基本設計」（東京都）
1988年「辰巳の森公園基本計画」（東京都）
1989年「埼玉県緑のマスタープラン策定調査」（埼玉県）
1999年「臨海副都心センタープロムナード基本設計」（東京都）
2001年「各務原市水と緑の回廊計画」（各務原市）
2006年「十里木・秋川渓谷ランドスケープ設計」あきるの市
2007年「Creating the park system in Ufa, the Republic of Basyukortostan, Rossia」Ufa, Rossia
2007年「舎利塔歴史公園基本設計」中国・瀋陽市
2008年「中国四川大地震復興グランドデザイン」（中国、都江堰市）
＜受賞＞
1989年「都立武蔵野中央公園基本設計・実施設計」東京都（都市公園コンクール建設次官賞）
1996年「長岡市民文化フォーラム競技設計」長岡市（優秀賞受賞）
2005年「EU国際公園競技設計・21世紀の公園、ウォーターツリー」（第1位）、スペイン・マドリッド
2007年国際ランドスケープデザイン競技設計「中国瀋陽市ハン川中央公園ランドスケープ設計」（第1位）中国・瀋陽市
2008年「四川大地震都江堰復興基本計画」（栄誉賞）都江堰市
2008年「学びの森ランドスケープ・デザイン」各務原市（土木学会環境デザイン最優秀賞）
2009年「瞑想の森ランドスケープ・デザイン」、各務原市（第7回環境設備デザイン賞環境デザイン部門最優秀賞）
2010年「河跡湖公園基本設計」各務原市（第26回都市公園コンクール国土交通大臣賞・設計部門、小規模）
2010年「玉川上水・内藤新宿分水散歩道」新宿区（第26回都市公園コンクール国土交通大臣賞・材料・工法・施設部門、大規模施設）
※2008年長年の各務原市における取り組みが評価され、（社）日本都市計画学会・計画設計賞
2008年みどりの学術賞：内閣総理大臣賞

万人もの死者を出した中国四川大震災（2008年）の復興にも石川教授を動かさずにはおかなかった。中国の友人からのメールに応えて震災復興プランの国際コンペにエントリー。東大チームを率いて採用されたのは「復興グランドデザイン：生命都市・新天府源」。2300年もの歴史をもつ"古代水利工・都江堰"と"風水林盤"と呼ばれる小規模分散型農村集落の、まさに四川地方の自然風土に培われたエコ・ソーシャル・システムの伝統こそが、再生されるべきだと考えたのだ。

誰もが、耐震性を物理力で補強するといった発想をもつなか、歴史に学ぶ、大地に学ぶ、人々の暮らし方に学ぶ、石川幹子教授ならではの復興思想である。

以下の「生命都市…新天府源の3原則」に私たちは、石川幹子のランドスケープ思想の普遍性をみることができる。それは、極めてシンプルな原則、「森と水と文化」がランドスケープの基本だということである。

原則1：森は、万物を育む源泉であり、震災により崩壊した森を再生し、保全してゆく。

原則2：2300年の歴史が培った社会的共通資本として河川・水路網を継承してゆく。

原則3：森と水路の結節点に発達した風水林盤をはじめとする文化的景観を維持継承し、今日的な活性化を行う。

1938年の奉天都邑計画図（オリジナル）を拡げながら、歴史的経緯と現在のプロジェクトを解説する石川氏（左）と聞き入る進士氏（右）

進士五十八 [Isoya Shinji]

構成・文＝粟野 隆（東京農業大学造園科学科准教授）
写真＝進士五十八

自然共生社会をめざして
トータル・ランドスケープ計画学の研究

　１本の木から地球環境(アーススケープ)までを扱う幅広の分野が造園である。ふつう造園人は、そのうちの庭つくりとか、公園づくりとか、自然保護とか、どこかに軸足を置いて活動している。しかし、庭や公園スケールから都市、地球スケールまで、そのすべてを視野に活動し続けてきた造園人がいる。自然や土地、歴史や文化を読み、「用」と「景」が調和した環境を実現する能力に、確かな社会性を備えた百姓(トータル・マン)こそ真のランドスケープ・アーキテクトだとの職能論を提唱、自ら「百姓的造園家人生」を歩んでこられたのが進士五十八先生である。

　「オピニオン・リーダー」と呼ばれるひとがいる。特定の職能や職域、あるいは社会や時代において、将来を予測し、多様な課題を喚起し、その対処のための思想と方法の意思形成に大きな影響力を有する人物である。進士五十八先生は環境学・造園界の代表的オピニオン・リーダーである。しかし進士先生は、作庭家から見れば日本庭園の、行政マンから見れば公園やまちづくりの、理工学の研究者から見れば自然環境保全系の専門家というように、多くのひとは自分と関係する特定分野での先生しか知らない。そこでここでは、先生の全体像が理解できるような小文にチャレンジしてみたい。進士先生は「どんなことも、みんな造園だ」とおっしゃる。ランドスケープの対象がいかにも広範だとわかるのは、先生が係わられた審議会や学会長など。観光審、都市計画中央審、河川審、北海道開発審、国土審、中央防災会議、社会資本整備審、自然再生専門家会議等々。また造園学会長、都市計画学会長、東南アジア国際農学会長、レク学会常任、野外教育学会長、生活学会長、GCHERA日本代表、社叢学会副理事長、自治体学会代表等々。これだけ広範だと当然、付き合う人はまったく異り、先生のお仕事をすべて理解しているひとはいないだろう。庭園、公園、都市、田園、国土、地球へと、造園・ランドスケープのすべてに対して、その思想と方法を深化させ、社会の要請するさまざまな課題に積極的に取り組んでこられた稀有の造園家、それが進士先生である。進士先生は、Landscape Architecture（近代造園学）が標榜するトータル・ランドスケープの研究者かつ実践者である。いわゆる重箱の隅型研究者の対極のひと。いくつもの、そしてさまざまな形が組み合わさった、かぎりなく球体に近い多面体である。その多面体からは、PVESM（Physical・Visual・Ecological・Social・Mental）による「アメニティ・デザイン論」とか、「安定空間論」を基礎として自然・社会・文化の多様性によって持続可能な地球社会を目指す「ダイバーシティ理論」（バイオ・ダイバーシティ、ライフスタイル・ダイバーシティ、ランドスケープ・ダイバーシティ）といった、誰もが納得できる明快な造園原論が放射される。オピニオン・リーダーよりも「オピニオン・メーカー」が、適切かもしれない。ひょっとしたら「進士五十八」という名前そのものが、ひとつの職能だといってもよいかもしれない。

進士先生と筆者、東京農大初代学長 横井時敬先生胸像と
（2013年7月撮影）

現代日本のトータル・ランドスケープを目指す進士造園学へ

進士先生は昭和19年4月8日、京都は大徳寺のある紫野、船岡町で生まれた。日本の都市計画史上、数少ない受益者負担公園―船岡山公園のある街だ。当時は太平洋戦争の渦中。親の里福井県の吉川村（現在、鯖江市吉川町）にほどなく疎開。小学校生活のほとんどを越前平野のド真ん中の小川や田んぼで遊び育つ。小学校高学年の夏休み、東京都江東区深川三好町に引っ越す。このように先生は、古都京都に生まれ、越前平野の田園、江戸東京の下町、そして結婚後現在までお住居の昭和10年代小田急の開発による南林間都市（大和市）と、それぞれ異なった地域生活を体験している。このことが、「地域らしさ」のある空間や景観の重要性を体感できた理由かもしれないと述懐されている。

東京に移った進士少年は、富岡八幡宮や深川不動尊の縁日、路地園芸、木場の掘割に浮かぶ材木の匂いや風景、浅草の寄席や剣劇に触れ、下町気質に染まっていく。同時に「大東京祭」共催行事の絵画コンクールに毎年特選入選の絵の得意な少年でもあった。小学校は深川の元加賀小学校。震災復興小学校のひとつで、それと一体の元加賀公園が格好の遊び場。井下清率いる東京市公園課設計の震災復興52小公園のひとつだ。後、進士先生は、その井下清から、直接教えを受けることになる。

次いで進学した江東区立深川第六中学校では理科クラブに入り、化学の実験の面白さに目ざめる。理科好きの少年は東京都立化学工業高等学校（化工）に進む。戦前は旧制の専門学校で、吉本隆明、4代桂米丸、花王石鹸の創始者らを輩出した化学の名門校だった。工業化学科では無機化学、有機化学、定量分析など実験に明け暮れた。成績トップで化工を卒業した進士青年は、国産の塩化ビニリデン樹脂製造特許技術で知られていた呉羽化学の東京研究所に就職。高卒でも研究させてもらえる会社といわれて入社したものの、すでに会社は世界と闘う石油化学工業に進出、研究はドクターの主任研究員が計画を立て、高卒所員は実験のオペレーターにすぎない。指示された方法で実験に当たる日々、進士青年は学術として完成されすぎた化学の巨大な世界に次第に無力感を覚える。実験中に失明が危ぶまれるほどの事故も経験し母親に心配をかける。そんなとき、両国から大久保の研究所に向かう通勤途中、車窓から浅草橋辺りのビルの屋上に庭園がつくられていくのを眺め新鮮な気持ちになる。

「そのうち建仁寺垣がつくられたり、植栽が施されたりして少しずつ形できていく。怪我して悩んでいたころで、もともと絵が好きだったこともあり、日本庭園を作ってみたいと思ったのです。」

いろいろあって、昭和40年4月東京農業大学農学部造園学科に入学。大学入学直後のワンゲル事件で知り合った同期生の井上剛宏、涌井史郎らとサークル庭を結成。庭園の本質とは何か、日本庭園の形の必然性や造形をもた

進士先生の原風景のひとつ、東京の下町、深川木場の掘割（栗田光男撮影、1973年頃）

ダイバーシティからのランドスケープ論を講演、IFLA世界大会キーノート（中国蘇州、2010年5月、65歳）

農大生時代の進士先生（桂離宮の月見台で、21歳）

恩師の江山正美教授と進士先生（31歳）

NHK教育テレビ「視点・論点」で数年間ランドスケープの話題を解説（57歳誕生日の放送）

らす条件は何かなど、喧々諤々の議論を重ね、京都で合宿もした。

そしてもうひとつ大きな出会いを東京農大で得た。近代造園学―ランドスケープ・アーキテクチュアの可能性を説き、造園の科学性をうったえる「江山造園学」、すべてに深く広い教養を実感させる大系「上原造園学」であり、市民生活と時代的要請への実学（プラクティカル・サイエンス）の重要性を教える「井下造園学」である。

「現実問題を解決するのが実学です。理学は、原因を分析するが、解決方法は提示しない。造園は実学でなきゃいけない」と進士先生。

先生の造園学の根っこは、造園史および造園原論にある。「未来を読むための学」としての造園史と、「環境計画の哲学」としての造園原論だ。フィールドは庭園、公園、都市、田園、国土と広いが、先生はすべての空間は連続したランドスケープだと考える。基本は土地・自然、それが対象空間によって様相がちがう。だから問題の本質を見極め解決方法をどうするか、ひとつひとつ工夫しなければいけないと考える。それでも、先生のなかでは「それぞれが有機的に関係しあい連続しているのがランドスケープの本質であって、いつでもその全体像を持ちながら総合的に構想しなければならない。」のだ。このトータル・ランドスケープを夢におわらせないために、大学退職後も元国交省事務次官青山俊樹氏らと設立したNPO法人美し国づくり協会理事長を引き受け、そ

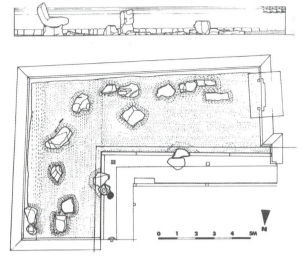

江戸中期（正徳年間）のユニークな重ね石組の枯山水庭園、進士先生ら月の桂の庭初の実測図（山口県防府市）

進士五十八先生の庭園研究の原点となった月の桂の庭

の実現を目指しておられる。ただそれだとそこでの思想や方法を、説明しにくいので以下便宜的に、庭園学、公園学、都市計画論、農村計画論、自然環境保全計画論と分けて進士造園学の業績と特色を概観することにしたい。

庭園学／「日本庭園の特質」研究からの理想的環境創造のための計画とデザイン思想の普遍化

　進士先生の研究の原点は、「日本庭園」にある。日本造園学会にて発表された研究論文も日本庭園に関することが一番多く、日本庭園に関する研究業績で日本造園学会賞、日本農学賞、読売農学賞を受賞され、そして紫綬褒章も受章されている。社会活動としては、保存されるべき価値のある歴史的庭園から風景までを包括する概念として「ランドスケープ遺産」を提唱され、日本造園学会にランドスケープ遺産保全委員会と研究委員会を立ち上げ、遺産の学術的な価値づけから保存方針、修復や復元の方法、管理と活用の内容について系統的な枠組みを確立された。したがって進士先生は、日本庭園研究の第一人者として、社会的には認識されていることが多いと思う。ただ、先生は40代からずっと東京都文化財庭園の保存・利用・復元・管理に対する指導助言の委員長を引き受けたり高層ビル林立から庭園景観を保全する斗いを東京都都市美委員会で発言する等、庭園文化の社会化、現代化に情熱をそそいでこられた。庭園ガイドも先生のアイデアである。

　戦前の造園学研究は、日本庭園研究が大部分を占め、しかも日本庭園の研究といえば、庭の由緒や作庭家を明らかにしようとする歴史研究にとどまっていたり、宗教的な須弥山蓬莱の側面を強調したりするものが圧倒的に多かった。進士先生が学生時代に受講した江山正美教授の授業ですら、須弥山蓬莱や極楽浄土の話題ばかり。学生たちは煙に巻かれ、いかに日本庭園が深淵なものかを印象づけられる。庭を作りたい、造園デザインを学びたいと大学に入った進士青年は不満であった。

「空間論や景観論や、その手前の様式論、また社会史や時代史からですね、それから自然、風土や土地のローカリティ、リージョナリティとの関係で、庭園デザインのあり方や技術を説明しないと、ものづくりへの造園史とはいえないですよ」と進士先生はいう。

　進士先生の庭園学研究は、庭園の空間、景観、構成、構造、材料、地域をあくまでも総合的に追求しようとしたものである。博士論文は「日本庭園の特質に関する研究」（1986）で、東京農大出版会から大部の『日本庭園の特質—様式・空間・景観』（1987）が出ている。一般向け著作、中公新書の『日本の庭園』（2006）は多くの読者を得て版を重ねている。これらの研究や著作は、科学的データにもとづき、日本文化にうとい外国人や現代っ子にでもわかるよう、論理的に書かれている。この本を読むと日本庭園がよくわかる。その点、明らかに従来の庭園書と一線を画している。先生の研究では、極楽浄土に「人間の理想郷」を見出し、そこから「生きられる空間」—生の悦びから死の平安までを見守る空間として庭園を意義づけることで、普遍的な環境共生思想や技術の原理・原則を引き出そうとする。

「プラクティカル・サイエンスとしての造園学を深化させるために、まずは、造園空間の原単位ともいうべき、にわや庭園を研究することが第一だと考えたわけです。」

　進士先生の庭園研究は、月の桂の庭のように個別庭園の測量から始まったが、江戸の大名庭園が各時代と各地域の意匠や技法を総合化したことを理論づけたり、日中韓の庭園の同一性を探ったり、日本の刈込とヨーロッパのトピアリーと樹藝を比較するなど、常に世界の庭園を相対化して、その全体像を希求してこられた。

「共通性を明らかにしていくと普遍性になります。それは本質につながります。差異性、違いは、特質につながります。ですから、京の庭と江戸の庭の特色を浮き彫りにして、「造園の地域らしさ」に注目することも重要ですし、共通性を意識して世界の庭園における「日本庭園特質」さらには「人間にとって造園の本質」を考察することもできるのです。」きわめて明快な論理である。

　進士先生の庭園術の体系は、①囲繞、②縮景、③借景、④樹藝、⑤然び—エイジングの美。囲繞、縮景は空間論であり、借景は景観

上野公園の再生計画、哲学堂公園（左）保存管理計画、神奈川県立城山公園旧吉田茂邸園（右）復原整備計画等委員長として指導助言

江戸名所図会に登場する板橋区内唯一の名所「薬師の泉」を区立公園として復原整備、
日本造園学会として都市開発の激しい時期に歴史性の復活を提案

論。樹藝は自然と人間の関係論、エイジングの美は、経年によって表出された侘び然びで時間美論である。「空間」「景観」「自然」「時間」──これらはまさしく哲学が扱ってきた根本的で普遍的な問いである。進士先生は、庭園から環境デザインにおける哲学的普遍性を、明確に意識しておられたことがわかる。

公園学／「日比谷公園の総合的研究」から導いた利用者本位の造園計画原論・公園生活史からの公園社会学

進士先生の公園研究の原点は日比谷公園にある。ご自分の卒論以来半世紀近く日比谷公園への関心を持続され、2011年『日比谷公園─100年の矜持に学ぶ』をまとめられた。この業績で日本生活学会今和次郎賞、日本造園学会特別賞を受賞されている。

半世紀前、指導教授の江山先生から「君には日比谷公園の改造設計をやってもらう。」と言われた、とか。当時は高度経済成長期のさなか。急速に経済発展を遂げる東京では、明治36年開園の日比谷公園を保存しようなどの発想があるはずもなく、誰もが時代遅れと考え改造設計が話題になっていたのだ。

改造計画の基礎は、歴史を調べること、現状を調べること、利用者の特性を調べること、だと考えた先生は、毎日のように日比谷公園に足を運び、園の隅々を、その利用者をマン・ウォッチングし、公会堂や公園資料館に通った。日比谷に関する記事を見つけては年表を作成した。各時代の図面も精査した。日比谷の利用者がどんな場所を選択するのかを定性的かつ定量的におさえ占有空間特性とした。

進士青年は、何よりも日比谷公園史をそれまでの史料以上に詳細に調べ上げたことに意義を感じていた。しかし江山先生は「これはただの編集だ。」と、まったく評価をしてくれず、占有空間特性だけをオリジナリティが高いと認めたそうである。当時の江山先生は、造園は絵空事だから科学的にしないといけない、科学的造園こそが重要だというのが信条であった。進士先生が大学退職後、改めて前出の日比谷公園の本を書かれたのは、卒論時に歴史の部分がまったく評価されなかったことが相当悔しかったからであろう。

「私が日比谷公園で占有空間特性を発見した頃、造園には計画原論がないといけないというのが江山先生の考えでした。実際の造園計画のもとになる計画原論がないし、科学的研究の基礎もない、ということだったのです。居心地がよいのはどんな場所かとか、スケールによる広がり感や距離による見え方の数値とか、地味だけど大事な分野です。」

大学に残ってからの進士先生は、「居心地の良い空間とは何か」を追求し、その計画基礎になる数値を研究することに精力をそそぐ。先生は、人間の生存環境には"安定性"が不可欠であるという「安定環境都市論序説」(1978)を発表し、その具体化のための基礎数値を実験や文献を統合して日本建築学会の全11報におよぶ「安定空間の構成に関する研究」を発表(日本建築学会関東支部研究報告集、1977-78年)した。その副題をみると、「ペーブメントパターンのスケールの標準化」「特定空間における利用者行動と空間質の関係」「園地空間に於ける利用者の占有位置を規定する環境条件としての依拠要素」「園地空間における利用者間の安定距離の標準化」「幼児の安心行動圏スケールからみた安定間距」など、造園計画に即座に応用可能な、特に数値で指標化するという、江山先生の標榜した科学的造園を本格的に実行されていたことがよくわかる。

ただ一方で、進士先生は歴史研究も継続、たとえば東京都造園建設業協同組合の25周年記念誌で江戸東京の庭公園史を主筆でまとめた『緑の東京史』(1979)に結実している。

「緑の東京史をどう区分し、どう性格づけるかの判断とか感性や姿勢はね、学生時代からずっと井下先生のところにお訪ねしていたからできたんです。井下先生が東京都の文化財総合調査団の副団長で景観班を組織しておられ、私はその補助員として車の運転などお伴していました。ですから、体系的ではありませんが、断片的にいろいろ伺っていましたし、公園史家の前島康彦さんの論文や記事もたくさん読みました。そうすると、断片が自分の中でつながってきまして、半年しかないのにとにかく面白い本をつくりました。」

組合の役員だった箱根植木(株)の和田貞次、昭和造園(株)の前田宗正氏らに頼まれて、進士農大講師が実質的に企画編集執筆した、いわば先生にとっては著者名の入らない処女作のようなものであったらしい。東京下町育ち

の先生らしい思い入れもあり、いかに東京の緑は先人の苦労で立体的につくられてきたかを伝えようといろいろ工夫している。

表紙カバーは、幻の日比谷公園・長岡安平案の図面見開き。巻頭エッセイは江戸っ子のおふたり、沢村貞子の浅草公園、池田弥三郎の銀座の柳。そして昭和天皇の侍従入江相政の「皇居の緑」。コラム「緑の東京史余話」を70テーマ設け、当時の主な造園人が総登場という工夫もされている。

『緑の東京史』は時代区分も造園史らしい。江戸時代を「サクラの時代」、明治時代を「アカマツの時代」、大正と昭和前期を「プラタヌスの時代」、昭和戦中後期を「ケヤキの時代」、それ以降を「キョウチクトウから雑木の時代」とユニークだ。これは緑を人間生活との関係から歴史的にその意味と姿を解こうとしたもので、進士先生はこの考え方をさらに「公園生活史」へと発展された。品川御殿山、横浜公園、日比谷公園・日比谷児童遊園、震災復興公園などの事例を対象に、公園生活史研究を重ね、公園の社会的役割を明らかにした。旧浜離宮など庭園史分野でも、空間史と生活史を多層に重ねて本質を捉えようと研究され、造園史研究の新たな方法論を確立されたのである。

都市計画論／人と自然の基本関係の追求からの「緑政学・緑のインフラ論」、そしてトータルまちづくりのための「景観政策」

進士五十八先生は、これまで数多くの審議会・委員会で、都市計画、環境基本計画、景観基本計画、緑の基本計画を策定してこられた。

この基礎は、進士先生はまだ20代後半で助手であった頃、奥様の実家のある高崎市からの委託調査であった。高崎市役所で新しく公園緑地課が発足、どれくらい公園緑地が必要なのか、"緑化診断"を依頼された。どれくらいのみどりが必要か、というのはきわめて素朴な疑問だが、当時は誰も研究しておらず、学者の提示したものは都市計画等法律の基準などで、客観的なデータにもとづいた科学的なものではなかった。

進士先生は、都市空間を自然面(natural space)と人工面(artificial space)の二元構造とみなして「NA形率」という概念を提起し、空中写真を300mメッシュ単位で区分、自然面率を計測。一方で各メッシュに対応する1300世帯の市民の緑充足意識をアンケート法で調査。その相関を分析した。(東京農業大学造園計画第一研究室「高崎市緑化診断報告書」、高崎市緑化運動推進委員会、1973年)。結論は、居住環境における自然面率は標準として50％、最低でも40％、できれば新たな都市開発では60％を確保することが理想であると「進士のグリーンミニマム論」を提案した(「住環境におけるグリーンミニマムについての研究」造園雑誌、38巻4号)。

「高崎市は事務系の担当課長だったので緑は何故必要か、どの位の量があれば良いのか？と問いかけられたら良かったのです。造園家はなまじ緑のことをわかっているつもりだから、6㎡／人で納得していてそういう疑問すらもとうとしない。専門家が、心すべき点だと痛感しましたね。」

進士先生は、都市緑地4つのネットワーク理論(オープンスペースネットワーク、ランドスケープネットワーク、エコロジカルネットワーク、コミュニケーションネットワーク)として提案。具体の計画委員会では、コンセプトメイキングからプランニングの実際までされている。三鷹市「4つの里構想(牟礼の里、大沢の里、丸池の里、北野の里)」と回遊ルートづくり、「三島市菰池公園・水上プロムナード、源兵衛川プロムナード計画」、「東京都景観マスタープラン」、「多摩川エコミュージアム構想」、「練馬区水辺ふれあい計画」、「浜松市緑の基本計画」などのほか、いま現在も「横浜市みどりアップ計画とみどり税」を審議会長としてリードしている。ここで特記されるべきことは、先生は田村明、伊藤滋といった都市計画家と共に、自治体学会代表運営委員(2006-2012)、中央防災会議委員や森記念財団理事をつとめるなど、また日本都市計画学会長などとして、さらには横浜、川崎など政令市の環境審議会長として、また長野県や三鷹市、新宿区、江戸川区などの景観審議会長として行政現場で、

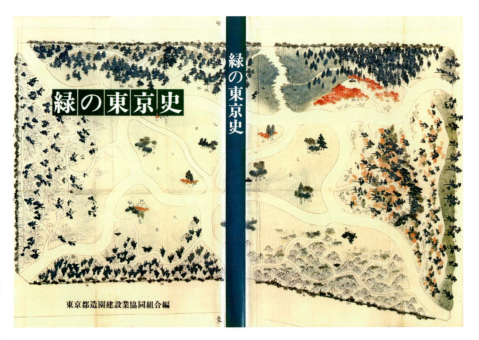

上は幻の日比谷公園長岡安平設計図案を進士先生のとりまとめた「緑の東京史」(1979)の表紙としたもの、下は進士先生の日比谷公園研究の総まとめ「日比谷公園」(2012)の表紙(本多静六の実施案)

三鷹市4つの里の1、大沢の里、野川

三島熔岩（地場材）と湧水を生かした三島市の源兵衛川プロムナード（土木学会デザイン賞受賞）

進士先生監修の三鷹市緑と水の回遊ルート計画と4つの里構想。先生は、現在東京都三鷹市の景観審議会長であるが、それまでのまちづくり委員会委員長として都市マス「緑と水の公園都市・三鷹」の策定、その前の「緑と水の回遊ルート計画」を構想された

ランドスケープ思想の普及につとめておられることである。そこでの識見の根底には、緑政学の研究、緑のまちづくり学の出版にみられるような"人間と自然の関係"への深い考察の積み重ねがある。

ところで先生は平成10年の研究室体制の改組の折、「景観政策学研究室」を立てられた。土木・建築分野からの景観論に対し、ランドスケープ（土地・自然）に立脚点をおく造園分野から、自然景観、田園景観、都市景観、歴史景観の計画と政策を連続させながら研究しなければならない、との思いからで、研究教育にエネルギーをそそいでこられ、後進の先頭に立たれた。著書『風景デザイン』はその中間報告のようなものであるが、ここでも先生は「景観論」「風景論」「風景デザイン論」の3段階論で本質に迫っている。先生独自の思考法、「段階論」的アプローチの典型例である。

農村計画論／百姓のデザインを再評価した「ルーラル・ランドスケープ・デザイン」を提案、「農」あるまちづくりを本格化

進士先生が強く"農"―アグリカルチュアの重大性を自覚されたのは昭和40年代からの都市内農地の宅地並課税へのマスコミ攻勢が契機である。戦後の高度経済成長下、美しい都心づくりが「アーバンデザイン」の名で展開する。広場や街路は工業製品でペーブされ照明やベンチなどストリートファニチュアでデザインされ、彫刻が飾られ、かっこいいともてはやされた。当時、文化行政に係わり、横浜市ともつきあっていた進士先生は、自然循環の視点の欠如、無機的美化の点で危機感を覚え、「アーバンデザイン」に対し「郷土設計」というオルタナティブを提案する。それが『緑からの発想』（1983）のサブタイトルにもなる。

「横浜市の森清和氏と都市自然研究会を立ち上げ、「国立公園」誌に生命第一で安定性のある環境づくりが最も基本ってことを、言い始めたのが最初です。「生物人間にとっての環境デザイン」ということです。それはアーバンデザインへの対比概念として、緑―自然美や循環共生など、さらに人工化・画一化に対して地域性・郷土性をももたせるべきだというオルタナティブを提案したのです。アーバンデザインという英語に対比させ、土くささを強調して漢字で郷土設計としました。」

進士先生はこの郷土設計の思想をさらに推し進め、『ルーラル・ランドスケープ・デザインの手法』（1994）で「百姓の環境デザイン」を標榜してゆく。思想を普及するには技術書の出版が不可欠だと感じていたからである。この本をまとめるべく、進士研究室を巣立った第一世代で「RLD研究会」（平成2年）を発足、継続教育の意味もあった。全国各地の棚田、石積、用水、畦畔、屋敷林など田園景観構成について調査、地場材を使ったデザインや伝統工法が、地域らしさとぬくもりのある環境創出に非常に重要と結論した。

進士先生の立場は平成5年からは東京農業大学総合研究所長、平成7年には同大学農学部長、そして平成11年には同大学長に就任され、平成17年までつとめる。その間"造園"以上に、"農"の現代的意義を主張する"進士"として社会的認知が高まってゆく。著作においても、『都市になぜ農地が必要か』（1996）、『都市、緑と農―「農」が担う地球の将来』（2000）、『「農」の時代―スローなまちづくり』（2003）など、「農」を前面に打ち出したものが多い。

先生の頭では、東京農大や農業のためというよりは現代社会の都市病理を解決するには、「農」―Agricultureの多面的機能や「農」の文化的意味、「農」の風景の再生しかないという切迫した思索が深まり、また昂っていたのだろう。そうした思想の運動化として、『環境市民

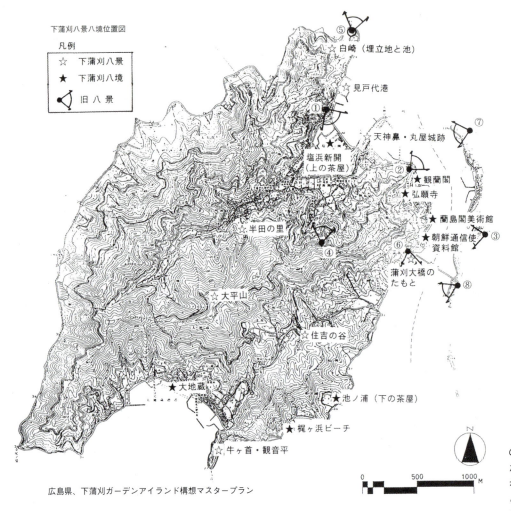

広島県、下蒲刈ガーデンアイランド構想マスタープラン

朝鮮通信使の島、下蒲刈島の活性化構想（1990年）日本政府の「ガーデンアイランド日本」の10年以前に進士先生が構想した「ガーデンアイランド下蒲刈」、熊本アートポリスの造園版で8人の造園家に新下蒲八景のデザインを委嘱、完成、「庭園の島」にまとまる

とまちづくり』全3巻（2003）自然共生、環境共生、地域共生編の出版。さらには、市民の"農"との付き合いの勧めとして、ハーブガーデニング、バケツ稲、アニマルセラピー、地場野菜無人スタンド、菜園付住宅、観光果樹園などなど"緑地生活"を提案している。「精農、楽農、援農、遊農、学農」（1993）あるいは、「全国民総第五種兼業農家化」（2003）などのスローガンを掲げ、都市社会に居住する多数派国民に「農」をおもいきり近づけようともされた。『グリーン・エコライフ』（2010）は、その集大成であり、市民に向けた先生のメッセージである。先生は「農」と東京農大と造園の社会化戦略を展開するアイデアマンであり実行者でもあった。

自然環境計画論／国立公園計画から環境保護思想へ─自然共生社会の創生に向け諸分野の環境学者を糾合

進士先生が助手のころは、江山先生が厚生省国立公園局出身だったこともあって、また当時の造園界には設計事務所しかなかったので、国立公園計画などは大学の研究室に舞い込むことが多かった。疎開先福井県の東尋坊環境整備計画（1971）からはじまり、吉野熊野国立公園の拡張計画（1972）、蓼科自然共生リゾート計画（1972）、大山地域の野外レクリエーション計画（1974）、霧島国立公園広域計画（1974）などの国立公園計画、また鳥取砂丘観光計画と北茨城市観光計画（1974）の受託など常時4つ程度の仕事が同時並行で進んでいた。このころ進士助手は、シュラフで研究室に寝泊まりする毎日であった。進士先生は、仕事をしながら考えた。計画実務をおこなうのみならず、それを研究レベルにしなければとプロジェクトに当った。たとえば「収容力」調査、国立公園の利用者人数の適正規模、また各種の利用形式にともなう施設配置の適正数量について、標準化しようというもの。これは環境庁からの受託「自然公園における収容力に関する研究」（1973）となり、その成果は日米国立公園会議に報告された。次いで「自然風景地における建築デザインの基本に関する景観的考察」（1975）、「自然景観地における色彩基準に関する研究」（1981）など国立公園内の風致維持のための審査指針の受託研究をまとめる。また進士講師は、「観光」誌などの論考も注目され、政府の観光政策審議会最年少の専門委員としても活躍、「わが国における野外レクリエーションに関する計画論的考察」（1982）など精力的に発表した。こうした活動と、「保護と開発の調和手法」の業績が国立公園協会の第5回田村賞受賞（1984）になった。

人間と自然の関係のあり方に対する洞察と計画家としての実際的対応への思考が、『自然環境復元の技術』となり、政府の自然再生推進法制定への応援となった。こうした先生の柔軟な自然保護論は、自治体の環境基本計画の策定、さらには生物多様性など地域環境問題への企業も含む国民的関心と、里地里山の保全利用計画、そして自然共生社会へのオピニオンとしての期待を高めている。現在も環境省・農水省・国交省共管の自然再生専門家会議委員長はじめ国土審、社会資本整備審などで環境や景観系委員として、また日本学術会議会員・環境学委員長（第20・21期）として広く諸分野の環境学研究者をコーディネートし『地球社会の環境ビジョン─これからの環境学』（毛利衛・進士五十八編、2013）をまとめるなど、環境学の要の位置にある造園学の意義を体現しておられる。

以上、本文では先生の研究を中心に述べた。ただ実学主義の先生の造園学は、行政との協働も多く、ここでは省いたが膨大なまちづくり、環境計画、デザインに携わっておられる。先生の活動は極めて多面的で全体像を描くことは容易でない。東京農大の学長としての6年間の成果の象徴的出来事は、当時800ちかい国公私立大学の受験生数の前年度対比伸び率日本一になったことである。それを先生は「大学のマネージメントは、応用造園計画学だよ。」とおっしゃる。結局、先生には何事も「造園」でしかないようである。

下蒲刈、蒲刈大橋の防潮堤修景デザイン（伊藤邦衛設計部分）

下蒲刈、大地蔵の石組の施された防波堤

下蒲刈の人工海浜、梶ヶ浜ビーチ

朝鮮通信使時代の下蒲刈島歴史遺産、三之瀬の長雁木

進士五十八先生の業績

主な著作（含、共編著）

『緑からの発想—郷土設計論』思考社、1983年。
『日本庭園の特質—様式・空間・景観』東京農大出版会、1987年。
『緑のまちづくり学』学芸出版社、1987年。
『アメニティ・デザイン—ほんとうの環境づくり』学芸出版社、1992年。
『自然環境復元の技術』朝倉書店、1992年。
『ルーラル・ランドスケープ・デザインの手法—農に学ぶ都市環境づくり』学芸出版社、1994年。（中国語翻訳書2008年刊行）
『ランドスケープを創る人たち』プロセス・アーキテクチュア、1998年。
『風景デザイン—感性とボランティアのまちづくり』学芸出版社、1999年。
『新作庭記—国土と風景づくりの思想と方法』マルモ出版、1999年。
『風景考—市民のための風景読本』マルモ出版、2002年。
（朝日新聞全50回連載コラム「私の景観論」収載）
『庭園の島—ガーデンアイランド下蒲刈』マルモ出版、2003年。
『「農」の時代—スローなまちづくり』学芸出版社、2003年。
『日本の庭園—造景の技とこころ』中公新書、2005年。
『ボランティア時代の緑のまちづくり—環境共生都市の実際』東京農大出版会、2008年。（中国語翻訳書2013年刊行）
『田園自然再生』農山漁村文化協会、2009年。
『わが国農業農村の再起』農林統計協会、2009年。
『グリーン・エコライフ—「農」とつながる緑地生活』小学館、2010年。
『日比谷公園—100年の矜持に学ぶ』鹿島出版会、2011年。
『地球社会の環境ビジョン—これからの環境学』日本学術協力財団・日学新書、2013年。

受賞（章）

1969年 「東京農業大学卒業論文・園地利用者の占有空間特性」で東京都公園協会奨励賞（井下賞）・東京農業大学学長賞
1984年 「自然の保護と開発の調和手法」で国立公園協会第5回田村賞
1989年 「日本庭園の特質に関する研究」で日本造園学会賞（研究論文部門）
2004年 「源兵衛川・暮らしの水辺」で土木学会景観・デザイン賞
2006年 日本農学賞・読売農学賞、日本公園緑地協会北村賞
2007年 「日本庭園研究ならびに一連の造園学研究」に紫綬褒章
2012年 『日比谷公園—100年の矜持に学ぶ』で日本生活学会今和次郎賞・日本造園学会特別賞
2015年 「日本庭園、緑と農のまちづくり研究・計画・実践」に内閣みどりの学術賞
2016年 日本造園学会上原敬二賞

役職等

内閣観光政策審議会専門委員（1976～1977、1980～1982）
内閣国土審議会首都圏計画部会専門委員（1995～1998）
日本造園学会長（1999～2001）
東京農業大学長（1999～2005）
建設省都市計画中央審議会専門委員（1999～2001）
東京都世田谷区教育委員（2000～2012）
NPO法人日本園芸福祉普及協会理事長・会長（2001～2009、～現在）
日本都市計画学会長（2003～2004）
国土交通省国土審議会特別委員（2001～現在）
内閣府中央防災会議専門委員（2003～2005）
環境省ほか自然再生専門家会議委員長（2003～現在）
国土交通省社会資本整備審議会臨時委員（2004～現在）
NPO法人美し国づくり協会理事長（2005～現在）
日本学術会議会員・環境学委員会委員長（2005～2011）
日本野外教育学会長（2006～2013）
自治体学会代表運営委員（2006～2012）
日本生活学会長（2007～2010）
公益社団法人大日本農会副会長（2010～2015）
一般社団法人農あるくらし研究会会長（2011～現在）
福井県立大学長（2016年～現在）

粟野 隆（あわの たかし）

1976年兵庫県生まれ。1999年東京農業大学造園学科卒業。2004年同大学院農学専攻博士後期課程修了。2004年～2010年国立文化財機構奈良文化財研究所研究員。考古遺跡や庭園跡の発掘調査とその保存整備・修理に従事。2010年東京農業大学造園科学科助教、2015年准教授。造園史および文化財保存計画を専攻。博士（造園学）。これまで主導した遺跡および庭園の保存計画に「史跡但馬国分寺跡整備基本計画」（2011）、「旧齋藤氏別邸庭園保存管理・整備基本計画」（2013）など。

LANDSCAPE DESIGN バックナンバーのご案内

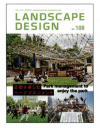
No.108 [2016年6月号]
公園を楽しむパークマネジメント
定価 1,995円
特集 東京のパークマネジメント、NPO法人ハマのトウダイ パークキャラバン、朝霞の森、氷見 朝日山公園、都心の公園の育て方、地域に開かれた東高根森林公園、尼崎の森中央緑地、椿森コムナに見る、賑わう広場づくりのスタイル、NPO法人プレーパークせたがや 他 Works 太田公園／景観設計室タブラ・ラサ、ベンプレ麻布ガーデンズ／庄島設計室他

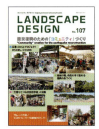
No.107 [2016年4月号]
震災復興のための「コミュニティ」づくり
定価 1,995円
特集 石巻・川の上プロジェクト、地域の種 市民の手で進める復興の森づくり、「三陸人つなぎ自然学校」の活動、プレーパウス てんぱくプレーパーク小屋再建プロジェクト、Works オムロンヘルスケア新本社／ランドスケープデザイン、茨木市岩倉町地区防災公園街区整備／ヘッズ大阪、Le Mont Fuji／Atelier kaba 他

No.106 [2016年2月号]
ランドスケープワークス 2015
定価 1,995円
特集 桜上水ガーデンズ／ランドスケープ・プラス、生長の家 赤坂／原宿"いのちの樹林"／フィールドフォー・デザインオフィス＋清水建設設計本部、プラウドシティ新大阪／鳳コンサルタント環境デザイン研究所、TOYOSU22 グリーンクロスプロジェクト／日本設計＋オンサイト計画設計事務所他 MORE 自然から学ぶ―竹川清和さんの森づくり

No.105 [2015年12月号]
ランドスケープ・アーバニズム
定価 1,995円
緊急提言第2弾 明治神宮の森と新国立競技場 新国立競技場と周辺環境の今後／森本智之、ランドスケープ・アーバニズム その本質と日本における可能性、風土自治園を育む／中村良夫 他 Works 玉川大学／久米設計、八海山雪室／ランドスケープデザイン、奈良の庭、荒木造園設計 More 新山口駅に「垂直の庭」完成／山口市ターミナルパーク整備部

No.104 [2015年10月号]
まちを快適にする緑化マネジメント
定価 1,995円
特別報告 新たな修景思想への誘い／ジル・クレマン連続講演会、現代フレンチ・ランドスケープの一断面 ジル・クレマンの庭と公園 特集 としまエコミューゼタウン／㈱ランドスケープ・プラス、OHANA／㈱長谷エコーポレーション 他 Works おとめ山公園拡張整備計画・設計／石川幹子＋東京ランドスケープ研究所 他 More TOKYO GREEN 2020 FORUM 2nd Round 他

No.103 [2015年8月号]
駅前再開発とまちづくり
定価 1,995円
新国立競技場の緊急提言 神宮外苑の環境と新国立競技場の調和と向上に関わる提言／日本学術会議環境学委員会 都市と自然と環境分科会 特集 狭山スカイテラス、草薙駅周辺整備プロジェクト、日向市駅及び駅前周辺地区デザイン 他 Works さかさ川通りの再整備、蒲田再開発推進委員会、えびの涼風園／ソラ・アソシエイツ 他 More 日比谷ランドスケープデザイン展 2015 他

No.102 [2015年6月号]
土木から見たランドスケープ
定価 1,995円
特集1 磐周公園、通潤用水下井出水路の改修、[座談会] 土木から見たランドスケープの可能性、造園家 伊藤邦衛がつくる土木的風景、高速道路の造園・景観・環境 特集2 大手町の森 Works 箱根山テラス／オンサイト計画設計事務所、札幌市北3上広場／日本設計、Okazaki Villa／植彌加藤造園 More SEGES／社会・環境貢献緑地評価システム 他

No.101 [2015年4月号]
シルクロード浪漫
定価 1,995円
特集 中日ランドスケープ合作の方向性を探る、中国青島国際フォーラム 2014、甘粛省蘭州市、広西チワン族自治区 他 Works 東京駅八重洲口駅前広場「緑の雲」と「光の帆」／日建設計・ジェイアール東日本コンサルタンツ㈱、創価大学中央教育棟／日建設計・MLS・景観設計・東京 他 More 世界屋上緑化会議 名古屋大会 2015、ランドスケープデザイン100号記念感謝交流会 他

No.100 [2015年2月号]
『ランドスケープデザイン』20年の変遷
定価 1,995円
特集『ランドスケープデザイン』のテーマを括るキーワード Works(ランドスケープワークス 2014) 佐久総合病院 佐久医療センター／神田万世橋プロジェクト／飯田橋駅西口地区 第一種市街地再開発事業／伊豆高原の家／新幸橋ビルディング前庭広場 リフレッシュ整備、プトジャヤ植物園 他 More 話題のランドスケーププロダクツ

LANDSCAPE DESIGN 定期購読

年間定期購読料（6冊） **11,000円**（税込）

ここがお得! 定期購読

1. **割引価格でご提供いたします**
   定期購読なら1冊あたりの単価は1,833円（小数点以下切捨）。
   通常販売価格1,995円よりも約162円お得です。

2. **送料無料で、ご希望の住所までお届けいたします**
   定期購読中は発売日に合わせ、弊社より雑誌をお送りします。
   もちろん送料は無料です。

★ 2014年4月以降も、同じ購読料でお読みいただけます。

★購読満了の際にはご案内いたします。※中止の場合はご連絡くださいますようお願いします。
★お申し込みは、ご一報いただいた上、右記口座へお振込ください。　三菱東京UFJ銀行 渋谷中央支店（普）5294495 株式会社マルモ出版
★問合せ／㈱マルモ出版（担当：平澤）　〒150-0036 東京都渋谷区南平台町4-8 南平台アジアマンション 708　TEL.03-3496-7046　FAX.03-3496-7387

定期購読のご案内

My GARDEN
バックナンバーのご案内

 **No.79（2016年6月発売）**
安住の地でつくる庭
定価 1,200円
● Discover Flower & Garden Japan 第10回 安住の地でつくる庭●【特集】横浜はバラとともに 2 ● イングリッシュローズ再び● 第18回国際バラとガーデニングショウ●「味覚」という庭園を散策する● 深谷のオープンガーデン● 銀座・天空の庭で色香に包まれ安らぐひと時／ファンケル 銀座スクエアほか

 **No.78（2016年3月発売）**
花の山・
赤城と山麓の百花繚乱
定価 1,200円
● 琳派 薔薇を描く／白砂伸夫● 女性たちの庭づくり● お庭づくりにこの春おすすめのバラ● Discover Flower & Garden Japan 第9回 花の山・赤城と山麓の百花繚乱● 館林のオープンガーデン● 銀座・天空の庭で色香に包まれ安らぐひと時／ファンケル 銀座スクエア● 横浜はバラとともにほか

 **No.77（2015年12月発売）**
多摩・三浦丘陵 人と自然の原風景
春、夏、秋を旅する
定価 1,200円
● 京都ミステリーローズを求めて／白砂伸夫● 平戸ミステリーローズを守り育てる／大曲淳子● Discover Flower & Garden Japan 第8回 多摩・三浦丘陵 人と自然の原風景 春、夏、秋を旅する● 里山のオープンガーデン● 都市近郊の里山を巡る● 銀座・天空の庭で色香に包まれ安らぐひと時／ファンケル 銀座スクエアほか

 **No.76（2015年9月発売）**
阿蘇山麓 水と火と神話の里に
花と景観を訪ねて
定価 1,200円
● 和が素敵なバラの提案／白砂伸夫＋河合伸志● Lyon Roses 2015 世界バラ会連合第17回世界大会／御巫由紀● Discover Flower & Garden Japan 第7回 阿蘇山麓水と火と神話の里に花と景観を訪ねて● 南阿蘇オープンガーデンほか● 銀座・天空の庭で色香に包まれ安らぐひと時／ファンケル 銀座スクエアほか

 No.75（2015年6月発売）
日本の近代化と
市民の街づくり
定価 1,200円
● 女性たちの庭づくり● Discover Flower & Garden Japan 第6回 花と庭の街・深谷で出会う日本の近代化と市民の街づくり● 深谷オープンガーデン● 開幕 北海道ガーデンショー2015 大雪● いま注目は、ドイチェ・ローゼン／京成バラ園芸● 銀座・天空の庭で色香に包まれ安らぐひと時／ファンケル 銀座スクエアほか

 **No.74（2015年3月発売）**
陽春の花の鳥・淡路と
但馬のワイルドガーデン
定価 1,200円
● バラとクレマチス● お庭づくりにこの春おすすめのバラ● Discover Flower & Garden Japan 第5回 陽春の花の鳥・淡路と但馬のワイルドガーデン● 兵庫オープンガーデン● 日本全国春のガーデンめぐり● 植物と暮らす住まいと庭―建築家・古谷俊一さんと園芸家・後藤みどりさんの提案―● 山里の四季 ほか

 **No.73（2014年12月発売）**
花と農、庭と建築
和と洋が交差する津軽の春を旅する
定価 1,200円
● 私のルドゥーテ● パリで見つけた素敵なお店● Discover Flower & Garden Japan 第4回 花と農、庭と建築 和と洋が交差する津軽の春を旅する● 津軽生まれの庭園文化[大石武学流]● 青森オープンガーデン● 和のオープンガーデン～広く一般公開される各地の日本庭園～● クリスマスローズに魅せられて ほか

 No.72（2014年9月発売）
軽井沢から須坂へ
美術館の庭巡りと山裾の自然派ガーデン
定価 1,200円
● フランスのバラ文化が華やかに香るマルメゾン城とグレース公妃のバラ園の物語／柳楽桜子● Discover Flower & Garden Japan 第3回 軽井沢から須坂へ 美術館の庭巡りと山裾の自然派ガーデン● ようこそ北信州のオープンガーデンへ● 北信州秋の見所めぐりマップ● 辻井ミカさん庭をいける ほか

 **No.71（2014年6月発売）**
朱夏の北海道
今、いちばん新しい ガーデンルートへ
定価 1,200円
● 長崎・古のバラの源流を探る旅 平戸ミステリーローズ／御巫由紀● Discover Flower & Garden Japan 第2回 朱夏の北海道 今、いちばん新しいガーデンルートへ● FLOWER LANDSCAPE アカオハーブ&ローズガーデンのフラワーランドスケープ／白砂伸夫● 山野草が美しいガーデン 泉ボタニカルガーデン ほか

定期購読のご案内

MyGARDEN 定期購読
季節ごとに届く年4冊。プレゼントにも最適です！

年間定期購読料（4冊） **4,400円（税込）**

ここがお得! 定期購読

1. 割引価格でご提供いたします
   定期購読なら1冊あたりの単価は1,100円。
   通常販売価格1,200円よりも100円お得です。

2. 送料無料で、ご希望の住所までお届けいたします
   定期購読中は発売日に合わせ、弊社より雑誌をお送りします。
   もちろん送料は無料です。

★ 2014年4月以降も、同じ購読料でお読みいただけます。

★購読満了の際にはご案内いたします。※中止の場合はご連絡いただきますようお願いします。
★お申し込みは、ご一報いただいた上、右記口座へお振込ください。　三菱東京UFJ銀行 渋谷中央支店（普）5294495 株式会社マルモ出版
★問合せ／(株)マルモ出版（担当：平澤）　〒150-0036 東京都渋谷区南平台町4-8 南平台アジアマンション708　TEL.03-3496-7046　FAX.03-3496-7387

※弊社のメインメールアドレスが下記の通り変更になりました。お問い合わせや商品注文の際はご注意下さい。
変更前：m@marumo-p.co.jp → 変更後：maru@marumo-p.co.jp

マルモ出版の本

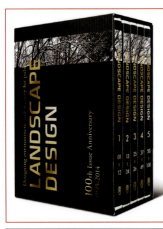

LANDSCAPE DESIGN 100号 記念特別企画 DVD-BOX
価格：¥49,800
／DVDディスク5枚組 データ形式：PDF

創刊号から100号まで、雑誌「ランドスケープデザイン」100冊分、合計約15,000ページを一挙に収録します。約20年のランドスケープの変遷が見えてくるお得なDVD-BOXです。

ご好評につき 完売→増版しました！

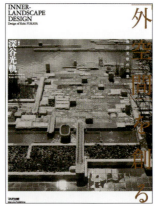

深谷光軌作品集「外空間」を創る
価格：¥7,600
A4変型判／192P

ブルーノ・タウトの著書『日本文化私観』に出会い、その思想が創作の出発になり、ギリシャの旅で目にしたコリント、ミケーネ、イドラ島等の遺跡に魅せられ、現代の渇い都市空間に「Inner Landscape：こころの風景」を創り続けた外空間作家「深谷光軌」が現代ランドスケープデザインに一石を投ずる遺作集！

サステナブル社会のまちづくり
―海外の実務者との対話から見えて来るもの―
価格：¥2,800
A4変型判／120P

2014年12月1日～3日の間、東京・横浜・滋賀の3箇所で開催された『サステナブル社会のまちづくり 国際シンポジュウム』の記録ならびに関連資料をベースとし、海外におけるまちづくり従事者との対話等を通じてこれからのまちづくりの在り方を考える1冊です。

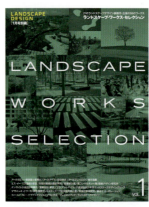

別冊ランドスケープワークス セレクション Vol.1
価格：¥3,500
A4変型判／266P

ランドスケープに携わる代表的な21の事務所のワークスを一冊に収録。

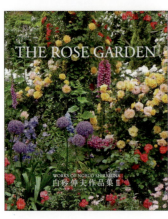

THE ROSE GARDEN 白砂伸夫作品集2
価格：¥1,944
A4変型判／122P

日本のローズガーデンが世界をリードする時代にきています。ホテルオークラで5月に開催されている「10カ国大使夫人のガーデニング」、ハウステンボスのローズガーデン、アカオハーブ&ローズガーデン、岐阜県の花フェスタ記念公園の「世界のバラ園」など、今日本で話題になっているローズガーデンをデザインしている白砂伸夫氏の作品集、待望の第2弾です。

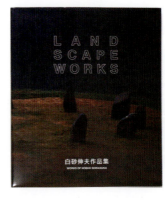

白砂伸夫作品集 LANDSCAPE WORKS
価格：¥2,835
A4変型判／128P

街の景観デザイン、建築設計、造園知識に通じ、多くの実績を残しているランドスケープアーキテクト・白砂伸夫の作品集。京都の嵯峨野を自らのデザインの源泉としているその作風は、雅な空間を作り出す。完売につき改訂版第2刷。

佐々木葉二作品集 LANDSCAPE DESIGN
価格：¥2,993
26x21.8x1.4cm ／150P

さいたま広場コンペ実施設計に続き、六本木ヒルズ再開発のランドスケープをプロデュースした、今話題のランドスケープアーキテクト・佐々木葉二氏の作品集が日本で初めて発刊。LD34号で紹介した最新作、六本木ヒルズも一挙掲載している。

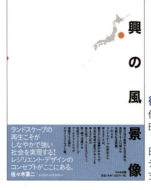

復興の風景像
価格：¥1,850
B5判／135P

日本造園学会が総力をあげて取り組んだ27のテーマと40人の執筆者による 東日本震災復興支援のためのコンセプトブック。

※表示価格はすべて税込価格です。その他にもございますので弊社ホームページ（www.marumo-p.co.jp）よりご覧下さい。

**オープンガーデンガイドブック
2016〜2018年度版**

価格：¥1,200
A5判／224P

日本全国、北海道から沖縄まで、花と緑にあふれる個人のお庭を一挙に紹介するオープンガーデンガイドブックの新刊がいよいよ発売開始! 265軒・224ページにのぼるオープンガーデンの情報がこの1冊に詰まっています。全国のガーデン・公園・花の施設などをまとめた「日本全国 ガーデンめぐりの旅 〜花の名所・施設めぐりマップ〜」も掲載!花を訪ねる旅行には、ぜひお持ちいただきたい1冊です。

東京緑のハンドブック

価格：¥1,600
A5判／128P

都内の屋上庭園や壁面緑化、緑の公開空地、都立公園など官民問わず代表的な施設、145ヵ所を掲載しました。持ち運びに便利なA5判のハンドブックタイプ。エリア別マップ付きですので、東京の緑めぐりに最適な一冊です。

長谷川弘直作品集

価格：¥2,700
26x22.2x1cm
144P

**川村善之作品集
LANDSCAPE
GARDEN
SKETCH WORKS**

価格：¥2,835
A4変型判／120P

**新世代のランドスケープ
アーキテクト
Part2**

価格：¥4,500
A4変型判／194P

**市民のための
風景読本
ー風景考**

価格：¥1,890
B5変型判／122P

**新作庭記
〜国土と風景づくりの
思想と方法〜**

価格：¥3,150
A5判／309P

**呼吸する緑の壁
ーバイオラングー**

価格：¥3,675
B4変型判／152P

世界最大級の電子雑誌サービス ZINIO より
世界62カ国以上で購入・閲覧ができます！

購入可能国：アメリカ／カナダ／アルゼンチン／ブラジル／メキシコ／オーストラリア／ニュージーランド／中国／香港／日本／韓国／台湾／シンガポール／インド／デンマーク／ドイツ／スペイン／フランス／ベルギー／イタリア／オランダ／ノルウェー／ポルトガル／ロシア／スイス／フィンランド／スウェーデン／イギリス 他

WORLD WIDE EXPAND!!

You can order LANDSCAPE DESIGN & MyGARDEN
digital magazines on zinio website over 62 countries.

: USA / Canada / Argentina / Brasil / Mexico / Australia / New Zealand / China / Hongkong /Japan / korea / Taiwan / Singapura / India / Denmark / Deutschland /España / Italia/ France /Belgique / Nederland / Norge / Portugal /Swiss / Россия / Suomi / Sverige / United Kingdom / etc.

Digital magazine ,delivering the exact same material
you get in print : furthermore It's less time & no postage!

www.zinio.com

50%OFF！印刷物の半額でご提供しております。
LANDSCAPE DESIGN ¥900
MyGARDEN ¥600

PC　　iPad　　iPhone　　Android

iPad、iPhone、PC、Androidでいつでもどこでも
ラクラク読めます。

以下のサービスからもご購入いただけます。

MAGZTERでは創刊号より全巻購入可能。

プロのランドスケープアーキテクトになるための
日本で唯一の試験対策用テキスト

ランドスケープ
アーキテクトになる本

**2016年 国土交通省
登録技術者資格に認定！**
（詳細は下記）

登録ランドスケープアーキテクト資格認定試験

Ⅰ：一次試験（兼RLA補試験）受験用テキスト

Ⅱ：二次試験受験用テキスト

登録ランドスケープ
アーキテクト (RLA) とは？

RLAとは、ランドスケープアーキテクトとして実務を遂行するために必要な「一定の知識と技量からなる能力」を有する人を示します。一般社団法人 ランドスケープコンサルタンツ協会（CLA）が認証を行うもので、同協会の主催により、毎年1回秋に認定試験が実施されます。さらに2014年度より、RLAに準ずる知識を持った登録ランドスケープアーキテクト補（RLA補）の資格認定試験もスタート。より幅広い層の方がランドスケープの世界に入ることができるようになりました。

 RLA資格制度は本年度より国交省の登録技術者資格となりました

認定にともない、RLAはこう変わる！

● 民間資格の枠を出て、国家資格に準じる資格として実務の場でアピールすることができます。

● 資格保持者の技術力がより注目されるようになり、コンペ案件などにおいて一層採用されやすくなります。

● 資格保持者が、都市公園などの調査・計画・設計業務において管理技術者や照査技術者になることができます。
（RLAは大卒後3年で受験できるため、若い内から技術者として重要業務に携わり、チャンスを広げることができます）

一般社団法人 ランドスケープアーキテクト連盟（JLAU）編著

一次試験用：140P、B5判／価格 **1,944円**（税込・送料別）

二次試験用：116P、B5判／価格 **2,592円**（税込・送料別）

得 一次・二次2冊セット **4,000円**（税込・送料別）

【お申込方法】下記の欄に必要事項をご記入の上、Faxでマルモ出版までお申込ください。その後商品と払込取扱票をお送りします。
銀行振込をご利用の方は、上記金額に送料380円を加えた金額を下記1の口座にお振込ください。
郵便貯金口座をご利用の方は、届きました払込取扱票を用いて下記2の口座にお振込ください。

【お振込先】1．三菱東京UFJ銀行 渋谷中央支店（普）5294495 株式会社 マルモ出版
2．郵便貯金口座 口座番号：00170-4-70822 株式会社 マルモ出版　　※振込手数料はご負担下さい

ご注文日	年　　月　　日		ご注文冊数	
ご注文者	お名前	ご連絡先（Tel）	1次試験用	冊
	ご住所 〒　－		2次試験用	冊
			1・2次2冊セット	セット

〒150-0036　東京都渋谷区南平台町4-8　南平台アジアマンション708
TEL.03-3496-7046　FAX.03-3496-7387　Mail：maru@marumo-p.co.jp（アドレスが新しくなりました）

ランドスケープアーキテクトからのメッセージ [Message from Landscape Architects]

ランドスケープアーキテクトからのメッセージ

時を刻む空間に生きる

京の伝統の中で育まれた技術を活かし、

過去、現在、未来へと続く時間の流れを楽しめる庭づくりを！

本　社／〒616-8107　京都市右京区太秦一ノ井町 17-2
　　　　TEL (075)861-2880　FAX (075)861-6947
　　　　HP　http://www.ueyoshi-kyotogarden.com/

株式会社 植芳造園

代表取締役　井上剛宏

Message from Landscape Architects

「自然のちから」と「場所のちから」から出発する

佐々木葉二（鳳コンサルタント環境デザイン研究所・京都造形芸術大学教授）

「見えない自然を見せる」表現者でありたいと進士先生とのインタビュー時に話させていただいた8年後の2011年3月11日、東日本大震災が発生した。

この震災は我々に多くの問いを突き付けた。その一つは、従来の都市デザインとは異なり、小規模山村漁村での人間と自然との密接な関係に基づいた風景再生とは何かということだった。

その答えは、その後の復興支援や海外プロジェクトの体験から得ることが出来た。被災地仮設住宅に住む人々は、海岸風景や椿が咲いていたまちの記憶を生かした「椿の避難路」や「干潟公園」の提案、神社の夏祭りや伝統の「きりこ細工」づくりワークショップなど、失われそうな歴史文化やふるさと独自の自然を取り戻す運動を次々と生み出した。「春はスバシリ、夏は灯篭流しに、かがり火まつり、冬はサケの遡上を橋の上からみつめながらこの町の人は育ちました。この町の生命線を大切にしたほんとうの再生こそ、私たちには必要なのです」と町長に提案した南三陸町の工藤さんの言葉は、人間と自然環境を切り離した近代主義的都市計画への異議申し立てではなかったか。

住民が互いの絆を築き上げる下からのボトムアップ・プロセスは、形而上的な上滑り議論におちいらず、誰にも受け入れられる風景再生の方向を教えてくれた。

韓国のソウルで学んだことは、厳しい気候に耐えうる植物や石、土など、その「場所」に必要な素材発見の重要性だった。

敷地がもつ「自然のちから」や「場所のちから」を、長い時間に耐えうるプログラムと共振させれば、社会に働きかけるデザインが生まれる。時を経てその土地に根付き、パブリックヒストリーになりうる風景づくり、その出会いを求めて今後も創り続けたい。

上段左から毎日インテシオ、嵐山山荘、グランウェリス瀬田。中段左から京都新都ホテル、米国・コーナーストーンガーデン、ソウル漢南ザ・ヒル。下段左から、ステイツグラン茨木、白雨館、ソウル漢南ザ・ヒル。

田園と都市への思い

田瀬理夫（プランタゴ代表／ノース代表）

「環境」が自己以外の自己をとりまくすべての状態とすれば、環境デザインとは人間生活をとり巻く周囲の状態のデザインということになる。デザインの対象は「状態」ということができる。

Landscapeといえば『風景』だが、Landscape Designといえばランド（土地）を伴う風景（眺め）の状態のデザイン、ということになる。

環境デザインの三原色

環境デザインの三原色があると仮定する。「赤」は住宅、道路、庭園、公園などを含む都市施設、あるいは都市的インパクトとする。「黄」はランド（土地）である。農地を含め樹林等の植生、生物を伴った連続した地形であるとする。「青」はパブリックマインドを伴うマネジメント及びソフトオペレーションとする。パブリックマインドとは公共的精神と訳すが、ここでは歴史、伝統、地域の慣習などに内包されている精神的な共有財産に対するプライドとする。

流動する水、大気（空気）は「在る」ものであり、それ自体は色を持たず、どういう状態にあるかによって色がつくものとする。

ランドスケープのデザインが水系を軸とする環境系すなわち、トータルシステム（斎藤一雄）への考慮がなければならないという所以である。

風景があるというのは三原色がほどよいバランスを保っている状態であり、地域の環境秩序が保持されている状態であるとする。

一定の状態が保持されているということは、状態を保持するために取り巻くものが動いている、あるいは生きているということである。変化するということは、何かが消滅したり、視界から消えていたり、別な何かが現れているということである。

公であれ、私であれ、ひとつの敷地あるいは敷地上のものは、敷地を超えた連続性をもつ「黄」「赤」「青」の関係で色がつくはずである。例えば、周辺との脈絡を持たない住宅展示場のような施設は「赤」である。形や量だけで、質を問わない緑、例えば殺虫剤づけの住宅団地の緑などは「赤」とみなす。有機的な秩序を保持した畑や田んぼは「黄」と「青」で「緑」であるが、除草剤、消毒剤、化学肥料を過大投下している農地やゴルフ場は限りなく「赤」に近いものとなる。

赤と青で「紫」になり、黄と青で「緑」といった具合で中間色は限りない。

風景の喪失

「風景の喪失」これはとりわけ戦後的なものである。それぞれの土地が周辺との脈絡を欠いて色づいている状態で、三原色のうち二色が遮光されて原色化、あるいは赤色化した状態ととらえることができる。赤色化の元凶は「黄」即ちランド＝地形の流失であり、さらに「青」の溶脱による地域の環境秩序の喪失である。

風景の再構成

風景を再生するということで環境デザインがなしうるのは、喪失した地域環境秩序を再構築することであり、再構築のためのパラダイム（規範）と具体的なディテールを投入し三原色のバランスを回復することである。パラダイムとは欠けている色を投入するか、遮光を取るための仮設構造モデルであり、具体的なディテールとは計画の細目である。

アメリカニズムといってもいい戦後的なもののマインドについて西部邁は、「アメリカ化の波にさらされてきたこの半世紀間、日本の田園と都市は本来の歴史軌道から大きく外れてきたのである。アメリカニズムがグローバリズムを僭称しつつ猛威をふるっている今、ヨーロッパの田園のことを想起し、それを媒介にして、日本の（過去というよりも）本来の姿に思いを致してみてもよいのではないか。そういう思考実験が戦後的なものにたいする精神の防腐剤となるに違いない。」（発言者 vol.45 1998年）

本書では、2007年までの私の事務所の仕事が紹介されている。その後現在までの主な仕事は、

首都圏の建材砂漠
「崇高なものと、醜悪なものと、クオリティのかけらもないものを根底的に切り離して、（平穏に?）暮らしている。」（1993年 レム・コールハース 初来日の印象）

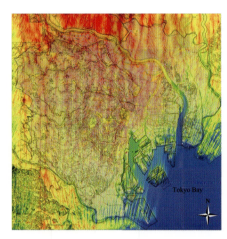

東京23区全域における気温状況（2005年7月31日14時, 地上2m）
出典：東京ヒートマップ（国立研究開発法人建築研究所 発行）

永田昌民（2013年没）さんとの一連の住宅の庭づくりをきっかけに始まった「住宅」に社会性や地域性をとり戻す外構デザインのルールづくり（現代町家 2008～）、外構デザインだけではなく、緑の街区に向けたルールづくり（里山住宅博 in 神戸 2016）、さらに「戸建て住宅」だけでなく木造集合住宅を含む住宅団地計画や中山間地域での木造集合住宅のプロジェクト（神山町営住宅 2016～）などである。

東京と遠野で行っているオフキャンパス・プログラム（LD98 2014）とも連動して、田園と都市の日常に、本来の姿を求めていきたい。

（2016年 初夏）

里山住宅博断面図

次の時代のデザインカルチャーへ

宮城俊作(設計組織 PLACEMEDIA)

　実家のある京都・宇治で進士五十八先生にインタビューをしていただき、本書のもとになる連載がランドスケープデザイン誌に掲載されてから、かれこれ8年になる。むろん、この間に携わったプロジェクトのカテゴリーや実際のかたちになったその成果に大きな変化があったわけではないが、将来のこの分野がどのようなランドスケープ像をヴィジョンとして描けるのか、なにかしらそのようなことを意識しはじめている自分に気がついたように思う。その将来像のいくつかは、たとえば伝統的な日本の庭園が、この国のデザインカルチャーを代表するカテゴリーのひとつであったような、そのようなものとして次の時代の都市に立ち現れるランドスケープに映し出されていてほしい。仮にそのようなものが現れるとして、私なりにその特徴を自らの実践に重ねあわせてみたいと考えてきた。

　その特徴の一つは、生態学との関係において見いだされるだろう。一言でいえば、建築の構造が持続可能な状態で安定していなければ、建物の安全性が確保できないように、エコロジーはランドスケープの持続可能な構造として機能するものであることが認識されているべきだ。ただし、建築の構造が単体で完結するものであるのに対して、ランドスケープの構造をつくる生態系は、広範囲に及ぶ周辺環境との関係を前提としていることには注意しなければならない。さらに進化したランドスケープは、構造的な美しさを表現した建築があるように、安定した生態系のありようをヴィジュアルに体現するものになるのかもしれない。

　特徴の二つめは、ライフスタイルの多様化との関係において見いだされるだろう。たとえば公園や街路、広場などにかぎらず、公共性のある空間では、組織的であれ自然発生的であれ、制度的に想定されていなかったような使い方への需要が高まっており、そのために場所を使いこなす多様な術はすでに蓄積されつつある。ライフスタイルを体現するアクティビティ、それらを促すプログラム、そしてその枠組みを空間に置き換えるデザイン、これら3つのインタラクティブな関係をうまくマネジメントしていくことによって、暮らし方がランドスケープに顕れる状況をつくりだすことができそうである。むろんその過程では、使い手と一緒になってつくっていく、という新しいデザイナー像がみえてくることが期待できる。

　エコロジーやライフスタイルとの新たな関係を切り結ぶランドスケープ像を前提とするならば、そのデザインは、環境や風景の特質をその場において感得し認識するための手がかりを仕込んで行く行為になると言えるだろう。これが三つめの特徴で、その手がかりとは、複雑な幾何学形態のしくみを理解するときに引かれる補助線のようなものではないだろうか。補助線だから、それ自体で何かを表現したり特定の意味を発したりすることはない。また、その線は細ければ細いほど、数は少なければ少ないほど、全体像は美しいものになりそうである。ランドスケープデザインが次の時代の価値観を体現するデザインカルチャーのひとつになるとすれば、それは、空間表現の最前線から一歩退いた位置で環境の全体像を見渡しつつ、風景のなかに細くしなやかな、しかし強靭な補助線を引く行為がもたらすものになるのかもしれない。そのあたりをめざす実践を続けていきたいと思う。

ザ・キャピトルホテル東急

神宮式年遷宮記念せんぐう館

JPタワー／KITTE

Message from Landscape Architects

「戸田芳樹の仕事」から8年の時を経て

戸田芳樹（株式会社戸田芳樹風景計画代表取締役）

　LD誌61号（2008年）に進士先生からインタビューを受け、誌面を飾れたのは自分史を考える上で大きなエポックメーキングであった。自分のプロフェッションを磨くには自身が人生の節目を作るべきと、かねてから考えており30年を振り返る良い機会に恵まれたと感謝している。

　その後も延長線上で活動を進めてきたが、この8年間でいくつか変化が見えてきた。ひとつは私のキャリアに即した社会との関係の深化。もうひとつは社会の動向に対応した私と組織の変化。前者は行政の委員会やアドバイザーを務めるケースが多くなったこと。藤沢市の「まちづくり委員」では「辻堂駅前CX開発」を8年間務め、茅ヶ崎市では再開発、公園、公共施設の景観アドバイザーを。朝霞市では「緑地推進委員会」の委員長。中国南部の珠海市では都市計画顧問を仰せつかり会期を全うできた。

　ランドスケープアーキテクトは多様な経験を積み、自分を磨くことで未来は開けると感じたのが収穫だった。行政の立場から見る事業の進め方、市民・活動グループと共に歩む視線、作り手としてのデザインの提案、各々の立場から俯瞰する視野の広さと、立ち位置の違いに対応できるスタイルをこの8年間で少しずつ作ってこれた。

　一方社会の変化に対しては一般的なキーワードへの対応が私達ランドスケープアーキテクトに突きつけられる時代であった。「国際化」では中国のプロジェクトにおいて成果を上げることができた。上海に事務所を設け、中国側の優秀なパートナーと組み、事業主と直接取引することに成功し、住宅などのランドスケープデザインからの商品のブランディングまで協力してプロジェクトを進めるチャンスを得た。

　「多様化」では仕事が以前と比較して要求が多く、スピードが速くなり、それに対応出来る取り組みを図った。小規模なアトリエでも多様なプロフェッションを持った人材を求め、同時に外部に有能人材のネットワークを強化した。特に中国のプロジェクトでは建築、インテリア、照明、環具のデザイナー達と対話を重ねて、より高品質なアイディア提案が出来た。「都市環境」では珠海市の顧問としてインフラストラクチャーに重ねるビオストラクチャーを提案し、珠海市の中核的自然である鳳凰山公園の基本計画を担当した。中国の事務所と協働し調査からスタート、市の財産ともいえる自然の価値を示して理解頂き、それをベースに計画を進めた。日本においても各分野との協働により、自然が持つエネルギーを計画に取り込み、その上で美しい風景を作り上げる努力を重ねた作品を世に問いたい。

　個人ではウィーン郊外の「アートプロジェクト」や尾道百島の「島を花で包む」活動を今後進める予定である。またRLA資格者が中心となって発足したランドスケープアーキテクト連盟にも力を尽くして行きたい。まだランドスケープで残された課題が多くあり、この先も現役で活動したいと願っている。

地球市民交流センター（2010）

旧伊藤博文金沢別邸および牡丹園（2010）

無錫泰伯広場（2010）

蘇州棠北別墅（2012）

狭山駅西口再開発（2012）

みなとオアシス尾道（2012）

北京燕西華府（2013）

東京都健康長寿医療センター（2013）

錦町トラッドスクエア（2013）

二子玉川公園「帰真園」（2013）

珠海鳳凰山公園（2014）

中国での出版等（2010、2014、2015）

ランドスケープアーキテクトからのメッセージ

田園調布の四季の庭
2010年度日本造園学会賞／設計作品部門

名勝楽山園環境整備事業
2012年度 日本造園学会賞／技術部門

赤倉観光ホテル「オークリバーガーデン」「ハーブガーデン」「キッチンガーデン」設計監理・石組

二子玉川公園内日本庭園 設計監理・作庭・石組

POP GARDEN　かわいい庭　かっこいい庭
品格のランドスケープ
SIT-ABILITY すわる場づくり

代表取締役・石組師　髙﨑康隆

髙崎設計室 有限会社

BOOK REVIEW
The Inspired Landscape:
Twenty-One Leading Landscape Architects Explore the Creative Process

Susan Cohen 著、Peter Walker（序文）
発行：TIMBER PRESS
体裁：ハードカバー　255 x 215 mm・272頁
価格：$50.00

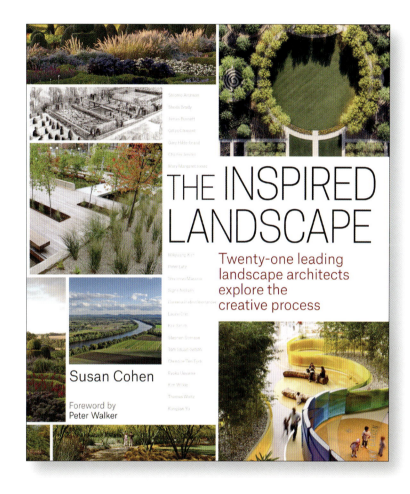

　本書は、ランドスケープのデザインが何によってインスパイアされて生まれてきたのか、設計初源のアイデアがどこから来たのかを世界の22人の著名なランドスケープアーキテクトの作品を中心に紹介した興味深い書である。

　設計の初源とはつまるところ私的なインスピレーションだから、よほど和気藹々とした雰囲気の場でないと、デザイナーからその発想やアイデアの根拠は聞き出せないものだ。

　一般にデザインの根拠を正面から作家に聞くと、彼らの「個人ブランド」を教条的な都市景観論で語られて興味が半減する場合が多い。

　しかし、本書ではよりリージョナル（地域的）で、ヒューマンな視点から作家の自己史や敷地の記憶にまでさかのぼり、各作家が何と対話しながらランドスケープの美を支え創造してきたかが述べられ、まるで本人を前にして聞いているような楽しさがある。

　更に本書の特色であると同時に、極めて意義深い要素としては、これまで紹介されていなかった美しい詳細写真と共に、その作品が生み出されるプロセスをデザインの形態言語にとどまらず、作家本人の手によるドローイング・プロセスまで見ることが出来る点をあげるべきであろう。

　たとえば、米国のケン・スミスが設計したニューヨーク近代美術館MoMA屋上庭園デザインでは、彼のコンセプトである「迷彩＝カムフラージュ」が、愛妻が買って穿いていた迷彩ズボンのパターンからインスピレーションを得たのみならず、その底流には、大徳寺の大仙院方丈や瑞峯院庭園があった事実などが語られ、造形論としてなかなか読ませてくれる。

　この他に、世界から選ばれた著名な作家には、ドイツからペーター・ラッツ、米国からローリー・オーリン、英国からチャールズ・ジェンクス、フランスからジル・クレモンなどが含まれ、日本からは、上山良子氏と桝野俊明氏が選ばれている。

　本書は、ランドスケープのデザインの源泉に立ち会いたいデザイナーや建築家、ランドスケープアーキテクト、学生のみならず一般人にも幾多の示唆を投げかける優れた書である。

文＝佐々木葉二（京都造形芸術大学教授）

掲載ランドスケープアーキテクト

- Shlomo Aronson
- Sheila Brady
- James Burnett
- Gilles Clément
- Gary Hilderbrand
- Charles Jencks
- Mary Margaret Jones
- Mikyoung Kim
- Peter Latz
- Shunmyo Masuno
- Signe Nielsen
- Cornelia Hahn Oberlander
- Laurie Olin
- Ken Smith
- Stephen Stimson
- Tom Stuart-Smith
- Christine Ten Eyck
- Ryoko Ueyama
- Kim Wilkie
- Thomas Woltz
- Kongjian Yu

ランドスケープのゆくえ

中村良夫（東京工業大学名誉教授）

ランドスケープデザインとはいっても、近代的な作家性に帰する著作権とは縁のうすい道を歩んだ私にとって、不思議な手応えがあったのは東京スカイツリーである。これは電波塔の位置選定の作業に連なっただけだからデザインとはまったく無縁である。ところが、そのタワーがスカイツリー神話へと結晶してゆく過程は、デザインの定義を揺さぶる波動を引き起こした、と思う。神話化の経緯は中川大地「東京スカイツリー論」（光文社新書）に詳しいが、定点観測のカメラファン、町歩きのブログ、タウン紙、北斎ばりの奇想構図を競う写真展などが互いに反響しながら織り上げたその偶発は、文化の価値基準を決める市民主権のマニフェストではなかったか。ネット社会が産んだこのサブカルチャー系の社会現象は、とりすました客体の美ではなく大衆の身体が抉り出した都市を宣言しているように見える。実をいえば、歌舞伎にしろ、浮世絵にしろ、あるいは草双子にせよ、近世日本の芸能や文芸はいずれも、町民社会に芽生え評価され、やがて檜舞台へ登ってきた大衆の自画像であった。これはサブカルではない。日本文化の本流なのだ。なぜなら、そこに貴族や武家のタテマエ文化を超える日本人の本音があるからだ。

デザインといえば、長期間の運用にかかわった古河公方公園（総合公園改名）では、さまざまな市民団体の面々が、水田耕作、写真、写生、工芸、俳句、里山野草復元などにのこしたゆたかな風景解釈の連鎖が記録されている。また、広島太田川プロジェクトは、デザインの一環として残した原爆スラムあとの自生ポプラー株を守る会をはじめ、様々な市民活動を誘発しながら、市民の好みでカスタマイズされた風景体験は、ついに念願の川辺レストラン・カフェを実現し、それを公的制度にまで押し上げた。私の投げたデザインの小石は水底に消え、そのあとに広がる波紋が岸辺に跳ね返り、たがいに干渉文様を描きながら、あたかもカイコが繭を結ぶように市民の自治的コモンズすなわちふるさとを紡いでいるようにみえる。

デザインという行為の核心が空間にかんする何らかの意味づけやイメージ生成の技法であるなら、大衆の手にゆだねられた解釈の無限連鎖は、

広島・太田川ポプラクラブ

これまたデザイン創造と言えなくもない。

ところで、国語学者によれば、ニハ（庭）という両義性を帯びた古代のヤマト言葉はやがて分裂した、という。その第一はもちろん作庭記にまとめられた古典的山水美、第2は共同体の祝祭、行事や作業など、身体の介入を迎える空間である。このときニハは土を意味するニが脱落し、語頭濁音化してバとなったという。市庭（いちば）、稲庭（イナバ）、馬庭（ババ）、舞庭（マイバ）など、はじめは庭の字があてられたが、やがて場（バ）の字におちついた。輝かしい歴史をたどった山水庭園は近世の大名庭園でその頂点に達したのにたいし、第2のニハ（場）はどのような運命をたどったか。それは、寺社の勧進芸能や縁日など祝祭の場バとして都市の胚胎を促しながら、いささか屈折した道を歩いてのち、近世の盛り場においてその大輪の花を咲かせたのではないか。

妖しい悪の華の匂いを撒き散らす盛り場は、デザインの生産と消費という二分法を撹乱する異界として、都市の未来へ向けて開かれていると思う。日本の都市史の肺腑に触れるこの悪の華を、ひるまず正眼で見据えた勇気ある都市計画家は、正当にして異端の計画家・石川栄耀先生ぐらいかもしれない。

山水庭園と盛り場はまったく倫をことにしているように見える。山水は調和のとれた同化の美学を信奉し、盛り場はめくるめく異化の美学を秘めているからだ。しかし同化と異化は変幻自在の曲者だから、まったく相反するように見えるお庭と盛り場も、実は水面下で丁々発止の話芸を楽しんでいるのかもしれない。じっさい、浅草寺の奥山のように近世寺社の境内は、山水美と盛り場の熱気を合わせて呑み込んでいたのではないか。

大名庭園と盛り場という分裂の頂点において、突然その歩みを止めたかにみえる日本のニハの歴史を再起動させるには、いちど、両者未分のニハの原点に立ち戻って考えなおすのも一案かとおもう。そこに、清濁いりまじる躍動的な日本都市の命運がかかっているかもしれないのだ。

広島太田川、水辺のカフェ（撮影＝田中直人）

Message from Landscape Architects

デザインの構築「なぜ、どうして」に答える

榊原八朗（ランドスケープアーキテクト）

デザインするとき、「人工的か自然的」のどちらかを決めます。この違いを理解していないと曖昧になってしまいます。

*人工的とは、空間が偶数であれば、物は奇数偶数に関係なく左右対称形（シンメトリー）になります。物も空間も偶数ならばこの形はもっとわかりやすくなります。この形で有名な庭は、フランスのベルサイユ宮園でこれを幾何学式庭園と呼んでいます。もちろん宮殿も左右対称形です。ランドスケープを専門としなくても誰でも知っていると思いますが。それでは、我が国の左右対称形の建物は何でしょうか？「鳥居があります。そうです、神社仏閣です」真っ直ぐな参道があって、その突き当たりに本殿があって、その前に賽銭箱が置かれ、そこで合掌して祈願する所。他、洋館としては国会議事堂、教会、そして本館に当たる幾つかの大学施設などがあります。どうしてこの形にしたのでしょうか。ここでの問いは、歴史的建築様式を指すのではなく、単純に視覚的にどう感じるかと言うことです。これは、デザインする上で最も留意することだと思っています。左右対称形の性格は、まず、安定、安心、厳か、威厳、象徴といった要素を持ちます。最もシンプルなデザインは、日章旗、日の丸です。したがって、左右対称形は、全て、中心軸にあります。

*自然的は、左右非対称形（アシンメトリー）になります。この形は、人工形にないものを指しますので中心軸上に物を置くことはできません。また、中心軸でなくとも物を正面に向けることもしません。パースの構図で言えば、大概は左右対称形の一点透視図法に対して二点透視図法を用います。自然的と言って自由で好き勝手な線が自然ではありませんので勘違いしないようにしましょう。ここで最も大切なことは「美」とは何か、どうして「美」なのか。この概念をしっかりとわきまえることがデザインの基本になります。その一つに自然の形態があります。もちろんあらゆる生物も含みます。安易な、マニュアルに沿ったモノマネからは美は生まれません。

「それでは、ここで、簡単な問題を一つ出しますのでそれを考えて下さい」

図-1は、真っ直ぐな樹木（直幹木）が画面の中心にあります。これは棒でも何でもいいですが、中心に置くと左右の空間が同じになりますから人工的になります。図-2は、画面の左側寄りに置きま

図-1

図-2

した。すると、一個の物に対して空間が7：3、あるいは、2：8でも構いませんが、これは、左右非対称（アシンメトリー）の自然形になります。この両者を見たときどちらの画面が大きく見えますか。大半の方が、左右非対称と答えます。それは「なぜ、どうして」ですかと尋ねると、曖昧な答えが返ってきます。その答えを考えてみて下さい。

それでは、もう一つの例題です。人間の人工形と自然形の違いは。パスポート、免許書などの証明写真は、胸から上部で正面を向きます。これは、人工形です。今度は正面ではなく、体ごと斜めに向いて、向いた方向の画面を広くとって写真を撮れば自然形になります。

この理由を客観的に捉えることができればそれは立派な理論武装になります。

人工形は、誰が見ても静的で安定していて安心感があります。反対に、自然形は、物＋空間＝分割比。これが答えです。分割比ですから割り切れる答えはありません。そこで、昔から、七分三分の分割がバランス美の勘所としての慣用語になっています。その比率を目安に四分六分や二分八分にしたりしますので、自然形は物を中央に置いたり正面に向けたりしません。これはデザインの原則になります。

庭の中央付近を築山にして、その築山の頂上に滝を据えて、正面から水を落としている庭が多く見られますが、これは庭の分割に置いて人工形となり、使っている石は左右対称ではなく、まして自然物ですからどちらの形式にも当てはまりません。この滝は天から水が降ってくると言います。自然の形態を観察することをお勧めします。マニュアル化された古い造園書を鵜呑みにしてそれをコピーしていても美は生まれません。また、抽象的なデザインコンセプトに重きを置いた主観的表現や、説明的で奇をてらうようなことはあまり感心できません。また、産地の違う石を多用したり、部分的な設えに傾注したりすると何を表現しているのかが伝わりませんので、ランドスケープの大局を見ることをお勧めします。以上は、デザインに対してのさわりになる所ですが、これを単純でレベルが低すぎると思いの方は軽く流して下さい。しかし、優しそうな質問ほど難しいと思いませんか。人工形よりも自然形をデザインしている方が大半ですが、主観的な思考から客観的に捉えることをしない限り、説得力のある作品にはならないと思うのですが如何でしょうか。自然形に秘められた美的要素はそれほど多くはありませんので自然をよく観察することをお勧めします。そして「なぜ、どうして」の答えを見つけましょう。

「公益社団法人静岡県造園緑化協会」中部支部。大石春夫氏の企画で「植栽と石組み」についての模型による座学と現場実践の講座の参加者

デザイン塾の開講

今から20数年前に、デザインの仕組みをスケッチで表現した7巻のテキストを作成しました。このテキストは、粘土を土に見立て棒や木の枝、小石などを使って、物の見方や、静的と動的の表現の手法やら、さらに自然の形態とその規則性や秩序性といった自然の本質を紐解き、それを粘土上に表現します。現場を踏んでいない人、踏んでいても場数をふむことによって立体感覚とイメージトレーニングにもなりますのでこれをベースに講座を開いていました。

今、この世界で欠けている物は、「なぜ、どうして」と言った客観的な思考が欠けていることです。疑問もなくまたその答えもなく、抽象的で主観的な作品が目立つのですが如何でしょうか。デザインにおいては、機能美が前提条件になりますがこの意味を理解している方はそれほど多くはないと思います。

デザインとファインアートの違いを簡単に言うと、前者は客観的思考、後者は100パーセント主観でいいと判断しています。作品を見て、ただ好きか嫌いかでいい。抽象的な表現や、説明的であればあるほどその作品は安っぽくなんの説得力も持ちません。植栽にしても、石組にしても、飛び石にしても、園路にしても、全て、線を描くと同時に空間美を意識することです。基礎的な技術が乏しいと物の捉え方が主観に頼ることになるのでしっかりと基礎から学ぶことをお勧めします。デザインは、絵画（抽象画は別）や写真の遠近の構図とその分割などが基本になります。そして、フレーム、キャノピー、デフォルメと言った美的表現の要素を理解しているか、おそらくこのようなことを耳にした人は多くないと思いますが如何でしょうか。

今、もう一度、デザインの基礎と植栽や石組みの技法、そして、我が国の自然表現の手法を身に付けたい人、そして「なぜ、どうして」に答えるための理論武装を知りたいと思う方は一緒に勉強しましょう。

現在、数カ所で単発的に講座を開いていますが、これから、模型実践と実施図面を併用したデザイン塾を準備していますので興味のある方は共に勉強しましょう。

アーククルーの航海術

福川成一＋森田美紀

福川の始めたアーククルーの航海は28年が過ぎ、新たな航海に乗り出そうとしています。

アーククルーのランドスケープ事務所としての大きな特徴は建築設計も業務としていることです。建築家のしたいこと、建築的に解決すべきものとランドスケープが解決すべきもの、その中間領域などの理解が評価される理由の一つはその業務内容が大きく関係しているのだと考えています。コラボレーションの過程で建築の要求を果たしながら、ランドスケープのコンセプトによって建築に対応をお願いすることもあります。互いのコミュニケーションの成果が現れたとき、私達は良い仕事をしたと感じられるのです。

長年に渡る陶作家會田雄亮先生との協力を始め、多くの建築家、アーティスト、照明家などの専門家とコラボレーションを積極的に行い、学生や若者たちとも協力し合って私達自身も変わらなければならない状況、事務所自体が脱皮するような新鮮な出会いを楽しんで来ました。

アーククルーはクルーの若返りを図りながら、台湾におけるビックプロジェクトから住宅メーカーの外構計画、イングリッシュガーデンから茶庭にいたるまで、変わらず「人を喜ばせたい、人の遊び心を満たしたい」という気持ちで仕事しています。

私たちは最も人間が好きなランドスケープ事務所だと自負しています。ランドスケープと建築を共に仕事とすることで、多様な人々の存在を体験して参りました。困難な条件の中、楽しみながら仕事してこられたのも、自分たちが変わるチャンスと捉えてきたからだと思います。

風景は現実に私達に語りかけてくるわけではありません。しかし良い風景は確実に何かを語りかけて来ます。私たちが風景をつくることは言葉を発しない風景に言葉を貸し与えることであり、風景の言葉を受取る人間があってこそ、風景が成立すると考えています。

同じ日本語でも実際に伝えたい意味は伝わらないものです。互いの言葉を翻訳し、あるいは言葉を発しないもの達の気持ちをくみ取ることによって、たとえ会話ができなくとも、コミュニケーションを始めることが出来るように感じています。

深い時間感覚を持ち、未来を見据えて、事業者の利益のため、人間を幸せにするため、良い環境をつくり、人々に風景を通じて未来のあるべき姿を見せるため努力を続けたいと思っています。

今後も福川と共に人々の出会いを楽しみながら航海を続け、アーククルーの乗組員達とすべき仕事を積み重ねて行きたいと思っております。

森田美紀（もりた みき）
1967年川崎生まれ。法政大学工学部建築学科卒業。私塾高山建築学校参加。福川成一の右腕としてビックプロジェクトのすべてに参加、2002年より代表取締役、一級建築士、登録ランドスケープアーキテクト（RLA）

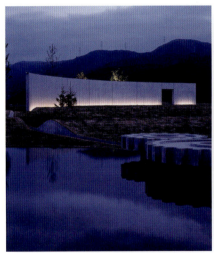

公立刈田総合リハビリガーデン
（撮影＝フォワードストローク 奥村浩二）

北海道立総合体育センター　會田雄亮＋ARK CREW

上／仙台アンパンマンこどもミュージアム＆モール
左下／けやき広場　右下／ケンケンパの小道

上／左からシマノ本社ビル外構。シマノ本社ビル3F中庭。ザ・ヒルトップタワー高輪台外構。台北 Core Pacific Redevelopment project
下／左から丹波町須知川水辺公園（撮影＝フォワードストローク 奥村浩二）。室の木幼稚園園庭。個人邸（2点）

白砂伸夫の作品

白砂伸夫（NOBUO SHIRASUNA＋ARTFUSION）

LANDSCAPE　　ROSE GARDEN

アカオハーブ＆ローズガーデン
1998年〜現在　デザイン及び監修。2015年 世界バラ会連合優秀ガーデン賞受賞。バラの新しい表現が世界で賞賛された。

ハウステンボス アートガーデン
2007年〜2010年　企画構想及び設計、デザイン監修。ローズガーデンがハウステンボス再生の起爆剤となった。

六甲アイランド CITY ローズガーデン
2011年〜現在　企画、デザイン。2014年「花のまちづくりコンクール」国土交通大臣賞受賞。住民、大学、行政が協力して地域の活性化を目指しローズガーデンを建設。

LANDSCAPE　　WATER GARDEN

花フェスタ記念公園：水のメイズ
2005年　基本設計、実施設計指導、現場監理。水と芝生がつくる平面的なメイズ。

花フェスタ記念公園：水とバラの庭
2005年　基本設計、実施設計指導、現場監理。池泉回遊式のローズガーデン。

水とバラの庭のスケッチ
3段に配置された池にベニシダレモミジが彩る。下段の池には寄神宗美氏の陶器のモニュメント。

LANDSCAPE

愛媛大学：グリーンプラザ及びグリーンプロムナード計画案
2015年　基本構想、実施設計指導、現場監理。既設のキャンパスを緑豊かな憩の場に改修。

10ヶ国大使夫人のガーデニング：メキシコ大使夫人の庭
2013年　デザイン、施工監修。ルイス・バラガンをイメージした庭。

光の坪庭
2014年　実施設計、施工監修。マンションのロビーと一体化した光溢れる坪庭。

ARCHITECTURE

六甲山麓の家
2008年　設計施工管理。石とコンクリートが調和し、住空間を創出。

北海道 伊達の家
2009年　設計施工管理。昭和新山を眺める木造の住宅。

嵯峨野の自邸
2010年　設計施工管理。嵯峨野の自然風景との調和を目指す。

ランドスケープアーキテクトからのメッセージ

2015年度日本都市計画学会「石川賞」受賞。
生命を支えるランドスケープ

石川幹子（中央大学理工学部教授、元岩沼市震災復興会議議長）

進士先生との対談が発刊されたのが2011年2月、そのわずか1カ月後に東日本大震災が起きた。震災発生後5年間の軌跡を辿りながら、新しいランドスケープの地平を考える。対象地は宮城県岩沼市である。2015年7月19日、300世帯、1000人の新しいまちが誕生した。

第一期. 大地に学ぶグランドデザイン： 自然立地的土地利用の導入 (2011年4〜8月)

津波から残存した集落、海岸林の学術調査を行い、逃げる高台のない沖積平野では、1万年の河川の氾濫・堆積作用により形成された「微地形」が土地利用計画の基礎となることを発見。井手久登、東大名誉教授の「景域保全論」をグランドデザインに適用。

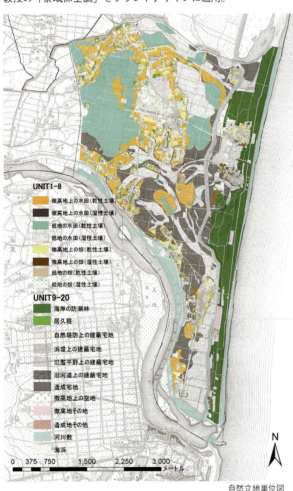

自然立地単位図

第二期. 被災者が創る新しいふるさと (2011年11月〜今日に到る)

仮設住宅での復興まちづくりワークショップ（2012年6月）

多重防御（千年希望の丘）：古くからの智慧を生かし、海岸林の苗木の風除けとして麦を播種

第三期. 新しいまちにおけるコモンズの創造 (2014年1月〜今日に到る)

文化的景観　居久根の再生：左／被災直後（2011年5月）。中央／塩害により枯死（2012年4月）。右／コミュニティ居久根の植栽（2014年8月）

公園・緑道：まちの中心を貫く、公園・緑道。新しいコモンズ。（2015年7月）

Contact List

井上剛宏 [Takahiro Inoue]
株式会社植芳造園
〒616-8107 京都府京都市右京区太秦一ノ井町 17-2
TEL：075-861-2880　FAX：075-861-6947
E-mail：info@ueyoshi-kyotogarden.com
Web：http://www.ueyoshi-kyotogarden.com/

佐々木葉二 [Yoji Sasaki]
京都造形芸術大学教授
鳳コンサルタント環境デザイン研究所
大学　〒606-8271 京都市左京区北白川瓜生山 2-116
会社　〒550-0001 大阪市西区土佐堀 1-4-8 日栄ビル 9F
大学　TEL：075-791-9289　FAX：075-791-8374
会社　TEL：06-6459-2975　FAX：06-6459-2976
E-mail：sasaki@ohtori-c.com
Web：www.ohtori-c.com

田瀬理夫 [Michio Tase]
株式会社プランタゴ
〒102-0085 東京都千代田区六番町 5-18-201
TEL：03-3221-2408　FAX：03-3221-2508
E-mail：plamtago@carrot.ocn.ne.jp

鄭雄男 [Woong-Nam CHUNG]
株式会社苑環境計画
〒186-0004 東京都国立市中 1-16-79
TEL：042-573-2559　FAX：042-572-1852
E-mail：woongnamchung@ybb.ne.jp

大橋鎬志 [Koshi Ohashi]
株式会社 M&N 環境計画研究所
〒157-0072 東京都世田谷区祖師谷 2-3-21
TEL：03-3483-6165　FAX：03-3483-1767
E-mail：ohashi@mn-epi.co.jp
Web：www.mn-epi.co.jp

宮城俊作 [Shunsaku Miyagi]
設計組織 PLACEMEDIA
〒187-0002 東京都小平市花小金井 1-9-2-201
TEL：042-460-5801　FAX：042-461-5802
E-mail：miyagi@placemedia.net
Web：www.placemedia.net

戸田芳樹 [Yoshiki Toda]
株式会社戸田芳樹風景計画
〒151-0053 東京都渋谷区代々木 1-36-1
ミユキビル 3F
TEL：03-3320-8601
E-mail：info@todafu.co.jp
Web：http://www.todafu.co.jp/

髙﨑康隆 [Yasutaka Takasaki]
高崎設計室有限会社
〒206-0031　東京都多摩市豊ヶ丘 1-53-3-306
TEL：042-311-2843　FAX：042-311-2841
E-mail：takasaki2843@h6.dion.ne.jp
Web：http://www.k4.dion.ne.jp/~takasaki/

上山良子 [Ryoko Ueyama]
長岡造形大学名誉教授 / 前学長
E-mail：gx4r-ueym@asahi-net.or.jp
Web：http://www.ueyamalandscape.co.jp

中村良夫 [Yoshio Nakamura]
東京工業大学名誉教授
E-mail：nakamuray@forest.ocn.ne.jp

榊原八朗 [Hachiro Sakakibara]
〒108-0073 東京都港区三田 5-2-18-1416
TEL：090-4819-9286　FAX：03-3451-1450
E-mail：sakakibaradesign@icloud.com

斉藤浩二 [Koji Saito]
株式会社キタバ・ランドスケープ
〒060-0004 北海道札幌市中央区北 4 条西 7 丁目 5 緑苑第 2 ビル 1112 号
TEL：011-271-8005　FAX：011-271-8010
E-mail：saito@kitaba-landscape.co.jp

北川フラム [Fram Kitagawa]
株式会社アートフロントギャラリー
〒150-0033 東京都渋谷区猿楽町 29-18
TEL：03-3476-4868　FAX：03-3476-4874
Web：http://www.artfront.co.jp

福川成一 [Seiichi Fukukawa]
森田美紀 [Miki Morita]
株式会社アーククルー
〒165-0025 東京都中野区沼袋 4-35-8 NIコート 301
アトリエ
〒412-0042 静岡県御殿場市萩原 1095-101
TEL：03-3389-8331　FAX：03-6326-3020
E-mail：ark@ark-crew.co.jp
Web：http://www.ark-crew.co.jp

白砂伸夫 [Nobuo Shirasuna]
神戸国際大学経済学部教授
株式会社アールフュージョン代表取締役
〒616-8345 京都府京都市右京区嵯峨折戸町 6-3
TEL/FAX：075-864-8643
E-mail：info@artfusion.jp
Web：www.artfusion.jp

中瀬 勲 [Isao Nakase]
兵庫県立人と自然の博物館
〒669-1546 兵庫県三田市弥生が丘 6 丁目
TEL：079-559-2001　FAX：079-559-2007
Web：http://www.hitohaku.jp/

有賀一郎 [Ichiro Ariga]
サンコーコンサルタント株式会社
東京農業大学客員教授
〒136-8522 東京都江東区亀戸 1-8-9
東日本支社 技術第三部地域課
TEL：03-3683-6193（直通）　FAX：03-3683-7110
E-mail：i.ariga@suncoh.co.jp
Web：http://www.suncoh.co.jp/

佐野藤右衛門 [Toemon Sano]
株式会社植藤造園
〒616-8195 京都府京都市右京区山越中町 13 番地
TEL：075-871-4202　FAX：075-861-7280
E-mail：info@uetoh.co.jp
Web：http://www.uetoh.co.jp/

小出兼久 [Kanehisa Koide]
NPO 法人日本ゼリスケープデザイン研究協会
（JXDA）代表理事
〒398-0004 長野県大町市常盤 809
TEL/FAX：0261-22-2647
E-mail：h2o.team@xeriscape-jp.org
Web：http://www.xeriscape-jp.org/

伊藤 滋 [Shigeru Ito]
早稲田大学特命教授
〒150-0042 渋谷区宇川町 2-1-1311
TEL：03-3464-3040　FAX：03-3464-1393

石川幹子 [Mikiko Ishikawa]
中央大学理工学部 人間総合理工学科 教授
環境デザイン室
〒112-8551 東京都文京区春日 1-13-27
TEL/FAX：03-3817-7268 (ex.7268)
E-mail：ishikawa.27w@g.chuo-u.ac.jp

進士五十八 [Isoya Shinji]
福井県立大学長
〒910-1195 福井県吉田郡永平寺町松岡兼定島 4-1-1
TEL：0776-61-6000　FAX：0776-61-6011
E-mail：shinji@fpu.ac.jp
Web：http://www.fpu.ac.jp/

進士五十八と22人のランドスケープアーキテクト

2016年8月1日　初版第1刷発行
著　者／進士五十八
発行者／丸茂喬

発行所／株式会社マルモ出版
〒150-0036 東京都渋谷区南平台町 4-8
南平台アジアマンション708号
TEL. 03-3496-7046　FAX. 03-3496-7387
Web: http://www.marumo-p.co.jp/

印刷・製本／株式会社ローヤル企画

©2016　進士五十八　Printed in Japan
ISBN 978-4-944091-58-4
禁無断転載

Dr. SHINJI talk about 22 landscape architects

original publication August 1, 2016
Author: Isoya Shinji
Publisher: Takashi Marumo

Publishing office: Marumo Publishing Co., Ltd.
Nanpeidai Asia Mansions 708, 4-8, Nanpeidaicho,
Shibuyaku, Tokyo, 150 0036
phone: +81 (0)3 3496 7046
FAX:　 +81 (0)3 3496 7387
Web: http://www.marumo-p.co.jp/

printing: Loyal Planning Co., Ltd.